Processos Especiais de Divisão de Coisa Comum e de Prestação de Contas

LIVROS DO MESMO AUTOR:

- *Prova por Presunção no Direito Civil*, 2017, 3ª ed.
  Este livro recebeu o 1º Prémio de Literatura Judiciária em setembro de 2013.
- *O Valor Probatório do Documento Eletrónico no Processo Civil*, 2017, 2ª ed.
- *Prova Testemunhal, Noções de Psicologia do Testemunho*, 2020
- *Direito Probatório Material Comentado*, 2023, 3ª ed.

Em coautoria com ANTÓNIO ABRANTES GERALDES e PAULO PIMENTA:

- *CPC Anotado*, I Vol., 2022, 3ª ed.
- *CPC Anotado*, II Vol., 2022, 2ª ed.

(todos os livros editados pela Almedina)

Processos Especiais de Divisão de Coisa Comum e de Prestação de Contas

2023 • 3ª Edição

Luís Filipe Pires de Sousa
Juiz Desembargador
Mestre em Direito

ALMEDINA

PROCESSOS ESPECIAIS DE DIVISÃO DE COISA COMUM E DE PRESTAÇÃO DE CONTAS

AUTOR
Luís Filipe Pires de Sousa

EDITOR
EDIÇÕES ALMEDINA, S.A.
Rua Fernandes Tomás, nºs 76-80
3000-167 Coimbra
Tel.: 239 851 904 · Fax: 239 851 901
www.almedina.net · editora@almedina.net

DESIGN DE CAPA
EDIÇÕES ALMEDINA, S.A.

PRÉ-IMPRESSÃO
João Jegundo

IMPRESSÃO E ACABAMENTO

Abril, 2023

ISBN
978-989-40-1179-8

DEPÓSITO LEGAL
xxxxxxxxxxxxxxxx

ALMEDINA | GRUPOALMEDINA

INTRODUÇÃO

Os processos especiais de divisão de coisa comum e de prestação de contas assumem peculiaridades adjetivas e convocam a aplicação de diversos regimes de direito substantivo cuja articulação nem sempre é singela.

No âmbito da lecionação de tais matérias no CEJ, elaborámos uns sumários desenvolvidos com vista a facultar aos auditores elementos de estudo, tanto mais que estes processos especiais não tinham sido objeto de análise sistematizada e atualizada.

Na edição de 2016, atentas as alterações introduzidas pelo CPC de 2013, procedemos a uma revisão e atualização integral do texto originário, sempre numa abordagem eminentemente jurisprudencial e pragmática, tentando – tanto quanto possível – analisar as questões na ótica do operador judiciário.

Na segunda edição de 2020, fizemos uma atualização da obra no confronto da jurisprudência e doutrina entretanto publicadas, sempre no intuito de facultar ao leitor um manual prático, tão completo quanto possível, sobre estes dois processos especiais.

Nesta terceira edição de 2023, demos continuidade ao esforço de atualização da jurisprudência e doutrina entretanto publicadas, tendo acrescentado um índice analítico que facilita a consulta expedita da obra.

É, pois, a renovada expectativa da utilidade do texto que justifica esta terceira edição.

PROCESSO ESPECIAL DE DIVISÃO DE COISA COMUM

A jurisprudência citada sem menção de origem encontra-se publicada no site http://www.dgsi.pt.

1
Enquadramento de Direito Substantivo

1.1. A compropriedade e a divisão

Nos termos do Artigo 1403º, nº 1, do Código Civil, existe propriedade em comum, ou compropriedade, quando duas ou mais pessoas são simultaneamente titulares do direito de propriedade sobre a mesma coisa. E, prossegue o nº 2, os direitos dos consortes sobre a coisa comum são qualitativamente iguais, embora possam ser quantitativamente diferentes. Na falta de indicação em contrário no título constitutivo, as quotas presumem-se quantitativamente iguais (Artigo 1403º, nº 2, do Código Civil). Este nº 2 não estabelece uma genuína presunção, mas uma verdade interina.[1]

Na compropriedade existe uma situação de concurso entre direitos reais da mesma natureza, ou seja, de direitos reais iguais que recaem simultaneamente sobre uma coisa. O objeto do direito real em comunhão é a totalidade da coisa e não a quota. [2] Os direitos dos consortes oneram-se reciprocamente, limitando o exercício de cada um deles no respeito pelo conteúdo de aproveitamento dos outros.

A quota de cada consorte não tem, assim, projeção sobre o uso da coisa, o qual é igual para todos independentemente do valor das respetivas quotas, sem prejuízo dos comunheiros acordarem todos no uso a fazer da coisa (regulamento de uso com eficácia meramente obrigacional fixando, v.g. rotatividade entre todos; Artigo 1406º, nº 1, do Código Civil).

[1] Cf. o nosso *Prova por Presunção no Direito Civil*, Almedina, 3ª ed., 2017, p. 117.

[2] Cf. José Alberto Vieira, *Direitos Reais*, Coimbra Editora, 2008, p. 391.

O poder de transformar a coisa, sujeitando por exemplo o prédio a loteamento, deve ser exercido conjuntamente por todos os consortes [3] porquanto ao consorte é dado apenas o poder de usar a coisa como ela se encontra. Conforme referem ANTUNES VARELA e PIRES DE LIMA[4], a solução mais conforme com a lei é a que exige para os atos que excedam o âmbito da gestão normal o consentimento unânime de todos os comproprietários.

Considerando que o aproveitamento da coisa é mais profícuo com um só titular, existe um interesse público na cessação da compropriedade, moldando o regime da compropriedade em termos desta assumir um carácter transitório. Ou seja, a lei estimula a divisão da compropriedade em prol de uma titularidade singular ou, pelo menos, mais reduzida.

Assim, o Artigo 1412º, nº 1, do Código Civil, consigna que nenhum dos comproprietários é obrigado a permanecer na indivisão, salvo quando se houver convencionado que a coisa se conserve indivisa.

Conforme refere RODRIGUES BASTOS [5], o nº 1 do Artigo 1412º «(...) corresponde ao princípio fundamental, reconhecido pelo direito romano, segundo o qual *in communione nemo compellitur in vitus detineri* (...). A cessação da indivisão, por acordo entre todos os comproprietários pode verificar-se por vários modos: divisão da coisa, sua venda ou doação a uma ou mais pessoas, etc. Faltando o acordo de todos os participantes a lei indica como via normal para fazer cessar a comunhão, a divisão, que pode ser *in natura* ou divisão do preço.»

Assim, o propósito de dissolução da comunhão pode ser concretizado por via litigiosa (processo especial de divisão de coisa comum) ou por via contratual.

A divisão pode ser feita amigavelmente, com sujeição à forma exigida para a alienação onerosa da coisa – Artigo 1413º, nºs 1 e 2, do Código Civil. Tratando-se de coisa imóvel, a divisão da coisa comum deve ser celebrada por escritura pública ou por documento particular autenticado – al. *f)*, do Artigo 22º do Decreto-lei nº 116/2008, de 4.7. Tratando-se de coisa móvel, rege a regra da liberdade de forma – Artigo 219º do Código Civil.

[3] Cf.: JOSÉ ALBERTO VIEIRA, *Ibidem*, p. 372; «Não pode ser realizada ou imposta qualquer operação de loteamento ou destaque, com vista à divisão de um prédio, contra a vontade de algum dos comproprietários» (Acórdão do Tribunal da Relação do Porto de 16.10.2017, *Domingos Fernandes*, 2506/15).

[4] *Código Civil Anotado*, III Vol., Coimbra Editora, 3ª Ed., p. 363.

[5] *Notas ao Código Civil*, V Vol., 1997, p. 183.

A divisão amigável por contrato pode cometer a outrem a divisão, em processo arbitral (cf. Artigo 1º, nº 1, 1ª parte, da Lei da Arbitragem Voluntária) ou a peritagem, ficando as partes sujeitas aos resultados da decisão de terceiro.[6]

Ainda em sede de divisão contratual, conforme refere Ferreira de Almeida, não é indispensável o requisito da divisibilidade do objeto – ao contrário do que sucede na divisão litigiosa, cf. Artigo 209º do Código Civil – «(...) porque a indivisibilidade natural ou jurídica fica superada pela unanimidade dos contitulares contraentes. Assim, por exemplo, o estabelecimento comercial , um navio ou uma máquina são idóneos para a divisão contratual, sem necessidade de juízo objetivo acerca de eventuais efeitos na unidade substancial ou na perda de valor ou de aptidão das partes resultantes da divisão.»[7] Esta posição é de subscrever com a ressalva que o acordo dos contitulares não derroga normas imperativas que deve observar, conforme reconhece o autor citado no texto em causa e veremos infra (cf. 1.8. a 1.12.).

Havendo dissídio entre os comproprietários quanto à divisão, proceder-se-á à mesma nos termos do processo especial de divisão de coisa comum regulado nos Artigos 925º e seguintes do CPC (doravante CPC).

Segundo o Artigo 1404º do Código Civil, *as regras da compropriedade são aplicáveis, com as necessárias adaptações, à comunhão de quaisquer outros direitos, sem prejuízo do disposto especialmente para cada um deles.*

Desta norma decorre que o regime jurídico configurado para a compropriedade é o regime jurídico da comunhão de direitos patrimoniais de direitos reais, mas não só, e não apenas do direito de propriedade.[8] Em sede de direitos reais, pode haver comunhão noutros direitos reais de gozo, de garantia e de aquisição, v.g., co-usufruto, co-uso e habitação, co--superfície, compropriedade intelectual. Ou seja, a comunhão de direitos é um instituto vasto que engloba todos os casos em que um direito patrimonial (real ou de outro tipo) pertence em contitularidade a dois ou mais sujeitos. [9]

[6] Neste sentido, Carlos Ferreira de Almeida, *Contratos IV, Funções. Circunstâncias. Interpretação.* Almedina, 2014, p. 27.

[7] *Op. Cit.*, p. 27.

[8] José Alberto Vieira, *Direitos Reais*, Coimbra Editora, 2008, p. 361.

[9] Santos Justo, *Direitos Reais*, Coimbra Editora, 2008, p. 301, invocando o ensinamento de Henrique Mesquita.

Conforme refere MARIA OLINDA GARCIA[10], «Quando o legislador admite no art. 1404º do Código Civil, a aplicabilidade das regras da compropriedade à *comunhão de quaisquer outros direitos*, e não apenas aos direitos reais, como faz o código civil italiano que nesta matéria claramente influenciou a lei portuguesa, quis certamente estender essas regras aos direitos de crédito, não ignorando, portanto, que estes são direitos relacionais, pelo que as decisões sobre as suas vicissitudes não afetam apenas os seus titulares; elas projetam-se, necessariamente, na relação com a contraparte.»

A circunstância de a lei se reportar à divisão de "coisa comum" (Artigo 925º do CPC) não colide com este entendimento porquanto tal expressão tanto abrange a divisão de uma coisa como a divisão de um direito sobre uma coisa. O sentido a retirar da lei quando se refere à divisão de "uma coisa" é o de que a divisão tem como resultado objetivo a individualização do objeto sobre o qual passa a incidir o direito de propriedade exclusiva [11] ou o direito (real ou de crédito) que, de contitularidade , passa a ser de titularidade singular.

Nesta medida, podem os coarrendatários recorrer a um processo de divisão de coisa comum cujo resultado será a concentração do gozo do imóvel, que potencialmente se estendia a todo o objeto do arrendamento plural, a uma parte individualizada.[12]

O contrato de arrendamento rural de prédio rústico pertença de dois comproprietários não é afetado pela extinção da compropriedade operada por via de ação de divisão de coisa comum.[13]

O contitular de uma quota social que não queira permanecer na indivisão também pode lançar mão do processo de divisão de coisa comum, independentemente de se entender que a quota social é objeto possível de direitos reais, que deve ser tida como universalidade de direitos ou ainda como um misto de direito real e de direito de crédito.[14]

[10] *O arrendamento plural, Quadro normativo e natureza jurídica*, Coimbra Editora, 2009, pp. 267-268.

[11] MARIA OLINDA GARCIA, *Ibidem*, p. 271.

[12] Cf., mais desenvolvidamente, MARIA OLINDA GARCIA, *Ibidem*, pp. 263-271. Em sentido oposto, escudando-se no carácter meramente obrigacional do contrato de arrendamento, veja-se o Acórdão do Tribunal da Relação de Lisboa de 23.5.1996, *Silva Paixão*, CJ 1996-III, p. 97.

[13] Acórdão do Supremo Tribunal de Justiça de 24.2.2022, *Rosa Tching*, 1238/20, *Sumários*.

[14] Acórdão do Tribunal da Relação de Coimbra de 20.10.2002, *Cardoso de Albuquerque*, CJ 2002-IV, pp. 28-32. Neste aresto, entendeu-se que a aplicação do Artigo 1404º do Código Civil seria feita por analogia. Em razão do que já ficou dito *supra*, entendemos que a aplicação deste Artigo é direta.

De igual modo, os contitulares de um direito de usufruto poderão socorrer-se de uma ação de divisão de coisa comum.[15]

Também os contitulares de um depósito bancário conjunto podem recorrer à ação de divisão de coisa comum para porem termo à indivisão.[16]

De forma mais abrangente, afirma Ferreira de Almeida que «nada impede que os contitulares de direitos de outra natureza (designadamente créditos pecuniários, títulos de crédito, valores mobiliários, participações sociais, dinheiro em espécie ou escritural) procedam à sua divisão por via contratual. A natureza perfeitamente homogénea destes objetos facilita até o critério de divisão.»[17]

Em sentido oposto, não será de admitir ação de divisão de coisa comum tendo em vista a divisão de jazigo comum, na falta de acordo entre os consortes e sucumbindo prévia autorização da autoridade administrativa.[18]

Quer na divisão contratual quer na divisão litigiosa, «a divisão pode também ser parcial, investindo alguns dos contitulares na titularidade individual sobre bens específicos que não esgotam a coisa dividida e ficando os restantes em contitularidade sobre a parte sobrante, ou por grupos, investindo os contitulares em contitularidade sobre bens específicos destacados da coisa dividida.»[19] Daí a pertinência de classificar o contrato de divisão de coisa comum como de reestruturação. Assim, por exemplo, um edifício detido por vários comproprietários pode ser objeto de constituição de propriedade horizontal, ficando subsequentemente uma fração adjudicada a um dos consortes que passa a proprietário pleno, permanecendo as demais frações em compropriedade pelos consortes originários.

1.2. Compropriedade, herança jacente e herança indivisa

Por se tratar de questão que dá azo a frequentes confusões, começaremos por distinguir a divisão de coisa comum face à partilha da herança.

A figura da herança jacente designa o património da pessoa falecida durante o período de crise que decorre entre o chamamento do sucessível e a aceitação efetiva da herança ou legado, ou seja, entre o momento da vocação sucessória e a devolução efetiva dos bens e dos deveres que inte-

[15] Acórdão do Tribunal da Relação do Porto de 7.4.2022, *Carlos Portela*, 664/20.

[16] Acórdão do Tribunal da Relação do Porto de 3.11.2000, *Lemos Jorge*, 0120264.

[17] *Op. Cit.*, p. 27.

[18] Acórdão do Tribunal da Relação do Porto de 21.10.2019, *Ana Paula Amorim*, 3553/18.

[19] Carlos Ferreira de Almeida, *Op. Cit.*, p. 28.

gram a herança – cf. Artigo 2046º do Código Civil; A. VARELA e PIRES DE LIMA, *Código Civil Anotado*, VI Vol., p. 68. Corresponde a uma fase transitória de relativa indefinição jurídica no contexto do fenómeno sucessório.[20]

A herança jacente tem personalidade judiciária, podendo ser parte ativa ou passiva em ação (Artigo 12º, al. *a)*, do CPC). A representação judiciária da herança jacente incumbe ao seu administrador, ao cabeça de casal (Artigos 26º do CPC, 2047º, 2079º do Código Civil) ou, não estando instituído o cabecelato, a um curador nomeado pelo Tribunal, a requerimento do Ministério Público ou de qualquer interessado (Artigo 2048º, nº 1, do Código Civil). [21]

A aceitação da herança pode ser tácita ou expressa (Artigo 2056º, nº 1, do Código Civil).

Da conjugação dos Artigos 2056º, nº 3, do Código Civil ("*Os atos de administração praticados pelo sucessível não implicam aceitação tácita da herança*") com o Artigo 217º, nº 1 do Código Civil, resulta que a lei é especialmente exigente com a declaração tácita de aceitação da herança.

Assim, o facto de um herdeiro, em substituição do cabeça de casal, declarar às finanças o falecimento do *de cujus* e apresentar a relação de bens e dos sucessíveis, para efeitos de liquidação do imposto sucessório, não demonstra a aceitação tácita da herança, atenta a qualidade em que o faz e o fim em vista. [22]

Diversamente, constituirão atuações reveladoras da aceitação da herança as seguintes: o recebimento pelo herdeiro de rendas respeitante a um imóvel da herança [23]; a inscrição no registo predial do prédio que faz parte da herança [24]; a não contestação do incidente de habilitação de herdeiros, o não recurso da subsequente sentença que julga o herdeiro habi-

[20] Cf. CARLOS PAMPLONA CORTE-REAL, *Direito da Família e Sucessões*, II Vol., *Sucessões*, Lex, 1993, p. 267.

[21] No período da jacência, o credor da herança pode demandá-la sem determinação de quem são os seus herdeiros, desde que assegurada a sua representação judiciária que pode ter lugar pelo seu administrador ou por um curador especial, nomeado a requerimento de qualquer interessado – cf. Acórdão do Tribunal da Relação de Coimbra de 9.3.2004, *Serra Baptista*, CJ 2004-II, pp. 13-14.

[22] Acórdão do Tribunal da Relação de Lisboa de 9.11.2000, *Salvador da Costa*, CJ 2000-V, pp. 84-86

[23] Acórdão do Tribunal da Relação do Porto de 8.11.2001, *Sousa Leite*, CJ 2001- V, pp. 177-181.

[24] Acórdão do Supremo Tribunal de Justiça de 10.12.97, *Mário Cancela*, BMJ nº 472, pp. 443-453.

litado, intervindo ainda este na audiência de discussão da causa principal nessa qualidade. [25]

Sendo justificado o desconhecimento da situação real da herança, se foi aceite ou não, a parte pode demandar a herança jacente e os herdeiros em pluralidade subjetiva subsidiária nos termos do Artigo 39º do CPC.[26] Se o processo não fornecer elementos que permitam ao juiz concluir, com certeza, sobre a aceitação da herança, deverá considerar-se que a herança persiste como jacente, com personalidade judiciária. [27]

Em caso de dúvida sobre se o sucessível aceitou a herança, poderá o tribunal notificar o herdeiro a fim de, no prazo fixado, vir aos autos esclarecer se aceita ou repudia a herança, com a advertência de que, na falta de declaração da aceitação ou não sendo apresentado documento de repúdio, a herança se terá por aceite.[28].

A lei não rege expressamente sobre o momento em que cessa a jacência da herança. Para uma primeira posição, a herança subsiste jacente enquanto um sucessível não a tenha aceite ou repudiado. [29] Enquanto um dos chamados à sucessão não aceitar ou repudiar, a herança mantém-se jacente.[30] Em sentido contrário, argumenta-se que havendo um herdeiro que aceitou a herança, não há que falar em herança jacente porquanto esta pressupõe, precisamente, a não aceitação da mesma.[31] Temos como mais correta esta

[25] Acórdão do Tribunal da Relação de Lisboa de 13.3.2007, *Rijo Ferreira*, 933/2007-1.

[26] Acórdão do Tribunal da Relação de Coimbra de 24.1.2012, *Teles Pereira*, 28/11.5TBACN.C1.

[27] Acórdão do Tribunal da Relação de Lisboa de 24.2.2000, *Paixão Pires*, CJ 2000-I, pp. 125-126.
Podendo a aceitação da herança ocorrer de forma expressa ou tácita, caberá ao autor – quando demande os herdeiros individualmente considerados e não a herança jacente – alegar na petição a aceitação expressa da herança ou a ocorrência de factos que consubstanciem a aceitação tácita da herança – cf. Acórdão do Tribunal da Relação do Porto de 21.9.2000, *Pires Condesso*, 0031065.
Segundo o Acórdão do Tribunal da Relação de Lisboa de 18.6.2009, *Olindo Geraldes*, 166/09, não se podendo ter com certa a aceitação, a herança goza de personalidade judiciária para a ação.

[28] Esta solução tem arrimo no princípio da cooperação processual (Artigo 7º do CPC), conjugado com as normas dos Artigos 2049º, nºs 1 e 2 e Artigo 1039º do CPC; cf. Acórdão do Tribunal da Relação do Porto de 5.7.2006, *Amaral Ferreira*, 0633036.

[29] Acórdão do Tribunal da Relação de Lisboa de 9.11.2000, *Salvador da Costa*, CJ 2000-V, pp. 84-86.

[30] Acórdão do Tribunal da Relação de Coimbra de 13.1.2004, *Coelho de Matos*, 3290/03.

[31] Neste sentido, cf. Acórdãos do Tribunal da Relação de Lisboa de 1.6.2010, *Roque Nogueira*, 1282/08, de 3.3.2011, *Ondina Alves*, 2184/07, Acórdão do Tribunal da Relação de Coimbra de 28.5.2013, *Fernando Monteiro*, 325/09.

posição porquanto o critério definidor da herança jacente assenta na sua não aceitação *tout court* (Artigo 2046º do Código Civil) e não na definição da posição de todos os sucessíveis, os quais podem aceitar ou repudiar a herança (Artigo 2015º do Código Civil), ou seja, trata-se de um critério qualitativo e não quantitativo.

Pela aceitação efetiva de um sucessível, a herança deixa de estar jacente, perdendo – de tal modo – a suscetibilidade de ser parte. A partir daí, a sua atuação em juízo tem como pressuposto a intervenção de todos os herdeiros em litisconsórcio necessário nos termos do Artigo 2091º, nº 1, do Código Civil.[32]

Assim, a figura da herança jacente não de confunde com a da herança indivisa. Toda a herança jacente é indivisa, mas nem toda a herança indivisa é jacente porquanto, a partir da sua aceitação e/ou repúdio por todos os herdeiros, a herança deixa de ser jacente.

A herança indivisa não se subsume à noção de património autónomo semelhante cujo titular não estiver determinado. Basta ver que, mesmo depois da herança partilhada, os bens herdados continuam a constituir um património autónomo (Artigos 2068º e 2071º do Código Civil) sem que alguma vez se tenha equacionado a questão de lhe ser atribuída personalidade judiciária (cf. Lebre de Freitas e Isabel Alexandre, *CPC Anotado*, vol. 1º, 3ª ed., p. 40).

No caso da comunhão hereditária, a mesma cessa pela partilha de uma generalidade de bens entre os interessados, por forma a ficar determinado quais os patrimónios individuais em que tais bens passarão a estar integrados.[33]

Até à partilha, os herdeiros são apenas titulares de um direito sobre o conjunto da herança e não sobre bens certos e determinados. [34] Enquanto não se fizer a partilha, os herdeiros têm sobre os bens que constituem a herança indivisa um direito indivisível [35], recaindo tal direito sobre o con-

[32] Acórdão do Tribunal da Relação de Lisboa de 9.3.2010, *Teles Pereira*, 121/08; Acórdãos do Tribunal da Relação do Porto de 9.6.2009, *Cândido Lemos*, 52/03, de 28.1.2010, *Maria Catarina Gonçalves*, 81/09; Acórdão do Tribunal da Relação de Coimbra de 24.4.2007, *Silva Freitas*, 274/04.

[33] Cf.: Acórdão do Tribunal da Relação de Évora de 28.6.2018, *Ana Margarida Leite*, 279/12; Acórdão do Supremo Tribunal de Justiça de 4.6.2019, *Acácio das Neves*, 844/15, www.colectaneadejurisprudencia.com.

[34] Cf. Acórdão do Tribunal da Relação de Lisboa de 19.4.94, *Lopes Bento*, 0071961.

[35] Cf. Acórdão do Supremo Tribunal de Justiça de 14.1.72, *Fernandes Costa*, Revista dos Tribunais, Ano 90º, pp. 68-71.

junto da herança e não sobre bens certos e determinados desta. A contitularidade do direito à herança implica um direito a uma parte ideal desta considerada em si mesma e não sobre cada um dos bens que a compõem.

Nessa medida, não se tratando de coisa comum de que sejam comproprietários, não podem os herdeiros instaurar ação de divisão de coisa comum para dividir prédio que integre a herança. [36] Só após a atribuição dos bens em partilha é que os herdeiros podem recorrer à ação de divisão de coisa comum. [37] Dito de outro modo, os herdeiros do comproprietário não podem instaurar ação de divisão de coisa comum sem que, previamente, tenham procedido à partilha. [38] «Antes da partilha não há compropriedade; depois da partilha é que a poderá haver».[39] Só após a individualização de um direito de propriedade sobre uma quota do prédio é que se torna viável a divisão de coisa comum. Isto porque, consoante já vimos, até à partilha os herdeiros são apenas titulares de um direito sobre a herança, sem que se conheça quais os bens concretos que preenchem tal quota.[40]

Enquanto a causa de pedir no inventário é a existência de comunhão hereditária integrada por bens a partilhar deixados pelo *de cujus*, traduzindo-se o pedido na partilha de tais bens pelos interessados, na ação de divisão de coisa comum a causa de pedir consiste na compropriedade de certo bem que se quer dissolver, sendo o pedido ou de adjudicação ou venda desse bem.

Pode ocorrer que a herança indivisa seja, ela própria, comproprietária (a par de terceiros) de um imóvel. Sendo interposta uma ação de divisão de coisa comum de tal imóvel por terceiro, antes da partilha, deverão ser demandados todos os herdeiros, os quais agirão como representantes da herança e não em nome próprio (cf. Artigo 2091º, nº 1, do Código Civil).[41]

[36] Cf. Acórdãos do Tribunal da Relação de Lisboa de 17.12.2002, *Ferreira Pascoal*, 0068021, de 25.10.2011, *Conceição Saavedra*, 5326/10.

[37] Cf.: Acórdão do Supremo Tribunal de Justiça de 10.12.87, *Almeida Ribeiro*, 075450; Acórdão do Tribunal da Relação de Lisboa de 3.5.2018, *Vaz Gomes*, 4829/17; Acórdão do Tribunal da Relação do Porto de 4.10.2021, *Augusto de Carvalho*, 5773/19; Acórdão do Tribunal da Relação de Guimarães de 11.3.2021, *Figueiredo de Almeida*, 5901/18.

[38] Acórdão do Supremo Tribunal de Justiça de 4.2.1997, *Silva Paixão*, 435/96, *Sumários*, www.stj.pt.

[39] Acórdão do Tribunal da Relação de Lisboa de 2.2.2021, *Micaela Sousa*, 284/18.

[40] Acórdão do Supremo Tribunal de Justiça de 30.1.2013, *Álvaro Rodrigues*, 1100/11.

[41] Neste mesmo sentido, cf.: Acórdãos do Tribunal da Relação de Lisboa de 29.4.2021, *Jorge Leal*, 3380/19, www.colectaneadejurisprudencia.com, de 2.2.2021, *Micaela Sousa*, 284/18;

Ao contrário do herdeiro a quem são atribuídos bens indeterminados a título universal, ao legatário são atribuídos bens certos e determinados (Artigo 2030º do Código Civil). Pela partilha, são atribuídos a cada herdeiro os bens concretos que hão de integrar a sua quota. Pelo contrário, como a instituição de legatário respeita a bens determinados, dispensa-se a partilha (Artigo 2101º, nº 1, do Código Civil), mesmo que todos o património hereditário tenha sido dividido em legados. Cada um dos legatários sabe precisamente qual o bem ou os bens que lhe couberam em sorte.

Se dois ou mais legatários forem instituídos em relação ao mesmo bem, o meio processual adequado para pôr termo à indivisão será a ação de divisão de coisa comum e não o inventário. [42]

1.3. Bens comuns do casal e bens adquiridos em compropriedade

Na pendência do casamento, os bens comuns dos cônjuges constituem objeto dum património coletivo ou de mão comum, pertencendo em comum aos cônjuges mas sem se repartirem entre eles por quotas ideais, como sucede na compropriedade.[43] A propriedade coletiva é, assim, uma comunhão una, indivisível. O direito à meação, de que cada um dos cônjuges é titular, só se torna exequível depois de finda a sociedade conjugal.

Acórdão do Tribunal da Relação de Guimarães de 11.3.2021, *Figueiredo de Almeida*, 5901/18; Acórdão do Tribunal da Relação do Porto de 22.3.2021, *Ana Paula Amorim*, 25509/18.

[42] Cf. Acórdãos do Tribunal da Relação de Lisboa de 17.4.2007, *Luís Espírito Santo*, 710/2007, de 11.12.2019, *Laurinda Gemas*, 6441/16; Acórdão do Tribunal da Relação de Coimbra de 3.11.2009, *Arcanjo Rodrigues*, CJ 2009-V, pp. 7-8; Augusto Lopes Cardoso, *Partilhas Litigiosas*, I Vol., Almedina, 2018, p. 154; Carvalho Fernandes, *Lições de Direito das Sucessões*, Quid Iuris, 1999, p. 85.

[43] Pereira Coelho e Guilherme de Oliveira, *Curso de Direito da Família*, I Vol., 5ª Ed., 2016, pp. 596-597, afirmam que: «(...) os bens comuns constituem uma massa patrimonial a que, em vista da sua especial afetação, a lei concede certo grau de autonomia, e que pertence aos dois cônjuges, mas em bloco, podendo dizer-se que os cônjuges são, os dois, titulares de um único direito sobre ela. Aderimos assim à doutrina da propriedade coletiva que é a mais divulgada entre nós. / O património coletivo é um património que pertence em comum a várias pessoas, mas sem se repartir entre elas por quotas ideais, como na compropriedade. Enquanto, pois, esta é uma comunhão por quotas aquela é uma comunhão sem quotas. Os vários titulares do património coletivo são sujeitos de um único direito, e de um direito uno, o qual não comporta divisão, mesmo ideal. Não tem, pois, cada um deles algum direito de que possa dispor ou que lhe seja permitido realizar através da divisão do património comum. Esta particular fisionomia do património coletivo radica no vínculo pessoal que liga entre si os membros da coletividade e que exige que o património coletivo subsista enquanto esse vínculo perdurar.»

A dissolução, declaração de nulidade ou de anulação do casamento (Artigo 1688º do Código Civil) e a separação de pessoas e bens (Artigo 1795º-A do Código Civil) implicam o fim das relações patrimoniais entre os cônjuges e o surgimento de um estado de indivisão pós-comunhão que termina com a liquidação e partilha dos bens comuns (Artigo 1689º do Código Civil).

Determinam também a partilha, entre outras, as seguintes vicissitudes: decretamento de simples separação judicial de bens (Artigo 1770º do Código Civil); a declaração de ausência (Artigo 108º do Código Civil); a insolvência de qualquer dos cônjuges ou de ambos os cônjuges; a execução de bens comuns por dívida própria de um dos cônjuges (Artigo 740º do CPC).

Em caso de dissenso quanto aos termos da partilha, qualquer dos cônjuges pode requerer inventário para partilha dos bens, salvo se o regime de bens do casamento for o de separação (Artigo 1082º, al. *d)*, do CPC). Não pode é obter-se a partilha dos bens comuns do casal através de processo de divisão de coisa comum. Conforme se refere no Acórdão do Supremo Tribunal de Justiça de 3.10.2019, o princípio da legalidade das formas processuais não permite que o processo de inventário, instaurado na sequência de divórcio, sirva para proceder à divisão de um imóvel relativamente ao qual cada cônjuge é titular exclusivo de uma quota-parte, tal como impede que seja apreciado o pedido de condenação do outro no pagamento de uma dívida própria.[44]

O processo de divisão de coisa comum será pertinente para fazer cessar a compropriedade dos cônjuges sobre bem adquirido, em compropriedade, pelos cônjuges ainda no estado de solteiros. [45]

Sobre a admissibilidade de, no mesmo cenário, os cônjuges recorrerem à ação de divisão de coisa comum, acompanhamos o ensinamento de Cristina Araújo Dias, *Do Regime da Responsabilidade por Dívidas dos Cônjuges*, p. 59 (51):

> «É evidente que os cônjuges não podem, no decurso do casamento, dispor dos bens comuns entre si, atendendo à natureza jurídica do património

[44] Acórdão do Supremo Tribunal de Justiça de 3.10.2019, *Abrantes Geraldes*, 1517/13.

[45] Cf.: Acórdão do Supremo Tribunal de Justiça de 27.3.2008, *Oliveira Vasconcelos*, 08B648; Acórdão do Tribunal da Relação de Évora de 19.11.2020, *Ana Leite*, 2899/18; Acórdão do Tribunal da Relação de Coimbra de 7.9.2021, *Pires Robalo*, 635/20, www.colectaneadejurisprudencia.com.

comum. Mas parece constituir uma obstrução exagerada à liberdade dos cônjuges impedi-los de dispor entre si, com certas cautelas, de bens próprios. Pense-se, p. ex, o caso de os cônjuges, casados no regime supletivo legal, ponderando um pedido de divórcio, mas não querendo continuar a pagar como até aí a casa que adquiriram em compropriedade antes do casamento por empréstimo bancário, pretendem atribuir a um deles a mesma casa. Ora, não sendo permitida a compra e venda entre cônjuges terão de esperar pelo divórcio, ficando presos até lá a uma situação que não querem (e forçando o pedido de divórcio) ou simular uma venda a um terceiro que depois alienará ao cônjuge que pretende adquirir sozinho a casa. Podem também pedir a divisão de coisa comum (...), mas também esta exige um processo judicial com todos os encargos e custos inerentes (e entre este e o divórcio provavelmente pedirão o divórcio). Repare-se que é lícita a divisão de coisa comum sem que seja afetada pelo princípio da imutabilidade. Na divisão, os cônjuges limitam-se a transformar cada quota numa parte especificada da coisa comum (v. o ac. Do STJ de 09.11.2000 (*Col. Jurispr.* Tomo III, 2000, p. 113).»[46]

No Acórdão do Supremo Tribunal de Justiça de 22.2.2022[47] entendeu-se que a edificação construída na pendência do casamento, sob regime de separação de bens, em terreno da exclusiva propriedade de um dos cônjuges, através de montantes suportados também pelo outro cônjuge, não faz este adquirir qualquer direito de (com)propriedade sobre a mesma. Nesas circunstâncias, a compensação da atribuição patrimonial por parte da autora cuja causa jurídica se extinguiu pela dissolução do casamento é passível de poder ser tutelada pelo instituto do enriquecimento sem causa.

Por efeito do Artigo 1789º, nº 1, do Código Civil, os efeitos patrimoniais do divórcio retroagem à data da propositura da ação. Deste modo, se após a propositura da ação de divórcio os cônjuges adquirirem um imóvel, o mesmo integra o património comum a título provisório ou precário, já que a comunhão que sobre ele se estabeleça fica sujeita a algo de semelhante a uma condição resolutiva, que será a posterior dissolução do casamento decretada nessa ação. Decretado o divórcio, tal imóvel não integra a comunhão conjugal, devendo considerar-se que foi adquirido em com-

[46] Em sentido contrário, cf. o Acórdão do Tribunal da Relação de Lisboa de 24.3.2022, *Paulo Silva*, 148/21, com voto de vencido.
[47] Sendo relatora *Graça Amaral*, 351/20.

propriedade. Nessa medida, a ação correspondente para fazer cessar tal compropriedade será também a ação de divisão de coisa comum.[48]

Também no caso de o regime de bens ter sido o da separação, havendo bens pertencentes em compropriedade a ambos os cônjuges, após o divórcio, o meio próprio para porem termo à indivisão é a ação de divisão de coisa comum. [49]

1.4. Prédio urbano e prédio rústico

A distinção entre prédio rústico e prédio urbano colhe renovada pertinência em sede de ação de divisão de coisa comum, atentas as limitações legais ao fracionamento de prédios rústicos.

Neste âmbito, a primeira regra é a de que não é à matriz que se vai buscar a classificação do prédio como rústico ou urbano. [50]

A descrição predial também não tem valor vinculativo [51] porquanto, desde logo, tem por fim a identificação física, económica e fiscal dos prédios (Artigo 79º, nº 1, do CRP) e admite a natureza mista do prédio (Artigo 82º, nº 1, al. *b)*, do CRP) quando o Código Civil não admite um *tertium genus* entre o prédio rústico e urbano [52], sendo o prédio misto uma categoria do direito fiscal. [53]

Nenhuma disposição legal confere vinculatividade à qualificação vertida na inscrição matricial e/ou no registo predial.[54] Acresce que estas qua-

[48] Acórdão do Supremo Tribunal de Justiça de 6.12.2001, *Ribeiro Coelho*, CJ 2001-III, pp. 140-141, Acórdão do Tribunal da Relação de Lisboa de 15.11.2007, *Vaz Gomes*, 4359/2007.

[49] Acórdão do Supremo Tribunal de Justiça de 18.1.96, *Almeida e Silva*, 88009, de 23.9.98, *Dionísio Correia*, 332/97, de 9.11.2000, *Quirino Soares*, 2636/00, *Sumários*, www.stj.pt.

[50] Cf. Acórdão do Tribunal da Relação de Coimbra de 22.1.1991, *Francisco Lourenço*, CJ 1991-I, pp. 54-57.

[51] Seabra Lopes, *Direito dos registos e do notariado*, 3ª Ed., Almedina 2005, p. 237, conclui que prédio, para efeitos de registo predial, é uma parte delimitada do solo com as construções, águas, plantações e partes integrantes nele existentes.

[52] José Alberto Vieira, *Ibidem*, p. 163 e Menezes Cordeiro, *Tratado de Direito Civil Português*, I, Parte Geral, Tomo II, Coisas, Almedina, 2000, p. 123.

[53] Acórdão do Tribunal da Relação de Lisboa de 7.6.1990, *Cardona Ferreira*, BMJ nº 398, p. 572: "A tipificação de um prédio como urbano não depende da descrição registral ou de critérios fiscais."

O Código do Imposto Municipal sobre Imóveis classifica como prédio misto aquele em que nem a parte rústica nem a parte urbana possa ser classificadas como principal (Artigo 5º, nºs 1 e 2).

[54] No Parecer do Conselho Técnico dos Registos e Notariado elaborado no Proc. Nº R.P. 73/97, acessível em www.irn.mj.pt, foram elaboradas as seguintes conclusões:

lificações dependem da atuação do proprietário (ou outro titular de direito real) que pode construir um edifício, transformando um prédio rústico em urbano, ou destruir um edifício, convertendo um prédio urbano em rústico. Assim, a classificação do prédio como rústico ou urbano deve operar no momento em que o aplicador é chamado a fazê-la.

Nos termos do Artigo 204º, nº 2, do Código Civil, *entende-se por prédio rústico uma parte determinada do solo e as construções nele existentes que não tenham autonomia económica, e por prédio urbano qualquer edifício incorporado no solo, com os terrenos que lhe sirvam de logradouro.*

Assim, um terreno não construído constitui, em regra, um prédio rústico. Pelo contrário, um terreno totalmente coberto por um edifício constitui um prédio urbano. E persistirá a natureza de prédio urbano quando ao edifício acresça o terreno que lhe serve de logradouro.

A chave da distinção vem a centrar-se, deste modo, na precisão da noção de logradouro.

A jurisprudência vem contribuindo para a densificação do conceito de logradouro. Tem sido entendido que:

- «Logradouro são os pátios, os eidos, os quintais, as hortas e demais terrenos que estejam na dependência, ao serviço do prédio urbano, da cada de habitação. (...) para que um terreno se considere como logradouro da parte urbana, nos termos legais, basta a sua destinação económica, independentemente da sua área de superfície; esse terreno era e é essencialmente destinado à colheita de frutos e produtos necessários ao governo do lar dos moradores da casa de habitação (...)

I – A natureza rústica ou urbana de um prédio é definida basicamente de acordo com as regras estabelecidas no Código Civil.
II – Os planos diretores municipais têm em vista regulamentar e definir a ocupação, uso e transformação dos solos na área do município, mas não titulam, por si mesmos, a alteração da natureza dos prédios que se situem na respetiva área.
III – Nesta conformidade, deve ser lavrado com carácter definitivo o averbamento de aquisição (por transferência de património) de um prédio rústico, cujo pedido é instruído com duplicado do modelo 129 onde se pede a sua inscrição como urbano, por ser desnecessária a harmonização com a matriz quanto à natureza do prédio.
IV – Tendo a Câmara Municipal respetiva certificado que o prédio integra, no PDM, área urbanizada verde agrícola, essa menção – que não afeta a natureza do prédio – deve ser levada à descrição, nos termos do Artigo 90º, nº 1, do Código do Registo Predial.

Logradouros não são apenas as partes junto das construções que servem de espairecimento aos moradores ou de complemento não produtivo à habitação, como os jardins, os pátios, as churrascarias, etc. Nas zonas rurais (e não só) contam muito mais os terrenos produtivos existentes juntos às casas de morada, que foram construídas ali precisamente para beneficiarem desses terrenos no fornecimento de produtos à economia doméstica.»[55]

- «Na ausência de definição legal, logradouro de prédio urbano constitui no nosso direito um conceito jurídico indeterminado que só se determina na sua aplicação aos casos concretos. E as dificuldades daqui resultantes foram sentidas e corretamente expostas no acórdão da Rel. de Évora de 15/3/84 (in Col. Jur., ano IX, tomo 2, pág. 276). Para esse acórdão e seguindo a esteira de outros da Rel. de Coimbra, logradouro será o que é ou pode ser gozado, fruído ou disputado por alguém. Portanto, o logradouro de um prédio urbano há de ser, em regra, o terreno contíguo que é ou pode ser fruído por quem se utilize daquele. Casa e terreno constituirão normalmente uma unidade cujas características variarão de região para região e até dentro da mesma localidade. E para fazer essa determinação julga-se ser irrelevante a circunstância de o prédio estar dividido na Repartição de Finanças em rústico e urbano, assim como a utilização que os residentes fazem do terreno e ainda a diferença de valor este e o edifício. O que importa é que um e outro sejam tidos como uma unidade, assim pensada essencialmente no seu disfrute.»[56]
- «Um logradouro é um espaço complementar e serventuário de um edifício com o qual constitui uma unidade predial" – Ac. deste Tribunal de 6.7.1993, in BMJ, 429-761 Mais desenvolvidamente pode ler-se no citado Acórdão – "Quanto à expressão "logradouro", civilisticamente, ela tem assento no nº 2 do Artigo 204° do Código Civil; aí se diz que se entende por "prédio urbano qualquer edifício incorporado no solo, com os terrenos que lhe sirvam de logradouro". Daqui decorre que o logradouro sendo, basicamente, terreno, não é edifício; juridicamente, faz parte da unidade predial, mas, fisica-

[55] Acórdão do Tribunal da Relação de Coimbra de 22.1.1991, *Francisco Lourenço*, CJ 1991-I, pp. 54-57.

[56] Acórdão do Supremo Tribunal de Justiça de 25.3.1993, *Pais de Sousa*, CJ 1993-II, pp. 33-34.

mente, tem diferença e autonomia; serve o edifício, ou seja, é complementar e serventuário do edifício. Logradouro é uma palavra, semanticamente, decorrente de "lograr", isto é, "gozar, fruir, desfrutar" (Dicionário Enciclopédico, Koogan Larousse, I, pág. 516); é, na circunstância, essencialmente, "fruir". Portanto, logradouro, é o que pode ser logrado ou fruído por alguém; ou seja e fazendo apelo ao seu cariz complementar, em princípio por quem fruir o edifício correspondente"»[57].

Nos termos do Decreto-Regulamentar nº 5/2019, de 27.9 (fixa os conceitos técnicos atualizados nos domínios do ordenamento do território e do urbanismo), «Um **logradouro** é um espaço ao ar livre, destinado a funções de estadia, recreio e lazer, privado, de utilização coletiva ou de utilização comum, e adjacente ou integrado num edifício ou conjunto de edifícios.»

O critério decisivo da distinção entre prédio rústico e urbano assenta na denominada *teoria da afetação económica*, segundo a qual há que ponderar o fim do aproveitamento do prédio. Assim, se a parte urbana serve de apoio à parte não construída do solo, o prédio é rústico; pelo contrário, se a parte não construída do solo serve de apoio à parte urbana, o prédio será urbano.

Conforme explicita José Alberto Vieira[58],

> «O que interessa é verificar se essa construção se dirige a um aproveitamento separado do solo ou não. Se tem em vista o aproveitamento deste, como acontece relativamente à casa de uma herdade e a outras estruturas de apoio, não tem autonomia económica e o prédio é rústico, ainda que o proprietário se limite a viver na herdade, sem cultivar o campo ou o dedicar a outro fim rural.
>
> A construção de um edifício que dissocie a parte construída do solo restante induz a autonomia económica da parte urbanizada. Nessa altura, segundo o art. 204º, nº 2, todo o prédio será urbano.»

Não se provando factos que permitam inferir, com toda a certeza, a natureza urbana, haverá que qualificar o prédio – por defeito – como rústico.[59]

[57] Acórdão do Supremo Tribunal de Justiça de 28.2.2008, *Fonseca Ramos*, 08A075.

[58] *Ibidem*, p. 164.

[59] José Alberto Vieira, *Ibidem*, p. 164 e Menezes Cordeiro, *Ibidem*, p. 124.

Flui do exposto que a parte, no respetivo articulado, não pode limitar-se a reproduzir o teor literal da inscrição matricial ou da descrição predial, devendo enunciar concretamente as características do prédio quanto às construções existentes, áreas, utilização dada à construção e à parte não construída. Só, assim, ficará o julgador habilitado a saber que parte (urbana ou rústica) serve de apoio à outra.

Tanto mais que a presunção *iuris tantum* decorrente do Artigo 7º do Código de Registo Predial ("*O registo definitivo constitui presunção de que o direito existe e pertence ao titular inscrito, nos precisos termos em que o registo o define*") não abrange os elementos de identificação do prédio constantes da descrição, sempre que exista uma desconformidade entre esta (no que respeita a algum daqueles elementos) e a realidade material do imóvel, designadamente quanto aos limites, estremas, áreas e confrontações na medida em que tais elementos dependem das declarações dos titulares e não são certificados pelo conservador [60], constituindo as certidões matriciais um mero elemento de identificação, sem que façam qualquer prova plena sobre a formação ou composição do prédio nelas inscrito. [61]

Assim, há que atender à matéria de facto provada no que respeita às características do prédio e das construções nele existentes, bem como à utilização dada ao solo e a tais construções, não sendo vinculativa a qualificação do prédio e a respetiva descrição constantes do registo predial ou da inscrição matricial.[62]

Acresce que a noção de prédio rústico releva ainda para efeitos de aferição dos condicionamentos legais impostos à constituição de compropriedade ou de ampliação do número de compartes de prédios rústicos.

Nos termos do Artigo 54º do Decreto-lei nº 91/95, de 2.9 (Reconversão das Áreas Urbanas de Génese Ilegal, doravante AUGI, na redação da Lei nº 70/2015, de 16.7.), sob a epígrafe *Medidas Preventivas*,

[60] Neste sentido, cf. Acórdão do Tribunal da Relação de Coimbra de 2.2.93, *Varela Rodrigues*, CJ 1993-I, pp. 28.30, Acórdão do Tribunal da Relação do Porto de 16.1.95, *Abílio Vasconcelos*, CJ 1995-I, pp. 197-201, Acórdãos do Supremo Tribunal de Justiça de 27.1.93, *Joaquim de Carvalho*, CJ 1993-I, pp. 100-102, de 11.3.99, *Ferreira de Almeida*, CJ 1999-I, 150-152, de 17.10.2000, *Pais de Sousa*, 01A1139, de 25.3.2010, *Oliveira Rocha*, 186/1999.

[61] Acórdão do Supremo Tribunal de Justiça de 30.1.1990, *Joaquim de Carvalho*, BMJ nº 393, pp. 577-581. Conforme se refere ainda no Acórdão do Supremo Tribunal de Justiça de 4.12.2003, *Santos Bernardino*, 03B2574, "A inscrição matricial não tem a virtualidade para definir o conteúdo ou a extensão do direito de propriedade sobre qualquer prédio".

[62] Acórdão do Tribunal da Relação de Évora de 16.5.2019, *Ana Margarida Leite*, 83/16.

1 – A celebração de quaisquer atos ou negócios jurídicos entre vivos de que resulte ou possa vir a resultar a constituição de compropriedade ou a ampliação do número de compartes de prédios rústicos carece de parecer favorável da câmara municipal do local da situação dos prédios.

2 – O parecer previsto no número anterior só pode ser desfavorável com fundamento em que o ato ou negócio visa ou dele resulta parcelamento físico em violação ao regime legal dos loteamentos urbanos, nomeadamente pela exiguidade da quota ideal a transmitir para qualquer rendibilidade económica não urbana.

3 – O parecer é emitido no prazo de 45 dias, entendendo-se a sua omissão como parecer favorável.

4 – São nulos os atos ou negócios jurídicos celebrados em violação do disposto no nº 1 do presente Artigo, tendo também a câmara municipal legitimidade para promover a respetiva declaração judicial.

Esta norma teve como origem o Artigo 58º, nº 1, do Decreto-lei nº 400/84, de 31.12, nos termos da qual a celebração ou o registo de quaisquer atos ou negócios jurídicos de que resulte ou possa vir a resultar a constituição de compropriedade ou a ampliação do número de compartes de prédios rústicos só poderão efetuar-se mediante parecer favorável da câmara municipal do local da situação dos prédios. A razão de ser da instituição de tal regime, colhe-se do ponto 8 do relatório do Decreto-lei nº 400/84, em que se afirma: «Com vista a contrariar a venda em avos, fixou-se como necessário o parecer favorável das câmaras municipais na celebração ou registo de quaisquer atos ou negócios jurídicos que impliquem a constituição de compropriedades ou a ampliação do número de compartes de prédios rústicos, concedendo-lhes, nas transmissões onerosas, o direito de preferência. Assim, o Governo responde positivamente às recomendações formuladas pelo Alto Comissário contra a Corrupção e as sugestões dos municípios sobre a matéria.»

Visou-se, de forma clara, obstar a que a constituição da compropriedade continuasse a ser um dos meios utilizados para o loteamento clandestino de prédio rústico cuja divisão em lotes a lei proibia, desiderato esse que permanece incólume no atual Artigo 54º do Decreto-lei nº 91/95, de 2.9.

Perante tais normativos, a questão que se coloca é a de saber se os lotes de terreno para construção se devem considerar como prédios rústicos e, nessa medida, sujeitos a tal disciplina específica.

Sobre tal questão, debruçou-se o Parecer da Direcção-Geral dos Registo e do Notariado, proferido no Proc. Nº 65/89[63], o qual começou por notar que o critério utilizado pela lei civil para distinção entre prédio rústico e urbano assenta na destinação económica do imóvel, sendo que o lote de terreno para construção se caracteriza precisamente pela sua destinação à construção urbana. O lote de terreno para construção, embora possa permanecer agricultável, afasta-se de modo absoluto da característica da rusticidade, aproximando-se da urbe a que só chegará de pleno com a construção.

Preconiza o Parecer que, na interpretação do Artigo 58º, do Decreto-lei nº 400/84, de 31.12 (correspondente ao atual Artigo 54º do Decreto-lei nº 91/95, de 2.9), dever-se-á ter em consideração o objetivo do legislador, mas sem ofensa dos interesses que não contrariam o objetivo confessado de combate ao loteamento clandestino. Nesta linha de raciocínio, considerando ainda que «(...) a ampliação do número de compartes de lote de terreno para construção, não é suscetível (ou, pelo menos, não constitui meio normal) de gerar o fenómeno do loteamento clandestino, que o legislador pretendeu combater através da regra consignada no art. 58º do Decreto-lei nº 400/84, de 31 de dezembro», conclui o Parecer que o lote de terreno para construção não deve considerar-se prédio rústico para os efeitos do disposto naquele Artigo.

A doutrina propugnada pelo Parecer harmoniza-se com a teoria da afetação económica acima analisada, sendo que, na definição do seu estatuto jurídico, a destinação do prédio para construção sobreleva face à situação física transitória do prédio (ainda sem construção de edifício). Está aqui implícita uma interpretação extensiva do Artigo 204º, nº 2, segunda parte, do Código Civil, atribuindo-se a natureza de prédio urbano àquele que ainda não contém um edifício, mas que se destina a tê-lo.

Cremos que a doutrina do parecer colhe desde que o lote para construção tenha sido objeto de operação de loteamento válida (sobre a questão do loteamento, veja-se *infra* 1.9, pp. 47-54). Não ocorrendo tal operação de loteamento, não está arredada a possibilidade de uma atuação concertada com o intuito de, através da instituição da compropriedade, lograr o loteamento clandestino de prédio rústico, situação que o legislador pre-

[63] Parecer aprovado por unanimidade em sessão do Conselho Técnico de 14 de setembro de 1989.

tendeu esconjurar ao instituir o regime do atual Artigo 54º do Decreto-lei nº 91/92, de 2.9.

Se bem que não vinculem o intérprete para efeitos deste processo especial, existem diversas definições avulsas de prédios rústicos e urbanos Assim, o Artigo 6º, nº 1, al. *c)*, do Código do Imposto Municipal sobre Imóveis classifica como **prédios urbanos** os terrenos para construção, definindo estes como aqueles «(...) *para os quais tenha sido concedida licença ou autorização de operação de loteamento ou de construção, e ainda aqueles que assim tenham sido declarados no título aquisitivo*» (nº 3 do mesmo preceito). O Artigo 3º do Decreto-lei nº 73/2009, de 31.3 (RAN), enuncia que é: «*j)* ***«Prédio misto»*** *o terreno constituído por parte rústica e parte urbana, sem que qualquer das partes possa separadamente ser classificada como prédio rústico ou prédio urbano; / l)* ***«Prédio rústico»*** *o terreno situado fora de um aglomerado urbano, que não se possa considerar como terreno para construção e desde que tenha como destino normal uma utilização geradora de rendimentos agrícolas, ou aqueles que não possuindo a afetação indicada, não se encontrem construídos ou disponham apenas de edifícios rurais de carácter acessório, sem autonomia económica e de reduzido valor e ainda as águas, as plantações e os edifícios e construções rurais diretamente afetos à produção de rendimentos agrícolas, pecuários ou florestais, nele localizados, que inclui os assentos de lavoura.*» Por sua vez, o Artigo 3º, nº 2, da Lei nº 111/2015, de 27.8 (Regime Jurídico da Estruturação Fundiária), dispõe que: «*Entende-se por* ***prédio rústico*** *toda a parte delimitada do solo com autonomia física, ainda que ocupada por infraestruturas, que não esteja classificada como urbano e se destine a atividades agrícolas, pecuárias, florestais ou minerais, assim como os espaços naturais de proteção ou de lazer, exceto para o efeito da aplicação de isenções fiscais previstas na presente lei, em que a definição de prédio rústico é a que consta do artigo 3º do Código do Imposto Municipal sobre Imóveis.*»

1.5. Indivisibilidade natural

Nos termos do Artigo 209º do Código Civil, «*São divisíveis as coisas que podem ser fracionadas sem alteração da sua substância, diminuição do valor ou prejuízo para o uso a que se destinam.*»

O critério adotado pela lei é predominantemente jurídico e não naturalístico ou físico porquanto, segundo este, todas as coisas são materialmente divisíveis sem exceção do átomo.[64]

[64] Neste sentido, cf. Acórdão do Tribunal da Relação de Évora de 22.3.2018, *Mário Coelho*, 151/17.

Para que se possa concluir, de um ponto de vista jurídico, pela divisibilidade de uma coisa corpórea torna-se necessário que:

a) não se altere a sua substância;
b) não haja diminuição do seu valor (detrimento);
c) não seja prejudicado o uso da coisa.

Estes critérios são de aplicação cumulativa pelo que desde que falte qualquer destas circunstâncias a coisa é, para a lei civil, indivisível. [65]

Só em concreto é que possível apreciar se a divisão da coisa implica alteração da sua substância, diminuição do seu valor ou prejuízo para o uso a que se destina.[66]

Um automóvel, um quadro, ou um livro são juridicamente indivisíveis porquanto deixam de ser o que eram (altera-se a sua substância) e também porque o seu uso fica comprometido.

As bibliotecas, garrafeiras, coleções, etc. poderão ser indivisíveis em razão do seu detrimento, ou seja, a soma dos valores parciais subsequentes pode não coincidir com o valor global inicial (eventualidade em que falta o critério da al. *b)*).

Para testar este critério jurídico, vejamos alguns casos decididos pelo Supremo Tribunal de Justiça.[67] Os comproprietários de uma casa de habitação (vivenda) dividiram-na em duas partes com a construção de uma parede, ficando cada comproprietário com a chave de acesso à respetiva parte. Ficou provado que a divisão da casa só ocasionaria desvalorização se a mesma fosse destinada a fim diferente do de habitação dos agregados familiares de autores e réus, v.g., venda, arrendamento ou mudança do tipo de ocupação. Entendeu o Supremo que o reconhecimento judicial da divisibilidade não podia ficar dependente da absurda condição de os comproprietários e respetivos agregados se manterem a habitar, para todo o sempre, a casa pois tal consubstanciaria uma limitação gravosa e inadmissível do *jus fruendi* e *abutendi* do direito de propriedade (Artigo 1305º

[65] Cf. José Alberto Vieira, *Ibidem*, p. 184 e Acórdãos do Supremo Tribunal de Justiça de 12.12.89, *Ricardo da Fellia*, BMJ nº 392, pp. 458-463, de 5.6.2008, *Alves Velho*, 08A1432.

[66] Cf. Acórdão do Supremo Tribunal de Justiça de 14.6.2011, *Nuno Cameira*, 1147/06.

[67] Acórdão do Supremo Tribunal de Justiça de 12.12.89, *Ricardo da Fellia*, BMJ nº 392, pp. 458-463. Abstraímo-nos na abordagem que se segue da análise da validade formal da divisão.

do Código Civil). Concluiu que a divisão em substância da casa era inviável por implicar detrimento da coisa (cf. al. *b)*).

Noutro caso, entendeu o Supremo que obsta à divisão material de coisa comum (fração autónoma) a existência de um contrato de arrendamento a um Estado estrangeiro que nela instalou os serviços de embaixada e residência na medida em que tal divisão traria manifesto prejuízo ao fim a que a fração está destinada (critério da al. *c)*). O fim concreto de tal arrendamento não podia ser alterado por vontade unilateral dos locadores, dependendo da vontade do inquilino.[68]

1.6. Indivisibilidade convencional

Nos termos do Artigo 1412º, nº 1 e nº 2, do Código Civil, os comproprietários podem convencionar que a coisa se conserve indivisa por um prazo que não exceda cinco anos, sendo lícito renovar este prazo, uma ou mais vezes, por nova convenção. *A cláusula de indivisão vale em relação a terceiros, mas deve ser registada para tal efeito, se a compropriedade respeitar a coisas imóveis ou a coisas móveis sujeitas a registo* (nº 3).

A indivisibilidade natural da coisa não é impeditiva dos comproprietários outorgarem este contrato (*pactum ne dividatur*), significando apenas que – volvido o prazo da convenção – a coisa terá de ser objeto de divisão em valor, que não em substância.

Se as partes convencionarem um prazo superior aos cinco anos, haverá que recorrer ao princípio geral da redução dos negócios jurídicos (Artigo 292º do Código Civil), aquilatando da verificação dos seus pressupostos designadamente da vontade conjetural a que se reporta a parte final do Artigo 292º do Código Civil.

Se o pacto de indivisão foi outorgado entre parte (que não a totalidade) dos comproprietários, o mesmo não vincula os restantes quer em razão da regra *res inter alios* quer porque o interesse público da conversão da comunhão em propriedade singular não abona a extensão dos efeitos da convenção.[69] Se, na vigência desse pacto, a divisão for exigida por comproprietário não outorgante, haverá que interpretar o pacto no sentido de verificar se os signatários pretenderam manter a compropriedade entre eles nessa eventualidade de um não outorgante requerer a divisão.

[68] Acórdão do Supremo Tribunal de Justiça de 12.1.2006, *Duarte Soares*, 05B4035.

[69] Antunes Varela e Pires de Lima, *Código Civil Anotado*, III Vol., 2ª Ed., Coimbra Editora, p. 388.

No caso afirmativo, os contraentes ficarão obrigados a reconstituir a compropriedade entre si, depois de ela ter sido dissolvida a requerimento de um comproprietário não outorgante.

No que tange à forma da convenção, na medida em que da mesma decorre uma modificação do direito de (com)propriedade, haverá que adotar a forma de escritura pública ou documento particular autenticado (Artigo 22º, alíneas *a)* e *g)*, do Decreto-lei nº 116/2008, de 4.7).

1.7. Indivisibilidade legal

A indivisibilidade legal resulta de normas imperativas sobre secessão predial, quer as que regulam o fracionamento de prédios rústicos quer as que regem sobre as operações de loteamento, bem como das normas imperativas sobre a constituição da propriedade horizontal.

Conforme tem sido reiterado uniformemente pela jurisprudência, o juízo acerca da divisibilidade da coisa comum deve reportar-se ao momento em que se encontra a coisa, quando a divisão é requerida (***requisito da atualidade***). Dito de outro modo, atende-se ao que a coisa é (realidade predial existente) e não ao que poderá vir a ser no futuro com mais ou menos obras e trabalhos.[70] A questão da divisibilidade não pode ficar à mercê de situações futuras e hipotéticas.

Assim, foram julgados indivisíveis prédios em que ocorriam as seguintes circunstâncias:

- Uma casa projetada para uma única habitação com logradouro, que só pode constituir duas unidades independentes e isoladas mediante a realização de obras que autonomizem a rede elétrica e de águas, acrescendo a construção de uma nova fossa e tapagem ou mudança de uma janela[71];

[70] Cf.: Acórdãos do Tribunal da Relação de Coimbra de 9.10.2007, *Sílvia Pires*, CJ 2005-IV, pp. 31-33, de 15.1.2013, *Avelino Gonçalves*, 91/08, de 13.11.2018, *Maria João Areias*, 5336/16; Acórdãos do Tribunal da Relação do Porto de 31.1.2005, *Fonseca Ramos*, 0457210 , de 28.10.2013, *Rita Romeira*, 1823/09, de 16.10.2017, *Domingos Fernandes*, 2506/15, de 4.5.2022, *Márcia Portela*, 926/20, de 13.10.2022, *Judite Pires*, 17/18; Acórdão do Tribunal da Relação de Lisboa de 2.3.2006, *Salazar Casanova*, 1539/2006; Acórdãos da Relação de Guimarães de 6.12.2007, *Conceição Bucho*, 2005/07, de 4.12.2008, *Raquel Rego*, CJ 2008-V, pp. 285-288; Acórdãos do Supremo Tribunal de Justiça de 5.6.2008, *Alves Velho*, 08A1432, de 23.9.2008, *Maria Beleza*, CJ 2008 – III, pp. 38-39, de 7.4.2001, *Hélder Roque*, 30031-A/1979.

[71] Acórdão do Tribunal da Relação de Coimbra de 7.3.95, *Quinta Gomes*, CJ 1995-II, pp. 8-10.

- Uma casa composta por rés do chão, 1º andar e sótão, suscetível de ser fisicamente dividida em duas frações independentes (uma composta pelo rés do chão, outra pelo 1º andar e sótão), sendo necessário para tal executar um conjunto de obras no edifício (encerramento da escada com recurso à substituição de uma porta por uma parede de alvenaria de tijolo; reformulação da rede elétrica, reformulação do sistema de aquecimento (canalização e sistema de depósito).[72]

Uma corrente jurisprudencial tem também reiterado que a (in)divisibilidade de uma coisa comum tem ainda de ser aferida em função da quota-parte de cada um dos proprietários. Por outras palavras, se os comproprietários não puderem ser todos eles contemplados com frações ou quinhões do imóvel constitutivos de novos prédios, o imóvel terá de ser considerado indivisível. Nesta senda, a divisibilidade prevista na lei há de ser tal que permita inteirar em espécie todos os interessados, sem que haja lugar a tornas, o que se extrairá do Artigo 929º, nº 1, do CPC ao impor, na falta de acordo, a realização de sorteio, evidenciando que a divisibilidade tem de ser aferida em função da quota-parte dos comproprietários.[73]

Em obediência a este critério, um prédio constituído por três pisos de habitação, separados por lajes de betão armado perfeitamente independentes, foi julgado indivisível por serem quatro os comproprietários e, nessa medida, insuscetível de ser dividido em quatro quinhões.[74]

Salvo o devido respeito, não temos por correto este critério.

Há que não confundir divisão com o conceito de divisibilidade. ***Divisão*** significa o cessar da compropriedade pela concentração do direito de cada consorte num objeto determinado e privativo (parte da coisa ou do seu valor). ***Divisibilidade*** consiste na possibilidade de fracionamento da coisa sem que as partes daí provenientes percam a essência da coisa dividida, diminuam o seu valor ou vejam alterada a sua função económico-

[72] Acórdão do Tribunal da Relação de Coimbra de 24.10.2006, *Arcanjo Rodrigues*, CJ 1996-IV, pp. 31-34.

[73] Cf.: Acórdão do Tribunal da Relação de Évora de 8.6.95, *Manuel Pereira*, CJ 95-III, pp. 291-292; Acórdão do Tribunal da Relação de Coimbra de 24.10.2006, *Arcanjo Rodrigues*, CJ 2006-IV, pp. 31-34, Acórdão do Tribunal da Relação de Guimarães de 20.9.2004, *Rosa Tching*, 1143/04; Acórdãos do Supremo Tribunal de Justiça de 28.5.2002, *Ponce Leão*, 02A2594, 14.10.2004, *Oliveira Barros*, 04B2961, de 15.2.2018, *Lima Gonçalves*, 11337/77.

[74] Acórdão do Supremo Tribunal de Justiça de 28.5.2002, *Ponce Leão*, 02A2594.

-social. O preenchimento de cada quinhão coloca uma questão de divisão e não de divisibilidade.

A questão da (in)divisibilidade afere-se em função dos critérios veiculados pelo Artigo 209º do Código Civil e outras normas imperativas (como veremos), nela não interferindo a possibilidade de todos os interessados verem a sua quota satisfeita e integrada por uma fração do primitivo prédio.[75] Não devemos esquecer o carácter instrumental do direito processual que não define direitos ou interesses dos particulares, mas apenas fornece os instrumentos jurisdicionais para a sua proteção. [76] Não cabe ao processo civil a função de atribuir e, muito menos, de retirar direitos.

Estamos em sede de direitos disponíveis, podendo o comproprietário renunciar válida e eficazmente ao seu direito, não dependendo a renúncia do consentimento dos outros comproprietários. A renúncia abdicativa tem como efeito a expansão da posição dos outros comunheiros, numa manifestação da elasticidade dos direitos reais.[77] Por aplicação dos Artigos 1411º, nº 3, e 947º, nº 1, do Código Civil, a renúncia estará sujeita a escritura pública ou a documento particular autenticado caso incida sobre imóveis.

Cremos que, em caso de impossibilidade de formação de quinhões em número igual aos dos comproprietários, pode haver apenas redução do número de consortes desde que haja acordo de todos os consortes[78] neles se incluindo necessariamente o consorte que não é contemplado com um quinhão. Com efeito, da interpretação dos nºs 1 e 2 do Artigo 929º do CPC resulta que o critério prevalecente para a divisão é o acordo dos comproprietários (*"na falta de acordo entre os interessados presentes"* – nº 1; *"Na falta de acordo sobre a adjudicação"* – nº 2). O que diverge é o objeto mediato de tal acordo: distribuição dos quinhões por adjudicação ou sorteio (nº 1); integração da quota em espécie ou preenchimento daquela em dinheiro, sendo a coisa indivisível (nº 2). Ali ocorre uma divisão em substância; aqui a divisão em substância é convolada para divisão em valor.[79]

[75] Neste sentido, Acórdão do Supremo Tribunal de Justiça de 15.2.2000, Lemos *Triunfante*, 39/2000, Sumários, www.stj.pt.

[76] TEIXEIRA DE SOUSA, *Introdução ao processo civil*, Lex, 2000, p. 45.

[77] Neste sentido, JOSÉ ALBERTO VIEIRA, *Op. cit.*, p. 373. Pronunciando-se no sentido da inadmissibilidade de *jure condito* da renúncia ao direito de propriedade, vejam-se HENRIQUE MESQUITA, *Obrigações e ónus reais*, Almedina, 1990, pp. 374-378 e Acórdão do Supremo Tribunal de Justiça de 11.7.2002, *Ferreira de Almeida*, 03B800.

[78] Acórdão do Tribunal da Relação do Porto de 9.10.97, *Oliveira Barros*, 9730425.

[79] Cf. ALBERTO DOS REIS, *Processos Especiais*, II Vol., Coimbra Editora, 1982, p. 44.

O regime formalmente exigente da renúncia abdicativa está configurado primacialmente para o seu exercício extrajudicial. Estando pendente ação de divisão de coisa comum, se o consorte comparecer na conferência de interessados e der o seu assentimento à adjudicação de quinhões que não o contemple, não vemos razões para não atender esta sua vontade. Note-se que, frequentemente, a compropriedade existe entre familiares (v.g. na sequência de adjudicação de bens em comum em processo de inventário) o que pode justificar a assunção de tal conduta.

Os nºs 1 e 2 do Artigo 929º regem sobre o modo de operar a divisão (com parte da coisa no nº 1 ou com parte do seu valor no nº 2) e não sobre a divisibilidade da coisa.

Assim, merece a nossa concordância a doutrina do Acórdão do Supremo Tribunal de Justiça de 15.11.2012, segundo o qual importa «(...) distinguir a questão da *divisibilidade da coisa*, que depende apenas do preenchimento dos *requisitos civis* ou *administrativos*, da sua posterior divisão pelos contitulares, operada através de diversos mecanismos cujo acionamento dependerá das concretas circunstâncias, desde logo, da existência ou não de acordo, da opção pelo sorteio ou da venda a terceiro, com distribuição do respetivo produto.»[80]

No caso de um imóvel subordinado a um ónus de inalienabilidade, o mesmo pode ser adjudicado a uma das partes se estas chegarem a consenso acerca do valor a atribuir ao imóvel, sendo o mesmo adjudicado por esse valor; na ausência desse acordo, o imóvel permanece na indivisão até à extinção do ónus de inalienabilidade.[81]

1.8. Fracionamento de prédios rústicos

Nos termos do Artigo 1376º, nº 1, do Código Civil, «*Os terrenos aptos para cultura não podem fracionar-se em parcelas de área inferior a determinada superfície mínima, correspondente à unidade de cultura fixada para cada zona do país; importa fracionamento, para este efeito, a constituição de usufruto sobre uma parcela de terreno.*»

A unidade de cultura é atualmente definida como a «*superfície mínima de um terreno rústico para que este possa ser gerido de uma forma sustentável, utilizando os meios e recursos normais e adequados à obtenção de um resultado satisfató-*

[80] Sendo relator *Abrantes Geraldes*, 261/09.0TBCHV.P1.S1.

[81] Acórdão do Tribunal da Relação de Lisboa de 23.5.2019, *Jorge Leal*, 2035/15.

rio, atendendo às caraterísticas desse terreno e às caraterísticas geográficas, agrícolas e florestais da zona onde o mesmo se integra» (Artigo 49º, nº 1, da Lei nº 111/2015, de 27.8, na redação da Lei nº 89/2019, de 3.9 – Regime Jurídico da Estruturação Fundiária).

O fracionamento de um prédio rústico pressupõe a sua divisão por dois ou mais proprietários, implicando a transferência de domínio para outrem designadamente por venda. A esta situação deve ser equiparada a divisão da propriedade para efeitos matriciais ou registrais apesar de ficar na titularidade da mesma pessoa desde que esta proceda, posteriormente, à alienação dos novos prédios a outrem. Na verdade, este tipo de atuação consubstancia uma atuação em fraude à lei na medida em que o respetivo resultado prático final coincide, justamente, com aqueles que a norma do Artigo 1376º do Código Civil pretende evitar.[82]

As regras sobre o fracionamento de prédios aptos para cultura decorrem de razões de interesse público relacionadas com a defesa da viabilidade e rentabilização económica, pretendendo-se evitar a criação de micro-parcelas pouco rentáveis.

A limitação relativa ao fracionamento de prédios rústicos imposta pelo Artigo 1376º, nº 1, do Código Civil respeita apenas aos terrenos aptos para cultura, ou seja, próprios para fins agrícolas, florestais ou pecuários, sendo a doutrina a mesma que emerge da diferente expressão constante do Código italiano: "terrenos destinados a cultura ou suscetíveis de cultura". [83]

Note-se que não ocorre fracionamento com a constituição de compropriedade porquanto aqui não ocorre nenhuma divisão material da coisa.

A área da unidade de cultura foi, inicialmente, fixada na Portaria nº 202/70, de 21.4, nos seguintes termos:

TERRENOS DE REGADIO/ARVENSES:

– 2 ha/20.000 m2 para as regiões de Viana do Castelo, Braga Porto, Aveiro, Viseu, Coimbra, Leiria, Vila Real, Bragança, Guarda, Castelo Branco, Lisboa e Santarém;

– 2,50 ha/25.000 m2 para Portalegre, Évora, Beja, Setúbal e Faro.

TERRENOS DE REGADIO/HORTÍCOLAS:

– 0,50 ha/5.000 m2 em todas as regiões referidas;

[82] Cf. Acórdão do Supremo Tribunal de Justiça de 7.6.2011, *Nuno Cameira*, 197/2000.

[83] Antunes Varela e Pires de Lima, Código *Civil Anotado*, III Vol., 2ª Ed, p. 259-

TERRENOS DE SEQUEIRO:

– 2 ha/20.000 m2 para as regiões de Viana do Castelo, Braga Porto, Aveiro, Viseu, Coimbra, Leiria;

– 3 ha/30.000 m2 para as regiões de Vila Real, Bragança, Guarda, Castelo Branco;

– 4 ha/40.000 m2 para as regiões de Lisboa e Santarém;

– 7,50 ha/75.000 m2 para as regiões de Portalegre, Évora, Beja e Setúbal;

– 5 ha/ 50.000 m2 para Faro.

O Decreto Legislativo Regional nº 35/2008/A, de 28.7, da Região Autónoma dos Açores, fixou no seu Artigo 22º as unidades de cultura entre um e três hectares, não tendo sido publicado diploma similar no que tange à Região Autónoma da Madeira.[84] Por força do Decreto Legislativo Regional nº 35/2008/A conjugado com os artigos 25° e 26° e do artigo 32° do Decreto Regulamentar Regional n°3/2010/A , de 9.2, a partir de 10 de Fevereiro de 2010, a unidade de cultura fixada para a região dos Açores é de 25.000 m2.[85]

Durante o período em que a Região Autónoma da Madeira não tinha fixada a unidade de cultura, era-lhe aplicável o disposto no Artigo 107º do Decreto nº 16.731, de 13.4.1929, que proibia, sob pena de nulidade, a divisão de prédio rústico de que provenham novos prédios de menos de meio hectare (5.000 m2).[86]

O Decreto Legislativo Regional nº 27/2017/M, de 23 de agosto (com entrada em vigor em 22.9.2017), fixou a área de unidade de cultura em

[84] No Parecer do Conselho Consultivo do IRN nº 45/CC/2017, entendeu-se que: «(...) não nos parece, salvo o devido respeito, que haja motivo consistente para equacionar a eventual sujeição aos ónus de não fracionamento previstos no art. 30º da Lei nº 111/2015 dos prédios resultantes de operações de emparcelamento realizadas no espaço territorial da região autónoma dos Açores. Os regimes da estruturação fundiária, nacional e regional, ao que cremos, devem ser tomados e aplicados de forma global e autossuficiente, nas respetivas esferas de competência territorial – pelo que, transpor os referidos ónus para os prédios resultantes de operações de emparcelamento realizadas nos Açores, significaria fazer intrometer, no regime açoriano, uma solução totalmente estranha à valoração teleológica subjacente à conformação levada a cabo pelo legislador regional. No espaço jurídico insular, se de algum "ónus" se pode falar, para os prédios resultantes de emparcelamento, esse "ónus" é somente aquele a que alude o nº 2 do art. 14º do DLR nº 35/2008/A: a menção, no ato de registo e na descrição, da característica da indivisibilidade.»

[85] Cf. Acórdão do Tribunal da Relação de Lisboa de 13.12.2012, *Maria de Deus Correia*, 974/11.

[86] Acórdão do Tribunal da Relação de Lisboa de 23.4.2013, *Roque Nogueira*, 96/03, também acessível em www.colectaneadejurisprudencia.com .

1500 m2 para efeitos de fracionamento de prédio rústico na Região Autónoma da Madeira.

O Artigo 49º da Lei nº 111/2015, de 27.8. (Regime Jurídico da Estruturação Fundiária), veio dispor que a unidade de cultura é fixada por Portaria do membro do Governo responsável pela área de desenvolvimento rural e deve ser atualizada com um intervalo mínimo de 10 anos

Na sequência de tal norma, veio a ser editada a Portaria nº 219/2016, de 9.8, a qual revogou expressamente a Portaria nº 202/70, de 21.4 (Artigo 5º), introduzindo novas áreas de unidade de cultura para terrenos de regadio e de sequeiro para Portugal continental (Artigo 3º e Anexo II).

A Portaria nº 219/2016, de 9.8., entrou em vigor em 10.8.2016, contendo um regime transitório nos termos do qual «*Aos instrumentos de gestão territorial aprovados antes da entrada em vigor da presente portaria que tenham como referência, para efeitos de edificabilidade, os valores constantes do artigo 1º do Regulamento aprovado pela Portaria nº 202/70, de 21 de abril, não são aplicáveis os valores previstos na presente portaria.*»

Esta Portaria nº 219/2016 foi alterada pela Portaria nº 19/2019, de 15.1., passando a área da unidade de cultura a que se refere o artigo 1376º e para efeitos do disposto no nº 1 do artigo 1379º do Código Civil a ser a seguinte:

NUTS II	NUTS III	Unidade de cultura (em hectares)		
		Terreno de regadio	Terreno de sequeiro	Terreno de floresta
Alentejo	Alentejo Central (exceto concelhos de Alandroal, Mourão, Portel e Vendas Novas) e concelhos de Alter do Chão, Alvito, Avis, Mora, Moura, Serpa e Vidigueira.	4	24	24
	Alentejo Litoral e concelhos de Alandroal, Almodôvar, Barrancos, Castro Verde, Mértola, Mourão, Ourique, Portel e Vendas Novas.	4	48	48
	Alto Alentejo (exceto concelhos de Alter do Chão, Avis, Campo Maior, Elvas e Mora).	4	48	48
	Baixo Alentejo (exceto concelhos de Almodôvar, Alvito, Barrancos, Castro Verde, Mértola, Moura, Ourique, Serpa e Vidigueira) e concelhos de Campo Maior e Elvas.	4	8	8
	Lezíria do Tejo	2,5	48	48
Algarve	Algarve	2,5	8	8
Área Metropolitana de Lisboa	Área Metropolitana de Lisboa (exceto concelhos de Alcochete, Montijo e Palmela)	2,5	8	8
	Concelhos de Alcochete, Montijo e Palmela	2,5	48	48
Centro	Beira Baixa	4	8	8
	Beiras e Serra da Estrela	4	8	8
	Médio Tejo	2,5	8	8
	Oeste	2,5	8	8
	Região de Aveiro	2,5	4	4
	Regisão de Coimbra	2,5	4	4
	Região de Leiria	2,5	4	4
	Viseu-Dão-Lafões	2,5	4	4
Norte	Alto Minho	2,5	4	4
	AltoTâmega	2,5	8	8
	Área Metropolitana do Porto	2,5	4	4
	Ave	2,5	4	4
	Cávado	2,5	4	4
	Douro	2,5	4	4
	Tâmega e Sousa	2,5	4	4
	Terras de Trás-os-Montes	4	8	8»

Nas áreas da Reserva Agrícola Nacional, a unidade de cultura corresponde ao triplo da área fixada pela lei geral para os respetivos terrenos e região (Artigo 27º do Decreto-lei nº 73/2009, de 31.3, sendo que este diploma foi alterado pelo Decreto-lei nº 199/2015, de 16.9). As áreas da RAN devem ser afetas à atividade agrícola e são áreas *non aedificandi*, numa ótica de uso sustentado e de gestão eficaz do espaço rural (Artigo 20º, nº 1, do mesmo diploma), sendo interditas todas as ações que diminuam ou destruam as potencialidades para o exercício da atividade agrícola das terras e solos da RAN, tais como operações de loteamento e obras de urbanização, construção ou ampliação, com exceção das utilizações previstas no Artigo 22º (Artigo 21º, nº 1, al. *a*), do mesmo diploma).

Haverá também que atentar na restrição diferente que possa resultar do PDM vigente para cada localidade.

No que tange à densificação dos conceitos de **terrenos de regadio, de sequeiro e de floresta**, o nº 2 do Artigo 49º da Lei nº 111/2015, de 27.8 (com a redação da Lei nº 89/2019, de 3.9), determina que:

> «2 – *Para efeitos da determinação da unidade de cultura releva a distinção entre terrenos de regadio, de sequeiro e de floresta, categorias reconhecidas a partir das espécies vegetais desenvolvidas, bem como das características pedológicas, edáficas, hídricas, económico -agrárias e silvícolas dos terrenos, aferidas com recurso às cartas de capacidade de uso do solo.*
>
> *3 – Sempre que não seja possível o reconhecimento do tipo de terreno, nos termos do número anterior, deve ser atribuída a categoria de terreno de sequeiro.*»

A classificação dos solos segundo a capacidade de uso está formulada no Artigo 7º do Decreto-lei nº 73/2009, de 31.3 (RAN).

Anteriormente, a jurisprudência definia a cultura arvense como reportando-se a plantas que crescem em terras semeadas e costuma empregar-se para designar as plantas herbáceas anuais ou vivazes, integradas ou não em sucessões lógicas designadas rotações. [87] Ao termo arvense estava associada a ideia de terra lavrada e a expressão cultura arvense, ainda hoje mal definida, só exclui, em rigor, as culturas arbustivas, arbóreas e florestais. [88]

Por sua vez, a horticultura era definida como tendo por objeto a cultura intensiva de legumes e hortaliças, sendo que o que a distinguia da cultura arvense e "é principalmente a técnica cultural de uma e de outra que são diferentes, não só no que respeita à extensão relativa como sobretudo à

[87] Acórdão da Relação de Évora de 28.4.94, *Geraldes de Carvalho*, CJ 1994-II, pp. 269-270.

[88] Acórdão do Tribunal da Relação do Porto de 30.5.95, *Almeida Silva*, CJ 1995-III, pp. 228-232.

especialidade e intensidade dos processos em horticultura e à continuidade da produção".[89]

Finalmente, a cultura de sequeiro era descrita como aquela em que a planta para o seu desenvolvimento normal não dispõe de água de rega, ficando pois dependente das condições climáticas, o que implica fortes irregularidades quanto à produção final.[90]

O Supremo Tribunal de Justiça decidiu, anteriormente, que «a classificação de terrenos utilizados em várias culturas para efeito de determinação da unidade de cultura que lhe devia corresponder faz-se em função do predomínio de alguma daquelas que lá normalmente se praticam" e que "à luz deste critério não há que ter em conta o aproveitamento possível, mas aquele que efetivamente lhe tem sido dado.»[91] Na expressão do Acórdão do Supremo Tribunal de Justiça de 17.12.2015, «deve-se atender à cultura predominante que se pratica em determinado terreno no momento em que ocorram os atos ou negócios jurídicos da sua divisão ou fracionamento, que não ao da sua maior aptidão natural.»[92]Também a Relação de Coimbra decidiu que «a classificação dos terrenos deve ser feita em face das culturas predominantes no momento da venda e, a partir daí, é que se sabe se eles têm, ou não, área inferior à unidade de cultura.»[93]

O Artigo 53º do Decreto-lei nº 103/90, de 22.3 (Regime do Emparcelamento), ressalvou expressamente a vigência da Portaria nº 202/70. O Decreto-lei nº 103/90 foi revogado pelo Artigo 64º da Lei nº 111/2015, de 27.8., cujo Artigo 49º – consoante já vimos – prevê uma atualização da unidade de cultura de dez em dez anos, sendo que a unidade de cultura foi redefinida – consoante vimos – pela Portaria nº 219/2016, de 9.8. e, subsequentemente, pela Portaria nº 19/2019, de 15.1.

A Lei nº 111/2015, de 27.8 (Regime Jurídico da Estruturação Fundiária) veio instituir como instrumentos de estruturação fundiária: o emparcelamento rural (artigos 3º, nº 1, al. *a*), 4º a 23º); a valorização fundiária (Artigos 34º a 42º); o regime de fracionamento dos prédios rústicos; os planos terri-

[89] Acórdão do Tribunal da Relação do Porto de 30.5.95, *Almeida Silva*, CJ 1995-III, pp. 228-232, citando a Enciclopédia Luso-Brasileira Verbo.

[90] Cf. Acórdão do Supremo Tribunal de Justiça de 17.12.2015, *Tomé Gomes*, 285/1999.

[91] Acórdão do Supremo Tribunal de Justiça de 1.6.1983, *Rodrigues Bastos*, BMJ nº 328, pp. 568-571.

[92] Sendo relator *Tomé Gomes*, 285/1999.

[93] Acórdão de 15.1.1985, *Ferreira Pinto*, CJ 1985-I, pp. 64-66.

toriais intermunicipais ou municipais; a bolsa nacional de terras para utilização agrícola, florestal ou silvopastoril, designada por "bolsa de terras".

Especificamente no que tange ao fracionamento, rege o Artigo 48º nos termos do qual (redação da Lei nº 89/2019, de 3.9, com entrada em vigor em 8.9.2019 *ex vi* Art. 2º, nº 2, da Lei nº 74/98, de 11.11):

> «*1 – Ao fracionamento e à troca de parcelas aplicam-se, além das regras dos artigos 1376º a 1381º do Código Civil, as disposições da presente lei.*
>
> ***2 – A posse de terrenos aptos para cultura não faculta ao seu possuidor a justificação do direito a que esta diz respeito, ao abrigo do regime da usucapião, sempre que a sua aquisição resulte de atos contrários ao disposto no artigo 1376º do Código Civil.***
>
> ***3 – São nulos os atos de justificação de direitos a que se refere o número anterior.***
>
> *4 – Quando todos os interessados estiverem de acordo, as situações de indivisão podem ser alteradas no âmbito do emparcelamento rural ou da valorização fundiária, pela junção da área correspondente de alguma ou de todas as partes alíquotas, a prédios rústicos que sejam propriedade de um ou de alguns comproprietários.*
>
> *5 – Da aplicação do disposto nos números anteriores não podem resultar prédios com menos de 20 m de largura, prédios onerados com servidão ou prédios com estremas mais irregulares do que as do prédio original*» (bold nosso).[94]

Conforme se verá, releva o conhecimento do procedimento legislativo subjacente à Lei nº 89/2019. Assim, na Resolução do Conselho de Ministros nº 13/2019, DR, I Série, nº 14, 21.1.2019, foi consignado que:

> «A fragmentação de prédios rústicos aptos para cultura resultante da atuação da usucapião, consequente a negócios jurídicos contrários à lei, justifica a ponderação da exclusão daquela causa de constituição de direitos reais

[94] A redação anterior do Artigo 48º era a seguinte:
1 – Ao fracionamento e à troca de parcelas aplicam-se, além das regras dos artigos 1376º a 1381º do Código Civil, as disposições da presente lei.
2 – Quando todos os interessados estiverem de acordo, as situações de indivisão podem ser alteradas no âmbito do emparcelamento rural ou a valorização fundiária, pela junção da área correspondente de alguma ou de todas as partes alíquotas, a prédios rústicos que sejam propriedade de um ou de alguns comproprietários.
3 – Da aplicação do disposto nos números anteriores não podem resultar prédios com menos de 20 m de largura, prédios onerados com servidão ou prédios com extremas mais irregulares do qua as do prédio original.»

quando referida àqueles prédios. Assim, em matéria de aquisição de prédios com área inferior à unidade de cultura (fracionamento de prédios que resultam da usucapião), deve ser introduzida na Lei nº 111/2015, de 27 de agosto, uma norma que preveja que a posse de terrenos aptos para cultura não faculta ao seu possuidor a justificação do direito a que esta diz respeito ao abrigo do regime da usucapião, sempre que a sua aquisição resulte de atos de partilha ou de divisão de coisa comum, contrários ao disposto no artigo 1376º do Código Civil e que são nulos os atos de justificação de direitos a que se refere o número anterior.»

Posteriormente, o Governo apresentou a Proposta de Lei 203/XIII, em cuja discussão (4.7.2019), o Ministro da Agricultura afirmou designadamente:

«(...) Trata-se de uma alteração à Lei nº 111/2015, de 27 de agosto, que estabelece o regime jurídico da estruturação fundiária, através da qual se pretende: evitar a continuação do fracionamento dos prédios (...)

Relativamente à usucapião, dirá que estamos a querer ir mais longe, mas o que pretendemos mesmo é que não se fracione a propriedade de qualquer forma. Portanto, se alguém a detiver na sua posse, de boa-fé, e quiser legalizá-la abaixo da unidade mínima de cultura, não deve fazê-lo sem que antes proponha uma junção para que haja respeito por essa unidade mínima que acabamos de definir.»[95]

Face ao aditamento dos nºs 2 e 3, efetuada pela Lei nº 89/2019, é indubitável que o nosso ordenamento jurídico passou a proibir a aquisição, por usucapião, de parcelas de terreno resultante do fracionamento de prévios prédios rústicos de cultivo, quando a área das ditas parcelas seja inferior à unidade de cultura legal.[96] A partir de 8.9.2019, são inválidos e inatendíveis, para efeitos de aquisição por usucapião, os atos de posse praticados sobre prédios rústicos com área inferior à unidade de cultura legal (cf. Artigos 1287º do Código Civil, no segmento *"salvo disposição em contrário"*, e 48º, nºs 2 e 3, da Lei nº 111/2015, na redação da Lei nº 89/2019).

[95] http://debates.parlamento.pt/catalogo/r3/dar/01/13/04/104/2019-07-03/37?pgs=32-37&org=PLC&plcdf=true.

[96] Neste sentido, Acórdão do Tribunal da Relação de Guimarães de 21.5.2020, *Maria João Matos*, 1050/18.

O aditamento dos nºs 2 e 3 é coerente e consentâneo com o facto de a Lei nº 111/2015, de 27.8, ter alterado a redação do Artigo 1379º, nº 1, do Código Civil, a qual passou a ser a seguinte: «*São nulos os atos de fracionamento ou troca contrários ao disposto nos artigos 1376º e 1378º.*» Esta norma visa os atos de *fracionamento instantâneo* ("troca"). Desta forma, o ato ilícito de fracionamento não se consolida pelo mero decurso do tempo (Artigo 286º do Código Civil), ao contrário do que acontecia de pretérito em que a sanção cominada era a da anulabilidade. Face à redação anterior do Artigo 1379º, nº 1, do Código Civil, era de entender que «Estando em causa uma mera anulabilidade, sanável no caso de sobre o ato de divisão decorrer o prazo de três anos sem que seja proposta a ação constitutiva tendente a anulá-lo, a violação das regras legais cometida no fracionamento perde, nessa hipótese, toda e qualquer relevância e deixa de poder ser invocada para qualquer efeito.»[97]

A nova redação dos nºs 2 e 3 do Artigo 48º da Lei nº 111/2015 **absolutiza a proibição da aquisição por usucapião**, abrangendo as situações em que ocorriam escrituras de justificação notarial, com alegação da usucapião, destinadas ao estabelecimento de trato sucessivo, as quais eram consideradas como não constituindo atos de fracionamento para os efeitos do Artigo 1379º, nº 1, do Código Civil.[98] Esta nova redação visa o ato de fracionamento derivado do fracionamento consolidado por um *facto continuado* (posse com as características atendíveis para usucapir) e não o ato de fracionamento instantâneo, o qual se encontra prevenido na atual redação do Artigo 1379º, nº 1, do Código Civil.

No Acórdão do Tribunal da Relação de Évora de 8.10.2020, *Emília Costa*, 475/18, sustentou-se que os artigos 1376º do Código Civil e 48º, nº 2, da Lei nº 89/2019, não proíbem toda e qualquer aquisição, com base no regime da usucapião, de terrenos aptos para cultura com parcelas de área inferior à unidade de cultura estipulada para a região onde se situam, proíbem, sim, esse tipo de aquisição se da mesma resultar o fracionamento desses terrenos Nessa medida, quando da aquisição de terrenos aptos para cultura, com áreas inferiores à unidade de cultura estipulada, resultar, não o

[97] Acórdão do Supremo Tribunal de Justiça de 30.5.2019, *Rosa Ribeiro Coelho*, 916/18.

[98] Cf.: Acórdão do Tribunal da Relação de Évora de 25.1.2018, *Ana Margarida Leite*, 7601/16; Acórdãos do Supremo Tribunal de Justiça de 28.3.2019, *Bernardo Domingos*, 7604/16 e de 18.6.2019, *Graça Amaral*, 1786/17.

fracionamento, mas o englobamento desses terrenos numa área mais alargada, não se aplica o disposto nos citados artigos.

Não cremos que seja de afirmar a natureza interpretativa da nova redação dos nºs 2 e 3 do Artigo 48º perante as divergências relativas à questão de saber se a usucapião, como forma originária de adquirir, pode ou não incidir sobre parcela de terreno inferior a unidade de cultura, contrariando o regime previsto no Artigo 1376º, nº 1, do Código Civil.[99] Em primeiro lugar, porque do processo legislativo (cf. supra) não emerge tal desiderato, pelo contrário, transparece do mesmo que se quis alargar as situações em que é preterida a divisão de prédio rústico em área inferior à unidade de cultura, ou seja, existe um intuito inovatório. Em segundo lugar, há que atentar que «*A lei interpretativa integra-se na lei interpretada, ficando salvos, porém, os efeitos já produzidos pelo cumprimento da obrigação, por sentença passada em julgado, por transação, ainda que não homologada, ou por atos de natureza análoga*» (Artigo 13º, nº 1, do Código Civil). Na explicação de GALVÃO TELLES, «A lei interpretativa como que se confunde com a lei interpretada; as duas ficam a constituir um todo único; a lei interpretada passa a aplicar-se com o significado que a lei interpretativa lhe imputa, abrangendo "ab origine" todas as situações surgidas desde que a lei interpretada surgiu.»[100] É da essência da lei interpretativa que esta manifeste «uma intenção normativa de o fazer *ab initio*; ou não será verdadeiramente interpretativa».[101] Daqui decorre que, da atribuição de carácter interpretativo à alteração feita pela Lei nº 89/2019 ao Artigo 48º da Lei nº 111/2015, decorreria a inadmissibilidade de invocação da usucapião em qualquer processo futuro, mesmo que o prazo de usucapião se tivesse completado sob a égide da redação anterior do Artigo 1379º, nº 1, do Código Civil.

Em terceiro lugar, conforme refere JOSÉ GONZÁLEZ,

> «Originalmente, o fracionamento em contravenção da interdição legal instituída pelo artigo 1376° do Cód. Civil gerava a anulabilidade do ato que lhe desse origem. O que significava, bem vistas as coisas, que não sendo exercido o direito potestativo de anulação pelo Ministério Público ou por qual-

[99] Pugnando por tal natureza interpretativa, cf. os Acórdãos do Tribunal da Relação de Guimarães de 5.12.2019, *Anizabel Pereira*, 1167/18 e de 20.2.2020, *Jorge Teixeira*, 933/18, de 22.10.2020, *Anizabel Pereira*, 4165/18.

[100] GALVÃO TELLES, *Introdução ao Estudo do Direito*, Vol. I, 11ª ed, pp. 242-243.

[101] MENEZES CORDEIRO, *Código Civil Comentado, I – Parte Geral*, Almedina, 2020, p. 117.

quer proprietário que gozasse do direito de preferência nos termos do artigo 1380º do mesmo diploma, dentro do prazo fixado pelo anterior nº 3 do artigo 1379º aquele ato, tornando-se inatacável, consolidava-se definitivamente. E, afinal, o resultado proibido acabava por, não obstante, ser obtido. Seria até contestável, por isso, a afirmação do carácter imperativo da norma que proibia o parcelamento de prédios rústicos em desrespeito pelo mencionado nº 1 do artigo 1379º do Cód. Civil.»[102]

Ou seja, a imperatividade do nº 1 do Artigo 1379º só pode ter-se por inequívoca a partir da entrada em vigor da sua nova redação (27.9.2015). A discussão do carácter interpretativo da Lei nº 89/2019, neste circunspecto, só poderá equacionar-se, em tese, face ao teor inicial da própria Lei nº 111/2015 (na parte em que alterou a redação do Artigo 1379º, nº 1, do Código Civil), podendo arguir-se que o intuito da alteração operada no Artigo 48º foi o de precisar que o fracionamento previsto no Artigo 1379º, nº 1, tanto abarca o *instantâneo* como o *instantâneo consolidado por um facto duradouro* (usucapião). Todavia, temos por duvidosa a pertinência desta interpretação face ao teor do processo legislativo.

Tendo a Lei nº 111/2015 entrado em vigor em 27.9.2015, a nova redação do Artigo 1379º, nº 1, do Código Civil, aplica-se aos atos ilícitos de fracionamento ou troca ocorridos a partir de 27.9.2015 (Artigo 12º, nº 2, primeira parte, do Código Civil). Ou seja, os atos ilícitos de fracionamento ou troca ocorridos até 26.9.2015 permanecem anuláveis, sendo nulos apenas os praticados a partir de 27.9.2015.[103]

Todavia, há que conjugar a aplicação da lei no tempo com o regime próprio da usucapião. Com efeito, tendo a usucapião efeitos retroativos à data do início da posse (artigo 1288º do Código Civil), adquirindo-se o direito no momento em que aquela se iniciou, será pela lei então em vigor que se apreciará as condições de validade aplicáveis ao objeto do direito que se pretende usucapir, nomeadamente, as relativas ao fracionamento de prédio rústico apto para cultivo.[104] Deste modo, há que aferir da licitude

[102] "Usucapião e fracionamento de prédios rústicos", in *Revista do Ministério Público*, Ano 37º, nº 148, 2016, p. 23.

[103] Cf. Teixeira de Sousa, *Introdução ao Direito*, Almedina, 2013, p. 287.

[104] Cf.: Acórdãos do Tribunal da Relação de Guimarães de 30.4.2020, *Alcides Rodrigues*, 1334/10, de 21.5.2020, *Maria João Matos*, 1050/18; Acórdão do Supremo Tribunal de Justiça de 24.10.2019, *Fátima Gomes*, 317/15.

da invocação da usucapião com referência à lei vigente à data do início da posse. Sendo inadmissível a prática de atos de posse para tal efeito a partir de 8.9.2019 (cf. supra), as últimas datas invocáveis para o início da posse – tendo em vista a usucapião de prédio rústico de área inferior à unidade de cultura – são os dias 7.9.1999 e 7.9.2004, consoante a posse seja de má ou boa fé, respetivamente (cf. Artigos 1296º e 279º, al. *c)*, do Código Civil). Assim, é correta a posição assumida no Acórdão do Tribunal da Relação de Coimbra de 22.11.2022, *Arlindo Oliveira*, 3706/19, nestes termos:

> I – O disposto no art. 48º da Lei nº 111/2015, de 27-08, na redação que lhe foi dada pela Lei nº 89/2019, de 03-09, não impede que seja reconhecida a aquisição do direito de propriedade, por usucapião, de uma parcela de terreno com área inferior à unidade de cultura, num caso em que a posse conducente à aquisição de tal direito se iniciou – início em 1995 – e completou antes da entrada em vigor desta Lei.
>
> II – Neste âmbito, com vista a determinar se ocorre violação de regras legais imperativas, o momento que releva é a data do início da posse.

A proibição de fracionamento opera quando, por virtude desse fracionamento, os prédios rústicos se mantenham destinados a exploração agrícola.[105]

Existem exceções a essa proibição. Nos termos do Parecer do Conselho Consultivo do IRN nº 52/CC/2017: I – Não viola as regras sobre fracionamento de prédios rústicos o título que procede a uma divisão de coisa comum através da divisão do prédio em dois para adjudicação de um a cada comproprietário, com áreas inferiores à unidade de cultura, se resultar comprovada a divisão material do prédio por o mesmo ter sido atravessado por um caminho público; II – A mera certificação de que um prédio é atravessado por um caminho destinado a utilização pelo público não é suficiente para comprovar a quebra de contiguidade prevista no artigo 1376º do Código Civil.

A proibição de fracionamento não é aplicável:

> *a) A terrenos que constituam partes componentes de prédios urbanos ou se destinem a algum fim que não seja a cultura;*
>
> *b) Se o adquirente da parcela resultante do fracionamento for proprietário de terreno contíguo ao adquirido, desde que a área da parte restante do terreno fracionado corresponda, pelo menos, a uma unidade de cultura;*

105 Cf. Acórdão do Tribunal da Relação de Lisboa de 8.5.2012, *Ondina Alves*, 4810/10.

c) Se o fracionamento tiver por fim a desintegração de terrenos para construção ou retificação de estremas (Artigo 1377º do Código Civil).

Na primeira parte da al. *a)* abrangem-se os logradouros (Artigo 204º, nº 2, do Código Civil), os quais podem ser fracionados, independentemente do fim a que se destinem, atenta a sua função em face do prédio urbano que integram. [106] A segunda parte da mesma alínea permite o fracionamento do terreno desde que a parcela fracionada se destine a outro fim posterior que não seja a cultura.

A proibição da indivisão cessa caso o terreno, apesar de ter por fim a cultura agrícola no momento do fracionamento, passar a ter posteriormente outro destino. [107]

No que tange à al. *c)*, a menção a construção deve ser entendida em sentido amplo de modo a abranger quer as construções sem autonomia económica (celeiros, adegas, coberturas para alfaias agrícolas – nº 2 do Artigo 204º) quer prédios para habitação.

No caso de alienação por escritura de compra e venda, se nesta ficar omisso o destino diferente (para construção) a dar ao prédio, pode fazer-se prova desse destino por qualquer meio.[108]

O fracionamento de terrenos para a construção fica sujeito ao regime dos loteamentos urbanos, como veremos de seguida (pp. 47-54).[109]

O Artigo 1379º, nº 2, do Código Civil continua a sancionar com a anulabilidade os atos de fracionamento para construção ou retificação de estremas se a construção não for iniciada no prazo de três anos.

1.9. O loteamento

Na eventualidade de terem ocorrido intervenções urbanísticas num prédio, constitui condição *sine qua non* da divisibilidade do prédio a demonstração de que as entidades administrativas tiveram a intervenção imposta pelo Regime Jurídico da Urbanização e Edificação.[110]

[106] Antunes Varela e Pires de Lima, *Código Civil Anotado*, III Vol., 2ª Ed., p. 262.

[107] Cf. Acórdão do Supremo Tribunal de Justiça de 7.4.2011, *Hélder Roque*, 30031-A/1979.

[108] Acórdão do Tribunal da Relação de Coimbra de 1.7.1997, *Silva Freitas*, CJ 1997-IV, pp. 11-16 e Acórdão do Tribunal da Relação do Porto de 7.12.2004, *Durval Morais*, 0425453.

[109] Cf. Acórdão do Tribunal da Relação de Lisboa de 8.5.2012, *Ondina Alves*, 4810/10.

[110] Cf. Acórdão do Tribunal da Relação do Porto de 10.11.2015, *Igreja de Matos*, 96/13.

O regime jurídico do licenciamento municipal de loteamento urbano rege-se pelo Decreto-lei nº 555/99, de 16.12 (RJUE – Regime Jurídico da Urbanização e Edificação), diploma que foi objeto de várias alterações, sendo a última protagonizada pela Lei nº 118/2019, de 17.9.[111]

No Artigo 2º, al. *i)*, do RJUE, as operações de loteamento são definidas como as ações que tenham por objeto ou por efeito a constituição de um ou mais lotes[112] destinados, imediata ou subsequentemente, à edificação urbana e que resulte da divisão de um ou vários prédios ou do seu reparcelamento.[113]

Os elementos que compõem a noção de loteamento urbano são os seguintes:

a) Deve tratar-se de uma conduta voluntária[114] que consista ou na divisão de prédios ou no seu emparcelamento (unificação de vários prédios num só lote) ou reparcelamento (transformação fundiária de vários prédios em vários lotes, quer o número de lotes seja superior ao número de prédios pré-existentes, quer seja inferior, excluindo a situação do emparcelamento).[115]
A divisão pode ser material ou jurídica, ou seja, resultante de venda, doação, partilha de herança, etc. e pode consistir num ato jurídico de carácter oneroso ou gratuito. A divisão é sempre quantitativa

[111] Sobre a evolução e conceito de loteamento, cf. o Parecer nº 152/2004-C da Procuradoria-Geral da República, DR, 2ª Série, Nº 126, 4.7.2011, pp. 27932-27943.

[112] «O lote é um prédio que recebe esta denominação específica por resultar, regra geral, de uma operação de loteamento. Essa é a via tradicional de constituição de lotes para construção. A certidão de plano de pormenor com o conteúdo tipificado no nº 1 do artigo 108º do Regime Jurídico dos Instrumentos de Gestão Territorial (RJIGT), aprovado pelo Decreto-Lei nº 80/2015, de 14 de maio, passou também a permitir a individualização no registo predial dos prédios resultantes da divisão de um ou vários prédios ou do seu reparcelamento previstos no plano, designando-se também por lotes os novos prédios destinados a edificação assim constituídos» (Decreto-Regulamentar nº 5/2019, de 27.9).

[113] «A operação de reparcelamento consiste no agrupamento dos prédios pré-existentes, na posterior divisão de acordo com o plano municipal ou alvará de loteamento e na subsequente adjudicação das parcelas de terreno resultantes aos primitivos proprietários e às outras entidades intervenientes na operação» (Decreto-Regulamentar nº 5/2019, de 27.9).

[114] Não haverá loteamento se o fracionamento resultar da abertura de uma via, do desvio do leito de um rio, de um cataclismo ou de uma expropriação parcial –Osvaldo Gomes, "Loteamentos urbanos", in *Direito do Urbanismo*, INA, 1989, p. 396.

[115] Fernanda Paula Oliveira e Dulce Lopes, *Implicações notariais e registais das normas urbanísticas*, Almedina, 2004, p. 55.

e não meramente qualitativa (v.g., constituição de um direito de superfície).

b) Da divisão deve(m) resultar lote(s) de qualquer área porquanto o licenciamento é exigível independentemente da área do(s) lote(s).

c) É necessário que o lote (no caso de emparcelamento) ou pelo menos um dos lotes constituídos (nos casos de emparcelamento, divisão ou reparcelamento) se destinem imediata (*loteamento ação*) ou sucessivamente (*loteamento resultado*) a construção urbana.[116]

d) O loteamento só pode realizar-se nas áreas situadas dentro do perímetro urbano [117] e em terrenos já urbanizados ou cuja urbanização se encontre programada em plano municipal de ordenamento do território (Artigo 41º do RJUE). [118]

Para que se trate de um loteamento urbano,

«O "*destino sucessivo ou imediato para construção*" dos novos prédios terá de ocorrer no *momento da divisão fundiária* e não posteriormente, pelo que se discorda da opinião segundo a qual, tendo-se procedido à divisão de um prédio (por exemplo, para retificação de extremas), estar-se-á perante um loteamento se ulteriormente o mesmo for destinado a edificação (o elemento que falta ao loteamento verifica-se posteriormente, devendo nesse momento exigir-se a sujeição a controlo preventivo). É que, para além de outros obstáculos, esta submissão a um licenciamento, em momento posterior à divisão, pode chocar com a dificuldade resultante de as unidades prediais iniciais terem sido já transacionadas, dificultando ou impossibilitando, mesmo, a apresentação de um projeto de loteamento para a totalidade da área (isto é, para a área correspondente ao prédio inicial). Por esse motivo, para que se trate de

[116] Cf. Fernanda Paula Oliveira, "O novo regime jurídico da urbanização e edificação", *in Revista do Centro de Estudos de Direito do Ordenamento, do Urbanismo e do Ambiente*, Nº 8, Ano IV, p. 40.

[117] André Foque, *Ibidem*, p. 80, fazendo uma análise deste Artigo 41º do RJUE, entende que as operações de loteamento urbano apenas estão vedadas nos solos incontroversamente qualificados como rurais.

[118] No Acórdão do Supremo Tribunal de Justiça de 10.12.2013, *Hélder Roque*, 719/07, www.colectaneadejurisprudencia.com, entendeu-se que «Não constitui operação de loteamento urbano, nem carece de licenciamento o destaque de uma parcela de terreno rústico, destinada à construção, a fim de integrar um prédio que com ele confrontava, tendo como contrapartida sido cedida uma parcela deste prédio para integrar aquele.»

um loteamento urbano, o destino para construção (ainda que não imediato) tem de estar verificado *no momento* do fracionamento (ou reparcelamento). Só assim é possível afirmar que dele resultam lotes (novas unidades prediais destinadas a edificação).

(...)

Ora, não se devem confundir operações de loteamento com operações de transformação fundiária: se bem que um loteamento seja uma operação urbanística de transformação da situação fundiária existente, nem todas as operações de transformação fundiária correspondem a operações urbanísticas. E ao RJUE apenas interessam estas, que são aquelas que cabe aos municípios controlar por intermédio dos procedimentos de gestão urbanística adequados.

Assim, só se estará perante uma operação de loteamento se da mesma resultar um ou mais lotes, isto é, novos prédios para os quais é definida uma concreta área de construção, área de implantação, número de pisos e número de fogos (cf. alínea *e)* do nº 1 do artigo 71º).

Do afirmado resulta que não é uma operação de loteamento aquela transformação fundiária que, não obstante dê origem a *novas unidades prediais* – que terão a capacidade edificativa que, em cada momento, os instrumentos de planeamento lhe defiram -, não cria *lotes urbanos* (isto é, novas unidades prediais com uma capacidade edificativa precisa).»[119]

Conforme afirma André Folque[120], «Não deve impressionar-nos que a constituição de um único lote haja de dar lugar a uma operação de loteamento. Este fenómeno de parcelamento singular – por secessão – pode dar origem a um lote mais ou menos extenso, destinado a uma nova frente urbana ou apenas a uma edificação.»

A realização de operações urbanísticas depende de controlo prévio na modalidade de licença administrativa quando se traduzam em operações de loteamento (Artigo 4º, nº 1, e nº 2, al. *a)*, do RJUE). A validade das licenças das operações urbanísticas depende da sua conformidade com as normas legais e regulamentares em vigor à data da sua prática, sem prejuízo do regime especial quanto às edificações existentes (Artigos 67º e 60º do RJUE). E as operações urbanísticas objeto de licenciamento são titu-

[119] Fernanda Paula Oliveira, *Direito do Urbanismo, Perguntas de Bolso, Respostas de Algibeira*, Almedina, 2013, pp. 101-102 e 103.

[120] *Ibidem*, p. 42.

ladas por alvará [121], cuja emissão é condição da eficácia da licença (Artigo 74º, nº 1, do RJUE).

[121] Nos termos do Artigo 77º do RJUE, *1 – O alvará de licença de operação de loteamento ou de obras de urbanização deve conter, nos termos da licença, a especificação dos seguintes elementos, consoante forem aplicáveis:*
a) Identificação do titular do alvará;
b) Identificação do prédio objeto da operação de loteamento ou das obras de urbanização;
c) Identificação dos atos dos órgãos municipais relativos ao licenciamento da operação de loteamento e das obras de urbanização;
d) Enquadramento da operação urbanística em plano municipal de ordenamento do território em vigor, bem como na respetiva unidade de execução, se a houver;
e) Número de lotes e indicação da área, localização, finalidade, área de implantação, área de construção, número de pisos e número de fogos de cada um dos lotes, com especificação dos fogos destinados a habitações a custos controlados, quando previstos;
f) Cedências obrigatórias, sua finalidade e especificação das parcelas a integrar no domínio municipal;
g) Prazo máximo para a conclusão das operações de edificação previstas na operação de loteamento, o qual deve observar o prazo previsto no instrumento de programação da execução do plano territorial de âmbito municipal ou intermunicipal aplicável e não pode ser superior a 10 anos;
h) Prazo para a conclusão das obras de urbanização;
i) Montante da caução prestada e identificação do respetivo título.
2 – O alvará a que se refere o número anterior deve conter, em anexo, as plantas representativas dos elementos referidos nas al.s e) e f).
3 – As especificações do alvará a que se refere o nº 1 vinculam a câmara municipal, o proprietário do prédio, bem como os adquirentes dos lotes.
4 – O alvará de licença para a realização das operações urbanísticas a que se referem as al.s b) a g) e l) do Artigo 2º deve conter, nos termos da licença, os seguintes elementos, consoante sejam aplicáveis:
a) Identificação do titular da licença;
b) Identificação do lote ou do prédio onde se realizam as obras ou trabalhos;
c) Identificação dos atos dos órgãos municipais relativos ao licenciamento das obras ou trabalhos;
d) Enquadramento das obras em operação de loteamento ou plano municipal de ordenamento do território em vigor, no caso das obras previstas nas al.s b), c) e e) do Artigo 2º;
e) Os condicionamentos a que fica sujeita a licença;
f) As cérceas e o número de pisos acima e abaixo da cota de soleira;
g) A área de construção e a volumetria dos edifícios;
h) O uso a que se destinam as edificações;
i) O prazo de validade da licença, o qual corresponde ao prazo para a conclusão das obras ou trabalhos.
5 – O alvará de autorização de utilização relativo à utilização de edifício ou de sua fração deve conter a especificação dos seguintes elementos:
a) Identificação do titular da autorização;
b) Identificação do edifício ou fração autónoma;
c) O uso a que se destina o edifício ou fração autónoma.
6 – O alvará a que se refere o número anterior deve ainda mencionar, quando for caso disso, que o edifício a que respeita preenche os requisitos legais para a constituição da propriedade horizontal.

Ao contrário dos diplomas que o precederam, o RJUE não qualifica o valor jurídico negativo dos atos de licença ou de autorização das obras de edificação que devessem ser antecedidas por operação de loteamento.

André Folque [122] refere a este propósito que:

«Não está excluído, porém o recurso à analogia, desde que verdadeiramente ocorra uma lacuna. Assim, se no Artigo 68º, al. *a)*, é fulminado com a nulidade o ato positivo desconforme com o teor da licença ou da autorização de operação de loteamento, então, a falta de operação de loteamento, como pressuposto desta norma, há de gerar, bem assim, nulidade.

Só este entendimento permite reconhecer unidade e coerência à ordem jurídica, estabelecendo a concordância racional entre normas ordenadas num mesmo sistema.»[123]

Por sua vez, o Artigo 130º, nº 1, do Decreto-lei nº 80/2015, de 14.5, determina que «*São nulos os atos praticados em violação de qualquer plano de âmbito intermunicipal ou municipal aplicável*», em que se inclui o Plano Diretor Municipal (cf. Artigo 95º do mesmo diploma).

Nos termos do Artigo 49º, nº 1, do RJUE, «*Nos títulos de arrematação ou outros documentos judiciais, bem como nos instrumentos relativos a atos ou negócios jurídicos de que resulte, direta ou indiretamente, a constituição de lotes nos termos da al. i) do Artigo 2º, sem prejuízo do disposto nos Artigos 6º e 7º, ou a transmissão de lotes legalmente constituídos, devem constar o número do alvará ou da comunicação prévia, a data da sua emissão ou admissão pela câmara municipal, a data de caducidade e a certidão do registo predial.*» Deste Artigo, que exige que dos atos notariais conste a identificação do alvará (documento que titula a licença ou a autorização das operações de loteamento), decorre que a inexistência

7 – No caso de substituição do titular de alvará de licença, o substituto deve disso fazer prova junto do presidente da câmara para que este proceda ao respetivo averbamento no prazo de 15 dias a contar da data da substituição.

8 – A titularidade do alvará de autorização de utilização de edifícios ou frações autónomas é transmitida automaticamente com a propriedade a que respeita.

[122] *Curso de Direito da Urbanização e da Edificação*, Coimbra Editora, 2007, p.59.

[123] Raquel Carvalho, "As causas de nulidade dos atos de gestão urbanística: previsão multinível", in Fernanda Paula Oliveira (Coord.), *Ordenamento do Território, Urbanismo e Cidades: Que Rumo?*, Almedina, 2017, p. 158, afirma que. «O regime instituído pelo artigo 68º permite concluir que a nulidade passa a ser o desvalor jurídico preferencial em matéria de operações urbanísticas, ficando reservada a anulabilidade para as situações relativas à violação de regras técnicas.»

de alvará integra manifesto incumprimento de disposições legais de carácter imperativo o que, nos termos do Artigo 294º do Código Civil, implica a nulidade substantiva do negócio, que impede a subsequente admissão ao registo.[124]

Neste circunspecto, consideramos ainda pertinentes as considerações expendidas no Parecer do Conselho Técnico da Direção Geral de Registos e Notariado, Processo nº CP 89/2002 DSJ-CT[125], segundo o qual:

> «A nulidade (substantiva) dos atos ou negócios jurídicos de que resulte a divisão – ou uma nova divisão, no caso do reparcelamento – em lotes destinados a edificação aceita-se sem qualquer constrangimento. Como salienta Alves Correia, o princípio da liberdade de divisão fundiária, enquanto faculdade inerente ao direito de propriedade do solo, encontra-se superado. Assim sendo, parece-nos que o negócio de que resulte a divisão fundiária será legalmente impossível se os lotes se situarem em solo rural não intervencionado[[126]], e será contrário à lei se os prédios de que resulte a divisão fundiária não licenciada se situarem em perímetro urbano ou em solo rural intervencionado. Em ambos os casos a sanção será a nulidade (cf. art. 280º, nº 1, C.C.).»

Esta tese tem aplicação para os loteamentos em sentido estrito e reparcelamento. Diversamente, quanto aos emparcelamentos, em tal parecer discorreu-se assim:

> «(...) o emparcelamento, ao contrário do fracionamento, tem vindo a ser incentivado relativamente aos prédios rústicos. Cremos mesmo poder afirmar que o emparcelamento da propriedade rústica é de interesse público.
>
> (...) é nossa convicção que a matéria do emparcelamento deve ser tratada de acordo com a sua própria especificidade.
>
> Desde logo, não será a nosso ver legítimo levantar obstáculo à titulação ou ao registo do contexto do negócio ou ato jurídicos não resultar que o emparcelamento visa (imediata ou subsequentemente) a constituição de um lote destinado à edificação.

[124] Fernanda Paula Oliveira e Dulce Lopes, *Implicações notariais e registais das normas urbanísticas*, Almedina, 2004, p. 52.

[125] Boletim dos Registos e Notariado, Nº 9/2002, outubro de 2002, acessível em www.irn.mj.pt.

[126] Cf. Artigo 41º do RJUE: *As operações de loteamento só podem realizar-se em áreas situadas dentro do perímetro urbano e em terrenos já urbanizados ou cuja urbanização se encontre programada em plano municipal de ordenamento do território.*

Relativamente às operações de emparcelamento que visem a constituição de um lote destinado à edificação, haverá sempre que comprovar se os prédios envolvidos na operação estão ou não situados em perímetro urbano ou em solo rural intervencionado. Em caso afirmativo, o emparcelamento constitui uma operação de loteamento, pelo que o ato ou negócio jurídico deverá ser instruído com o respetivo alvará, que deverá ser referido no título (art. 49º, nº 1, D.L. nº 555/99). Em caso negativo, o emparcelamento não constitui uma operação de loteamento, pelo que a titulação ou o registo do facto não dependem de licenciamento ou autorização.»

No que tange ao registo das operações fundiárias, «Nos títulos relativos a atos ou negócios jurídicos sobre lotes e, designadamente quanto à sua transmissão, "devem constar o número de alvará ou da comunicação prévia, a data de emissão do título, a data de caducidade e a certidão do registo predial", sob pena de nulidade.»[127]

Excecionalmente, a lei admite o parcelamento para edificar sem prévia operação de loteamento: é o chamado **destaque**. Materialmente, o destaque é um loteamento urbano, mas a operação de destaque não dá origem a lotes (unidades prediais com um estatuto muito próprio) mas a parcelas, ainda que destinadas a construção.[128]

Os requisitos do destaque variam consoante a parcela a destacar se encontre no perímetro urbano ou em áreas situadas fora do perímetro urbano.

No primeiro caso (perímetro urbano), exige-se que as parcelas resultantes do destaque confrontem com arruamentos públicos (Artigo 6º, nº 4, do RJUE, na redação emergente da Lei nº 60/2007, de 4.9, entrada em vigor em 3.3.2008). A área de confrontação deve ser suficiente para garantir o acesso da parcela à via, designadamente por carro.[129] Anteriormente a tal redação, exigia-se também que a edificação a executar dispusesse de projeto de arquitetura já aprovado, a menos que se tratasse de edificação já executada desde que, ao tempo da edificação primitiva, não fosse exigível o licenciamento da obra. [130]

[127] Mouteira Guerreiro, *Manual de Direito Registral Imobiliário*, Almedina, 2022, p. 381.

[128] Fernanda Paula Oliveira, *Direito do Urbanismo, Perguntas de Bolso, Respostas de Algibeira*, Almedina, 2013, p. 69.

[129] Fernanda Paula Oliveira, *Direito do Urbanismo, Perguntas de Bolso, Respostas de Algibeira*, Almedina, 2013, p. 72.

[130] André Folque, *Ibidem*, p. 60.

No segundo caso (fora do perímetro urbano), a lei exige que:

a) na parcela destacada só seja construído um edifício que se destine exclusivamente a fins habitacionais e que não tenha mais de dois fogos;

b) na parcela restante se respeite a área mínima fixada no projeto de intervenção em espaço rural em vigor ou, quando aquele não exista, a área de unidade de cultura fixada nos termos da lei geral para a região respetiva (Artigo 6º, nº 5, do RJUE).

Em qualquer das situações (parcela no perímetro urbano ou em área fora do perímetro urbano), não é permitido efetuar na área correspondente ao prédio originário novo destaque nos termos aí referidos por um prazo de dez anos contados da data do destaque anterior (Artigo 6º, nº 6, do RJUE).

No destaque existe apenas uma isenção de submissão ao procedimento de autorização, o que é distinto da sua efetiva submissão ao cumprimento das normas substantivas aplicáveis às operações urbanísticas em causa. Com efeito, nos termos do nº 8 do mesmo Artigo 6º, «*O disposto no presente Artigo não isenta a realização das operações urbanísticas nele previstas da observância das normas legais e regulamentares aplicáveis, designadamente as constantes de planos municipais ou especiais de ordenamento do território, de servidões ou restrições de utilidade pública, as normas técnicas de construção, as de proteção do património cultural imóvel, e a obrigação de comunicação prévia nos termos do Artigo 24º do Decreto-Lei nº 73/2009, de 31 de Março, que estabelece o regime jurídico da Reserva Agrícola Nacional.*» O que este Artigo 6º determina é que os destaques não estão sujeitos a licença, comunicação prévia ou autorização. Todavia, «Tal não significa que não estejam sujeitos a um prévio controlo, ainda que muito mais simples (emissão de certidão), designadamente para confirmar que estão cumpridos os requisitos do destaque bem como que com ele são cumpridas as normas legais e regulamentares aplicáveis à pretensão.»[131]

Daí que a Câmara Municipal, apesar de não ter aqui um controlo preventivo, tenha sempre de intervir através da emissão de uma certidão comprovativa de que os requisitos do destaque estão presentes ou que as

[131] FERNANDA PAULA OLIVEIRA, *Direito do Urbanismo, Perguntas de Bolso, Respostas de Algibeira*, Almedina, 2013, p. 74.

normas aplicáveis estão cumpridas.[132] Conforme refere FERNANDA PAULA OLIVEIRA, «(...) ainda que não seja exigível a apresentação do projeto a aprovar (não estando, porém, afastado que o mesmo possa ser junto concomitantemente com o pedido de destaque), o pedido da emissão da certidão de destaque deve, em todo o caso, ser instruído com memória descritiva e justificativa da construção a erigir na parcela a destacar. Só assim estaremos perante um destaque para estes efeitos e não uma mera operação de divisão fundiária.»[133]

Caso os requisitos para o destaque não sejam cumpridos, a operação fica sujeita a licença administrativa nos termos do Artigo 4º, nº 2, al. *j)*, do RJUE.

Por fim, há que atentar nas virtualidades do regime do **pedido de informação prévia** regulado no Artigo 14º do RJUE. Trata-se de uma faculdade reconhecida a qualquer interessado de solicitar à câmara municipal informação sobre a possibilidade de realizar certa operação urbanística sujeita a controlo municipal, com explicitação dos respetivos condicionamentos.

Nos termos o Artigo 14º do RJUE:

«1 – Qualquer interessado pode pedir à câmara municipal, a título prévio, informação sobre a viabilidade de realizar determinada operação urbanística ou conjunto de operações urbanísticas diretamente relacionadas, bem como sobre os respetivos condicionamentos legais ou regulamentares, nomeadamente relativos a infraestruturas, servidões administrativas e restrições de utilidade pública, índices urbanísticos, cérceas, afastamentos e demais condicionantes aplicáveis à pretensão.

2 – O interessado pode, em qualquer circunstância, designadamente quando o pedido respeite a operação de loteamento em área não abrangida por plano de pormenor, ou a obra de construção, ampliação ou alteração em área não abrangida por plano de pormenor ou operação de loteamento, requerer que a informação prévia contemple especificamente os seguintes aspetos, em função da informação pretendida e dos elementos apresentados:

a) A volumetria, alinhamento, cércea e implantação da edificação e dos muros de vedação;

b) Projeto de arquitetura e memória descritiva;

[132] Artigo 6º, nº 9 do RJUE: *A certidão emitida pela câmara municipal comprovativa da verificação dos requisitos do destaque constitui documento bastante para efeitos de registo predial da parcela destacada.*

[133] FERNANDA PAULA OLIVEIRA, *Direito do Urbanismo, Perguntas de Bolso, Respostas de Algibeira*, Almedina, 2013, pp. 70-71.

c) Programa de utilização das edificações, incluindo a área total de construção a afetar aos diversos usos e o número de fogos e outras unidades de utilização, com identificação das áreas acessórias, técnicas e de serviço;

d) Infraestruturas locais e ligação às infraestruturas gerais;

e) Estimativa de encargos urbanísticos devidos;

f) Áreas de cedência destinadas à implantação de espaços verdes, equipamentos de utilização coletiva e infraestruturas viárias.»

O pedido de informação prévia deve ser acompanhado pelos elementos indispensáveis ao conhecimento da pretensão, designadamente os previstos na Portaria nº 113/2015, de 22.4. [134] Existe obrigatoriedade de promover a audiência prévia dos interessados no âmbito do procedimento de informação prévia (cf. Artigos 122º do RJUE e Artigo 121º do CPA).[135]

A informação prévia favorável vincula as entidades competentes na decisão sobre um eventual pedido de licenciamento e no controlo sucessivo de operações urbanísticas sujeitas a comunicação prévia (Artigo 17º, nº 1, do RJUE). E, quando seja proferida nos termos dos nºs 2 e 3 do artigo 14º, ou respeite a área sujeita a plano de pormenor ou a operação de loteamento, tem por efeito a sujeição da operação urbanística em causa ao regime da comunicação prévia, a efetuar nos exatos termos em que foi apreciada, e dispensa a realização de novas consultas externas (Artigo 17º, nº 2, do RJUE).

Conforme nota Fernanda Paula Oliveira[136], a informação prévia favorável só será constitutiva de direitos se o seu titular for também titular de um direito que lhe confira legitimidade para requerer a licença ou autorização.

Sem prejuízo do regime do destaque, é condição de divisibilidade de um terreno, destinado a construção, a demonstração de aprovação de um loteamento urbano ou a emissão de parecer favorável em sede de pedido de informação prévia, ao abrigo do Decreto-Lei nº 555/99.[137]

[134] Cf. Acórdão do Tribunal Central Administrativo Sul de 4.11.2004, *Coelho da Cunha*, 00310/04, o qual se reportava à Portaria nº 1110/2001, de 19 de setembro, que foi revogada pela Portaria nº 232/2008, de 11 de março, sendo esta revogada pela atual Portaria nº 113/2015, de 22.4.

[135] Fernanda Paula Oliveira, *Direito do Urbanismo, Perguntas de Bolso, Respostas de Algibeira*, Almedina, 2013, p. 35.

[136] "O novo regime jurídico da urbanização e edificação", *in Revista do Centro de Estudos de Direito do Ordenamento, do Urbanismo e do Ambiente*, Nº 8, Ano IV, p. 44.

[137] Cf. Acórdão do Tribunal da Relação do Porto de 24.11.2022, *João Venade*, 1074/19.

1.10. O regime excecional das Áreas Urbanas de Génese Ilegal.

A Lei nº 91/95, de 2.9 (AUGI), cuja última alteração decorre da Lei nº 71/2021, de 4.11, veio instituir um regime excecional de reconversão das áreas urbanas de génese ilegal, definindo-as como prédios ou conjuntos de prédios contíguos que, sem a competente licença de loteamento, quando legalmente exigida, tenham sido objeto de operações físicas de parcelamento destinadas à construção até à data da entrada em vigor do Decreto-lei nº 400/84, de 31.12, e que, nos respetivos planos territoriais, estejam classificadas como espaço urbano ou urbanizável (Artigo 1º, nº 2, da AUGI). São ainda considerados AUGI os prédios ou conjuntos de prédios parcelados anteriormente à entrada em vigor do Decreto-lei nº 46.673, de 29.11.1965, quando predominantemente ocupados por construções não licenciadas (Artigo 1º, nº 3).

O proprietário de terreno que se encontre nas condições previstas na lei para ser qualificado como AUGI, fica sujeito ao regime da Lei nº 91/95, de 2.9, o que implica a sujeição às deliberações das assembleias de proprietários abrangidos pela AUGI,[138] sendo que a respetiva deliberação constitui título executivo.[139]

A delimitação da área e a modalidade de reconversão urbanística a adotar é definida como operação de loteamento ou mediante plano de pormenor municipal ou intermunicipal (Artigo 4º, nº 1, al. *b)*, da AUGI) ou por iniciativa dos proprietários ou comproprietários como operação de loteamento (Artigos 1º, nº 4, e 4º, nº 1, al. *a)*, da AUGI).

Nos termos desta lei, as parcelas em avos dos prédios rústicos que integram a AUGI – após a aprovação do projeto de reconversão e a emissão do respetivo alvará de loteamento – passam a ter a natureza de lotes urbanos.[140] O alvará deve ser registado na competente Conservatória do Registo Predial, o que viabiliza a sua divisão pelos titulares inscritos dos direitos em avos e a consequente aquisição individual como lotes urbanos a favor dos titulares a quem foram adjudicados, de acordo com as formalidades consignadas no diploma.

[138] Acórdão do Supremo Tribunal de Justiça de 19.4.2012, *Granja da Fonseca*, 3703/07.

[139] Acórdão do Tribunal da Relação de Lisboa de 12.12.2013, *Ana Resende*, 2188/11.

[140] Na expressão do Acórdão do Supremo Tribunal Administrativo de 26.10.2011, *Lino Ribeiro*, 0181/11, «Nos termos da lei 91/95, de 2.9., as parcelas em avos indivisos dos prédios rústicos que integram uma área urbana de génese ilegal (AUGI), mesmo que materialmente delimitadas, só passam a ter a natureza de *prédios urbanos* após a aprovação pela câmara do plano de pormenor ou do alvará de loteamento.»

O Artigo 2º, nº 1, institui um regime especial de divisão de coisa comum aplicável às AUGI constituídas em regime de compropriedade até á data da entrada em vigor do Decreto-lei nº 400/84, de 31.12 (1 de março de 1985). No nº 2, consigna-se que o direito de exigir a divisão só pode ser exercido após a emissão do respetivo título de reconversão. Tal regime decorre da circunstância das parcelas não possuírem individualidade jurídica, porque resultantes de loteamento ilegal, pelo que não podem os comproprietários pôr termo à indivisão de cada uma das parcelas.[141] Assim, caso seja necessário recorrer a processo judicial para proceder à divisão de coisa comum, a ação em causa só poderá ser instaurada após a emissão do alvará de loteamento.[142] O tribunal não pode criar lotes à revelia do município.[143]

Quanto aos trâmites da divisão da coisa comum regem os Artigos 36º a 44º, podendo a divisão ocorrer por três vias: por acordo de uso, por escritura pública ou por decisão judicial (Artigo 36º, nº 1).

Esta norma deve ser interpretada no sentido de que abrange todos os prédios que fazem parte da AUGI, quer sejam prédios detidos em compropriedade quer sejam prédios detidos individualmente, não prevendo a lei duas divisões: uma entre os comproprietários da AUGI e outra, posterior, entre os demais. [144]

A divisão por acordo de uso só é possível quando conste do alvará ou da deliberação municipal que aprove o plano de pormenor que o loteamento corresponde, na sua essência, à situação evidenciada na planta [145] que instruiu o pedido de loteamento (Artigo 37º, nº 1). Ou seja, a divisão por acordo de uso só é possível quando conste do alvará ou da deliberação que aprove o plano que o loteamento corresponde, na sua essência, à situação fundiária anterior à sua intervenção, critério este que se encontra no âmbito de apreciação do notário.

[141] Acórdão do Tribunal da Relação de Lisboa de 28.1.2016, *Ferreira de Almeida*, 145/14.

[142] António José Rodrigues, *Loteamentos ilegais*, Almedina, 4ª Ed., 2010, pp. 101 e 145.

[143] Acórdão do Tribunal da Relação de Lisboa de 15.10.2013, *Gouveia Barros*, 10495/08.

[144] Acórdão do Supremo Tribunal de Justiça de 18.12.2008, *Custódio Montes*, 3719/08, *Sumários*, www.stj.pt.

[145] Artigo 18º, nº 1, al. *d*): *Planta que evidencie a realidade atual da AUGI e, nomeadamente, a repartição do solo emergente do loteamento de génese ilegal, com a indicação concreta da implantação, da área de construção, do número de pisos, das cérceas e das cotas de soleira das construções existentes, identificando ainda as construções que não cumpram os requisitos das várias disposições legais aplicáveis ao exterior das edificações, com indicação das construções a demolir e ou a alterar em face da proposta de reconversão*

Nesta modalidade de divisão, nenhum dos interessados pode levar exclusivamente tornas, salvo se a tal der o seu assentimento expresso em documento autêntico ou autenticado (Artigo 37º, nº 2). As tornas podem ser em dinheiro, sendo admissíveis também as tornas em espécie, por exemplo recebendo lotes noutros prédios que integram a AUGI.[146]

A divisão por acordo de uso opera mediante deliberação da assembleia de comproprietários convocada para o efeito (Artigos 10º, nº 2, al. *h)*, e 38º, nº 1), sendo esta deliberação tomada por um número de comproprietários representativos da maioria absoluta do total de votos da assembleia (Artigo 12º, nº 2). Esta metodologia de deliberação por maioria absoluta acaba por ser uma derrogação aos direitos reais, nomeadamente ao direito previsto no Artigo 1305º do Código Civil ("*dentro dos limites da lei*")[147] relativamente aos restantes comproprietários. Daí que não seja nula a deliberação de uma assembleia de uma AUGI que atribua algum dos lotes a comproprietários, em prédios diferentes dos que lhes pertenciam em compropriedade ou individualmente antes da reconversão operada.[148]

No que tange à divisão judicial, a mesma rege-se pelos Artigos 40º a 44º e, subsidiariamente, pelas normas do CPC.

A tramitação é a preconizada no Artigo 41º, nos termos do qual:

> «1 – *A petição é instruída especialmente com o título de reconversão, o projeto de divisão proposto, o mapa de tornas, se a elas houver lugar, e ainda os documentos que habilitem o tribunal à decisão a que se refere o nº 2 do Artigo 42º*
>
> 2 – *Com a petição e contestação, são indicados todos os meios de prova.*
>
> 3 – *Os interessados são citados para contestar no prazo de 15 dias, sendo advertidos, no ato de citação, de que a falta de contestação importa a admissão dos factos alegados e do projeto de divisão proposto.*
>
> 4 – *A citação é efetuada por carta registada com aviso de receção, presumindo-se que a residência do citando é a que consta da inscrição do seu direito no registo predial.*
>
> 5 – Revogado.
>
> 6 – *Sendo devolvida a carta de citação, o tribunal ordena, oficiosamente e sem mais formalidades, a citação edital.*
>
> 7 – *A revelia é operante, independentemente da forma de citação e do valor da causa.*

146 Neste sentido, António José Rodrigues, *Ibidem*, pp. 125, 127 e 139.

147 António José Rodrigues, *Ibidem*, pp. 58, 139

148 Acórdão do Supremo Tribunal de Justiça de 18.12.2008, *Custódio Montes*, 3719/08, *Sumários*, www.stj.pt.

8 – A substituição por falecimento, mesmo em data anterior à propositura da ação, do titular de quota indivisa do prédio que continue como tal inscrito no registo predial segue também o regime dos n.os 1 e 2 do Artigo 263º do Código do Processo Civil e não determina a suspensão da instância e a nulidade dos atos subsequentes.

9 – Sendo junta aos autos certidão do assento de óbito respetiva e se os respetivos herdeiros não promoverem simultaneamente a sua habilitação, é de imediato e oficiosamente ordenada a citação edital dos sucessores incertos da parte falecida, aplicando-se subsequentemente o disposto nos n.os 2 e seguintes do Artigo 355º do Código do Processo Civil.

10 – Se houver contestação, o juiz, produzidas as provas necessárias, profere logo decisão sobre as questões suscitadas pelo pedido de divisão, aplicando-se o disposto no Artigo 294º do CPC; da decisão proferida cabe apelação, que subirá nos próprios autos e com efeito suspensivo.

11 – Decididas as questões suscitadas pelo pedido de divisão, realizar-se-á conferência de interessados para se fazer a adjudicação.

12 – É dispensado o louvado dos peritos para a composição dos quinhões.

13 – As custas do processo são suportadas pelos interessados na proporção do seu direito.»

Por força do Artigo 2º, nº 2 (aditado pela Lei nº 64/2003, de 23.8), a petição inicial deve ser instruída com o título de reconversão[149], o que já resultava do Artigo 41º, nº 2. Decorre este regime da circunstância de – porque resultantes de loteamento ilegal – não possuírem as parcelas de terreno, que nessas áreas se contêm, individualidade jurídica, o mesmo obsta a que, tendo por objeto tão somente cada uma dessas parcelas, possam os seus comproprietários pôr termo à indivisão.[150]

A conferência de interessados restringe-se aos lotes objeto de controvérsia (Artigo 42º, nº 1) e visa a obtenção de acordo com, v.g., troca de lotes, pagamento de tornas. As tornas são depositadas obrigatoriamente na CGD à ordem do Tribunal, no prazo de dez dias após o trânsito em julgado da decisão de adjudicação (Artigo 43º, nº 1).

Na falta de acordo, o juiz adjudica os lotes objeto da conferência segundo juízos de equidade (nº 2 do Artigo 42º). Para se alcançar a solução equitativa e justa preconizada, dever-se-á ter como ponto de partida a consideração de que os comproprietários que adquiriram as parcelas em avos

[149] Cf. Acórdão do Tribunal da Relação de Lisboa de 3.10.2006, *Rijo Ferreira*, CJ 2006 –IV, pp. 72-73.

[150] Acórdão do Tribunal da Relação de Lisboa de 28.1.2016, *Ferreira de Almeida*, 145/14.

visaram, em primeira linha, conseguir uma habitação para o agregado familiar e não tanto fazer um investimento.[151] Dito de outra forma, devem prevalecer considerações que têm a ver com a tutela constitucional do direito à habitação e não tanto com a tutela *a se* de um direito real sobre uma parcela em avos.[152]

1.11. A constituição da propriedade horizontal

Nos termos do Artigo 1417º, nº 1, do Código Civil, «*A propriedade horizontal pode ser constituída por negócio jurídico, usucapião, decisão administrativa ou decisão judicial, proferida em ação de divisão de coisa comum ou em processo de inventário.*» E, nos termos do nº 2, «*A constituição da propriedade horizontal por decisão judicial pode ter lugar a requerimento de qualquer consorte, desde que no caso se verifiquem os requisitos exigidos pelo Artigo 1415º.*» Os requisitos do Artigo 1415º são os seguintes: as frações autónomas, além de constituírem unidades independentes (*critério da autonomia*), devem ser distintas e isoladas entre si (*critério do isolamento*), com saída própria para uma parte comum do prédio ou para a via pública (*critério da acessibilidade*).[153]

O critério da autonomia poderá suscitar algumas dificuldades. Visa-se com o mesmo acautelar que cada fração integre um conjunto de elemen-

[151] Conforme se refere no Acórdão do Supremo Tribunal Administrativo de 22.5.2005, *António Madureira*, 0166/04, não é ilegal, não violando, designadamente, o disposto no Artigo 18º, nº 1, al.s *d)* e *f)*, dessa lei, ou o princípio da justiça, a atribuição de três lotes aos cinco comproprietários de uma parcela indivisa de terreno, pois que nada na lei impõe que aos comproprietários sejam atribuídos lotes com a área total por eles adquirida, uma vez que do prédio total haverão de sair as zonas verdes e de lazer, arruamentos e outras áreas de âmbito social, sempre havendo, pois, diminuição para alguns, a serem indemnizados. É que a razão de ser do regime excecional de reconversão de áreas urbanas de génese ilegal foi a de permitir às pessoas, normalmente de parcos recursos económicos, ver legalizadas as construções que levaram a cabo para sua habitação, evitando uma demolição que, em termos normais, seria muito provável, e, por outro lado, permitir a construção em parcelas de terreno adquiridas em que, normalmente, essa construção também não seria possível. Essa possibilidade, há de, assim, de ser encontrada através da ponderação dos vários interesses em jogo, passando pelo acordo dos vários proprietários, através da cedência, voluntária, ou imposta pela viabilidade do processo, naquilo que seja necessário para a obtenção dos padrões urbanísticos (embora especiais – cf. Artigo 25º da Lei) exigidos.

[152] Cf. António José Rodrigues, *Ibidem*, pp. 121 e 146.

[153] Por exemplo, não obedece a este critério uma situação em que a divisão de uma fração autónoma impõe a existência de espaços comuns e de uma única porta para o exterior (zona das escadas) – Acórdão do Supremo Tribunal de Justiça de 29.9.1998, *Abílio Vasconcelos*, 99B228.

tos (divisões e cómodos) suscetíveis de proporcionar o fim social a que se encontra adstrita, com independência funcional em relação às restantes. Deste modo, uma simples sala que integre um espaço destinado a escritório não assumirá tal autonomia. [154]

Há que não confundir os critérios da autonomia, isolamento e acessibilidade com a melhor ou pior habitabilidade, maior ou menor dimensão dos espaços, sua compartimentação ou arrumo. Assim, a circunstância de um sótão não ser apto para habitação, por falta de pé-direito, não impede a sua constituição como fração autónoma em regime de propriedade horizontal se for apto para outro fim, como o de arrecadação. [155]

A constituição da propriedade horizontal, resultante de decisão proferida em ação de divisão de coisa comum, tem como pressuposto direto a apresentação de requerimento em tal sentido pelo consorte que pretenda pôr fim à indivisão, estando vedado ao tribunal proceder oficiosamente a tal constituição (Artigo 1417º, nº 2, do Código Civil). [156] A constituição da propriedade horizontal por sentença judicial numa ação de divisão de coisa comum não depende do acordo de todos os comproprietários, sendo suficiente o requerimento de algum deles e a observância dos requisitos substantivos (Artigo 1417º, nº 2, do Código Civil) bem como dos de ordem administrativa, os quais terão de verificar-se no momento em que a divisão é requerida.[157]

[154] Cf. Abílio Neto, *Propriedade Horizontal*, Ediforum, 3ª Ed., 2006, p.17.

[155] Acórdão do Supremo Tribunal de Justiça de 3.5.2001, *Neves Ribeiro*, CJ 2001-II, pp. 51-53.

[156] Neste sentido, cf.: Acórdão do Supremo Tribunal de Justiça de 13.4.2010, *Sousa Leite*, 1147/06, *Sumários*, www.stj.pt; Acórdãos do Tribunal da Relação de Évora de 30.4.2009, *Bernardo Domingos*, 2951/08, de 16.1.2020, *Ana Margarida Leite*, 783/18. Em sentido contrário, cf. Abílio Neto, *Ibidem*, p. 49, entendendo que a constituição de propriedade horizontal não está sujeita ao princípio do pedido, podendo ser sugerida pelos peritos ou resultar da iniciativa do juiz quando conheça oficiosamente da questão da indivisibilidade.

[157] Cf., desenvolvidamente, o Acórdão do Supremo Tribunal de Justiça de 15.11.2012, *Abrantes Geraldes*, 261/09.0TBCHV.P1.S1, bem como os Acórdãos do Tribunal da Relação do Porto de 13.10.2022, *Judite Pires*, 17/18, de 22.3.2021, *Domingos Fernandes*, 7489/20.
Em sentido oposto, afirmando-se que não é legítimo a um comproprietário de um prédio utilizar uma ação de divisão de coisa comum para, com o concurso do tribunal, mas sem a concordância dos demais comproprietários e sem a intervenção das entidades administrativas competentes, obter efeito equivalente a um loteamento, a um destaque ou à constituição da propriedade horizontal, cf. Acórdão do Supremo Tribunal de Justiça de 23.9.2008, *Prazeres Beleza*, 08B2121 e Acórdão do Tribunal da Relação do Porto de 28.10.2013, *Rita Romeira*, 1823/09.

O Artigo 1416º, nº 1, do Código Civil prevê que «A *falta de requisitos legalmente exigidos importa a nulidade do título constitutivo da propriedade horizontal e a sujeição do prédio ao regime de compropriedade, pela atribuição a cada consorte de quota que lhe tiver sido fixada nos termos do Artigo 1418º ou, na falta de fixação, correspondente ao valor relativo da sua fração.*»

Esta norma foi introduzida pelo Decreto-lei nº 267/94, de 15.10, vindo esclarecer que a *falta dos requisitos legalmente exigidos* abarca não só os enunciados no Artigo 1415º como também os impostos pelas câmaras municipais de acordo com as normas que regem as construções urbanas.

Assim, compete à câmara municipal dar autorização de utilização de edifícios ou suas frações autónomas, na sequência de realização de obra sujeita a controlo prévio destinando-se tal autorização a verificar a conclusão da operação urbanística, no todo ou em parte, e a conformidade da obra com o projeto de arquitetura e arranjos exteriores aprovados e com as condições do respetivo procedimento de controlo prévio, assim como a conformidade da utilização prevista com as normas legais e regulamentares que fixam os usos e utilizações admissíveis, podendo contemplar utilizações mistas (Artigo 62º, nº 1, do RJUE). A validade das licenças ou das autorizações de utilização depende da sua conformidade com as normas legais e regulamentares aplicáveis em vigor à data da sua prática (Artigo 67º do RJUE). O alvará de autorização de utilização relativo à utilização de edifício ou de sua fração deve ainda mencionar que o edifício a que respeita preenche os requisitos legais para a constituição da propriedade horizontal (Artigo 77º, nº 6, do RJUE).

De modo especificado, o Artigo 66º do RJUE dispõe que:

> «*1 – No caso de edifícios constituídos em regime de propriedade horizontal, a autorização pode ter por objeto o edifício na sua totalidade ou cada uma das suas frações autónomas.*
>
> *2 – A autorização de utilização só pode ser concedida autonomamente para uma ou mais frações autónomas quando as partes comuns dos edifícios em que se integram estejam também em condições de serem utilizadas.*

Não concordamos com este entendimento porquanto a norma do Artigo 1417º, nº 2, do Código Civil é bastante clara quando à admissibilidade da constituição da propriedade horizontal por decisão judicial "*a requerimento de qualquer consorte*". Por outro lado, exigir a concordância dos demais seria transmutar uma divisão litigiosa numa divisão por acordo (cf. *1.1. A compropriedade e a divisão*).

3 – Caso o interessado não tenha ainda requerido a certificação pela câmara municipal de que o edifício satisfaz os requisitos legais para a sua constituição em regime de propriedade horizontal, tal pedido pode integrar o requerimento de autorização de utilização.»

Flui do exposto que a constituição da propriedade horizontal basta-se com um certificado municipal de que o edifício satisfaz os requisitos para a constituição da propriedade horizontal [158], o que pode ocorrer antes mesmo da obtenção da licença de utilização.

O Artigo 59º, nº 1, do Código do Notariado dispõe, de igual modo, que «*Os instrumentos de constituição de propriedade horizontal só podem ser lavrados se for junto documento, passado pela câmara municipal, comprovativo de que as frações autónomas satisfazem os requisitos legais.*»[159]

Numa ação de divisão de coisa comum que tenha por objeto um edifício, o mesmo só será divisível se for possível a constituição da propriedade horizontal.

Cabe ao consorte que requeira a constituição da propriedade horizontal (Artigo 1417º, nº 2, do Código Civil) alegar e demonstrar que estão verificados:

a) Os requisitos civis da constituição da propriedade horizontal, quais sejam os consignados no Artigo 1415º do Código Civil (critérios da autonomia, isolamento e acessibilidade);
b) Os demais requisitos administrativos decorrentes das normas de urbanismo mediante a emissão pela câmara municipal de certificado que ateste que o edifício satisfaz os requisitos para a constituição da propriedade horizontal de acordo com o RJUE.[160]

[158] Neste sentido, cf. André Folque, *Ibidem*, p. 102.
«A constituição de propriedade horizontal sobre prédio urbano depende da demonstração dos requisitos civis previstos no artigo 1415º, do Cód. Civil (critérios de autonomia, isolamento e acessibilidade das frações) e da demonstração dos requisitos administrativos decorrentes das normas de urbanismo aplicáveis, sendo o cumprimento destes atestado pela emissão da respetiva declaração pela Câmara Municipal competente para o efeito» (Acórdão do Tribunal da Relação do Porto de 7.3.2022, *Jorge Seabra*, 8755/21).

[159] Cf. Acórdão do TCAS de 16.9.2019, *Anabela Russo*, 85/17.

[160] Neste sentido, cf.: Acórdão do Tribunal da Relação de Lisboa de 9.6.2009, *Conceição Saavedra*, 8744/2008, de 18.5.2010, *Rosário Barbosa*, 4933/07; Acórdãos do Tribunal da Relação do Porto de 22.3.2021, *Domingos Fernandes*, de 14.9.2021, *Carlos Querido*, 442/19, de 7489/20,

No que tange aos requisitos civis da constituição da propriedade horizontal, devem os mesmos ocorrer aquando do pedido da constituição da propriedade horizontal e não estarem dependentes da realização de obras futuras no prédio. Para além do *requisito da atualidade* já referido (há que atender ao prédio como é e não como será em resultado de obras; cf. p. 31), não se deve impor aos comproprietários a realização de despesas extraordinárias destinadas à constituição de propriedade horizontal de um imóvel que não está em condições para o efeito.[161] Perante uma situação desta índole, há que concluir pela indivisibilidade do prédio.

A existência da certificação camarária integra um facto constitutivo do direito invocado pelo autor/consorte, cuja demonstração lhe incumbe (Artigo 342º, nº 1, do Código Civil e 5º, nº 1, do CPC). [162]

O tribunal não pode decidir pela constituição da propriedade horizontal sem a observância de tais requisitos legais, civis e administrativos. O que a Administração não pode conceder, não pode a Jurisdição autorizar.[163]

Verificados que estejam os requisitos civis e administrativos, deve a sentença proferida – e que constitui a fonte da propriedade horizontal – discriminar os requisitos enunciados pelos Artigos 1414º (identificação dos proprietários), 1415º (critérios da autonomia, isolamento e acessibilidade) e 1418º, nº 1 (partes do edifício correspondentes às várias frações e valor relativo de cada fração expresso em percentagem ou permilagem), sob pena de nulidade do título constitutivo (Artigo 1418º, nº 3, do Código Civil).

A sentença proferida em ação de divisão de coisa comum não é o meio próprio para a modificação da propriedade horizontal[164], não podendo v.g. subdividir-se uma fração autónoma por tal meio. A modificação da propriedade horizontal só será admissível por acordo de todos os condóminos, operando por escritura pública ou por documento particular autenticado (Artigo 1419º, nº 1, do Código Civil)[165], devendo ser junto documento ema-

de 4.5.2022, *Márcia Portela*, 926/20; Acórdãos do Supremo Tribunal de Justiça de 5.6.2008, *Alves Velho*, 08A1432, de 23.9.2008, *Maria Beleza*, 08B2121.

[161] Acórdão do Tribunal da Relação de Lisboa de 2.3.2006, *Salazar Casanova*, 1539/206.

[162] Cf. Acórdão do Supremo Tribunal de Justiça de 29.11.2006, *Nuno Cameira*, CJ 2006-III, pp. 138-140, Acórdão do Tribunal da Relação de Guimarães de 22.11.2007, *Conceição Bucho*, CJ 2007,- V, pp. 281-283.

[163] Palavras impressivas do Acórdão do Supremo Tribunal de Justiça de 18.6.2002, *Neves Ribeiro*, 03B1747.

[164] Acórdão do Tribunal da Relação de Évora de 1.7.99, *Fernando Bento*, CJ 1999-IV, pp. 267-270.

[165] Cf. Acórdão do TCAS de 16.9.2019, *Anabela Russo*, 85/17.

nado da Câmara Municipal que comprove que a alteração respeita as leis e regulamentos em vigor no município.[166] Por esta ordem de razões, não é possível constituir e adquirir por usucapião uma fração nova (ou uma parte da área de um edifício objeto de propriedade horizontal) para agregar a uma fração existente porque isso implicaria a alteração do título constitutivo da propriedade horizontal, só admissível nos termos acabados de analisar.[167] No caso específico da divisão de frações, a mesma só é permitida com autorização do título constitutivo ou da assembleia de condóminos, aprovada sem qualquer oposição (Artigo 1422º-A, nº 3, do Código Civil).

Na modificação do título devem ser observados os mesmos requisitos necessários para a constituição da propriedade horizontal.[168]

É inviável a invocação da usucapião de uma fração autónoma sem que seja invocada a prévia constituição da propriedade horizontal.[169]

1.12. A usucapião

Nos termos do Artigo 1287º do Código Civil, «*A posse do direito de propriedade ou de outros direitos reais de gozo, mantida por certo lapso de tempo, faculta ao possuidor, salvo disposição em contrário, a aquisição do direito a cujo exercício corresponde a sua atuação: é o que se chama usucapião.*» A usucapião tem de ser judicial ou extrajudicialmente invocada para produzir os seus efeitos, retrotraindo-se estes à data do início da posse, tudo se passando como se o direito tivesse sido adquirido nesse momento (Artigo 1288º do Código Civil).

A usucapião só vale se for invocada, podendo ser invocada mesmo que, entretanto, se tenha perdido a posse, sem prejuízo do surgimento de outro direito incompatível e das limitações à sua invocação decorrentes do abuso de direito. [170]

O uso da coisa comum por um dos comproprietários não constitui posse exclusiva ou posse de quota superior à dele, salvo se tiver havido inversão

[166] Acórdão do Tribunal da Relação de Coimbra de 12.2.2019, *Fonte Ramos*, 30/17.

[167] Acórdão do Tribunal da Relação de Coimbra de 8.5.2018, *Alberto Ruço*, 1483/16.

[168] Daí que o Artigo 60º, nº 1, do Código do Notariado disponha que «*os instrumentos de modificação do título constitutivo da propriedade horizontal que importem a alteração da composição ou do destino das respetivas frações só podem ser lavrados se for junto documento camarário comprovativo de que a alteração está de acordo com os correspondentes requisitos legais.*»

[169] Cf. Acórdão do Tribunal da Relação do Porto de 14.9.2021, *Carlos Querido*, 442/19, e Acórdão do Tribunal da Relação de Guimarães de 15.4.2021, *Cabral de Andrade*, 1082/18.

[170] Acórdão do Supremo Tribunal de Justiça de 17.2.2001, *João Bernardo*, 1351/07.

do título da posse. A inversão do título de posse supõe a substituição de uma posse precária, em nome de outrem, por uma posse em nome próprio. A uma situação sem relevo jurídico especial, vem substituir-se uma posse com todos os seus requisitos e com todas as consequências legais.

Esta inversão pode dar-se por dois meios: por oposição do detentor do direito contra aquele em cujo nome possuía, ou por ato de terceiro capaz de transferir a posse (Artigo 1265º do Código Civil). A oposição tem de traduzir-se em atos positivos (materiais ou jurídicos) inequívocos (reveladores de que o detentor quer, a partir da oposição, atuar como se tivesse direito real sobre a coisa que, até então, considerava pertencente a outrem) praticados na presença ou com o consentimento daquele (s) a quem os atos se opõe(m) (cf. Artigos 1290º e 1406º, nº 2, do Código Civil). Só ocorrerá, assim, inversão do título da posse se o comproprietário alegar e provar ato de frontal oposição aos demais comproprietários, algo que lhes leve ao conhecimento isto: a partir deste momento eu estou a agir em relação à parte do prédio que ocupo não como comproprietário convosco, mas como proprietário exclusivo contra vós. [171] Deste modo, a simples prova da fruição de parte de prédio constituído por cada casa e terreno agrícola anexo, com reconstrução da casa, à vista de toda a gente, de forma contínua, não constitui posse conducente à usucapião de tal parte do prédio. Diversamente, se o comproprietário murar parte de prédio rústico que passa a cultivar em exclusividade, tal atuação pode consubstanciar a oposição categórica ínsita à inversão do título da posse.[172]

Alguns arestos do Supremo Tribunal de Justiça têm reiterado que, correspondendo a usucapião a uma forma originária de aquisição da propriedade, a usucapião afasta quaisquer vícios que afetem a situação precedente face ao imóvel.

Assim, no Acórdão do Supremo Tribunal de Justiça de 3.3.2009 [173] afirmou-se que:

[171] Cf. Acórdãos do Supremo Tribunal de Justiça de 31.1.2007, *João Camilo*, 06A4199, de 8.11.2007, *Oliveira Rocha*, 07B3545, Acórdão do Tribunal da Relação de Coimbra de 7.5.2013, *Avelino Gonçalves*, 874/06, Acórdão do Tribunal da Relação de Lisboa de 15.10.2013, *Gouveia Barros*, 10495/08.

[172] Cf. Acórdão do Supremo Tribunal de Justiça de 7.4.2011, 30031-A/1979, *Hélder Roque*, www.colectaneadejurisprudencia.com.

[173] Sendo relator *Alves Velho*, 09A0020. Na ação em causa, os autores invocavam a aquisição por usucapião na sequência de partilha, formalmente inválida. Esta linha jurisprudencial foi

«(...) a usucapião, tal como a ocupação e a acessão, é uma forma de aquisição originária do direito de propriedade. Por isso, "o novo titular recebe o seu direito independentemente do direito do titular antigo. Em consequência, não lhe podem ser opostas as exceções de que seria passível o direito daquele titular" (OLIVEIRA ASCENÇÃO, "Direito Civil – REAIS", 5ª ed., 300).

Invocada a usucapião, como forma de aquisição, justamente porque de aquisição originária se trata, irrelevam quaisquer irregularidades precedentes e eventualmente atinentes à alienação ou transferência da coisa para o novo titular, sejam os vícios de natureza formal ou substancial.

O que passa a relevar e a obter tutela jurídica é a realidade substancial sobre a qual incide a situação de posse em que se funda direta e imediatamente a usucapião, posse essa cujo conteúdo define o do direito adquirido, com absoluta independência relativamente aos direitos que antes da aquisição tenham incidido sobre a coisa. Assim, a invalidade formal decorrente da falta de escritura pública, como título válido para a partilha, afastando os efeitos da aquisição derivada, carece de potencialidade ou idoneidade para interferir na operância da invocada forma de aquisição originária do imóvel, tal como se mostra formulada e demonstrada (...)

Deste modo, concorrendo, aferidos pelas características da posse, os requisitos da usucapião, os vícios anteriores não afetam o novo direito, que decorre apenas dessa posse, em cujo início de exercício corta todos os laços com eventuais direitos e vícios, incluindo de transmissão, anteriormente existentes.

Invocada como título de aquisição da propriedade a usucapião e provados os respetivos requisitos integradores (...), o direito não poderá deixar de ser reconhecido ao requerente.»

Em sentido similar, no Acórdão do Supremo Tribunal de Justiça de 9.3.2004 [174], discorreu-se sobre a questão nestes termos:

«É que a usucapião constitui uma forma de aquisição originária.

A lei, ponderando determinados aspetos que considerou relevantes, assumiu que certas situações de facto pudessem converter-se em verdadeiro

reiterada designadamente nos Acórdão do Supremo Tribunal de Justiça de 27.6.2006, *Alves Velho*, 06A1471, de 27.6.2006, *Alves Velho*, CJ 2006-I, pp. 133-135, de 3.2.2001, *Maria Beleza*, 1045/04.

[174] Sendo relator *Azevedo Ramos*, 04A2988. No caso aí em apreciação, o pedido formulado era o de preferência na alienação de prédio rústico. Em sentido confluente, cf.os Acórdãos do Supremo Tribunal de Justiça de 2.5.2019, *Graça Trigo*, 514/07 e de 24.10.2019, *Fátima Gomes*, 317/15.

direito, como acontece quando a posse se prolonga por um período de tempo significativo.

A usucapião é o instrumento capaz de se sobrepor a certas vicissitudes ou irregularidades formais ou substanciais, relativamente a atos de alienação ou de oneração de bens.

Através da usucapião, o sistema jurídico, provada que seja a realidade substancial de que depende, confere a legitimidade de que carecia o possuidor, independentemente da natureza do vício que afeta a sua posição face ao bem.

Consequentemente, só resta concluir que, das regras da usucapião, decorre que o direito correspondente à posse exercida é adquirido *ex novo* e, por isso, está imune aos vícios que anteriormente pudessem ser apontados (Carvalho Fernandes, Lições de Direitos Reais, 207).»

Esta linha jurisprudencial foi reiterada nos seguintes arestos do Supremo Tribunal de Justiça: 6.4.2017, *Nunes Ribeiro*, 1578/11, 1.3.2018, *Rosa Tching*, 1011/16, 3.5.2018, *Fátima Gomes*, 7859/15, 12.7.2018, *Fonseca Ramos*, 7601/16 e de 8.11.2018, *Abrantes Geraldes*, 6000/16.

Subjacente a esta orientação está a prevalência de interesses ligados à estabilidade e segurança jurídica que conduzem à consideração de que não faz sentido que, perante um longo período de tempo, se eternizem situações de incerteza pelo que se permite a realização das expectativas criadas à luz de uma prolongada configuração factual. Em suma, o sistema jurídico admite que certas situações de facto adquiram tutela jurídica e possam dar lugar ao reconhecimento de direitos em homenagem a interesses de natureza social e económica que acolhe como relevantes.

Contudo, apesar do seu carácter aparentemente cristalino e apelativo, repudiamos esta tese da prevalência da usucapião sobre normas dimanadas do ordenamento jurídico, considerando no seu todo.

Em primeiro lugar, na expressão de Quirino Soares [175],

«(...) antes de se decidir pelo reconhecimento de uma aquisição parcelar por efeito de acessão industrial imobiliária, deve o julgador certificar-se de que não irá consolidar uma situação desconforme com as regras que condicionam o fracionamento de prédios rústicos e as operações de loteamento urbano, pois o direito que rege uma comunidade, e que constitui a respetiva ordem jurídica, deve ser aplicado com o pensamento na harmonia do sistema,

175 "Acessão e benfeitorias" *in* CJ (STJ) – 1996-I, pp.11-30, mais concretamente na p. 24.

de maneira a que os vários institutos, de direito privado e de direito público, que tenham contacto com o caso a decidir, se harmonizem ou se hierarquizem de acordo com a importância relativa que o legislador lhes atribui.»

A unidade do sistema jurídico (Artigo 9º, nº 1, do Código Civil) convoca as limitações legais atinentes ao fracionamento e/ou loteamento de prédios para as concretas situações que o juiz seja chamado a decidir. O ordenamento jurídico deve ser considerado como um todo harmónico, no âmbito do qual cada solução passa pela análise de todos os ramos de direito. Refere a este propósito António Pereira da Costa[176] que «(...) o ordenamento jurídico não é constituído por compartimentos estanques, mas por normas e princípios de diversa origem e tutelando interesses diferenciados que deve constituir um todo harmónico de modo a evitar lacunas no cumprimento das obrigações que a cada um são atribuídas.»

O Artigo 1305º do Código Civil consigna que o proprietário goza de modo pleno e exclusivo dos direitos de uso, fruição e disposição das coisas que lhe pertencem, *dentro dos limites da lei e com observância das restrições por ela impostas.*

O Artigo 62º, nº 2, da Constituição afirma que a todos é garantido o direito à propriedade privada e à sua transmissão por vida ou por morte, *nos termos da Constituição.* Esta menção final demonstra que o próprio legislador constituinte previu conflitos ou colisões com outros direitos constitucionalmente protegidos pelo que o direito subjetivo à propriedade pode ter de ceder, segundo um padrão de estrita proporcionalidade (*latu sensu*) para que o Estado logre garantir, em concreto, outros direitos fundamentais que podem colidir com o direito de propriedade, designadamente o direito ao ambiente, à qualidade de vida (Artigos 9º, al. *e*), e 66º da Constituição), ao correto ordenamento do território, sendo que este constitui mesmo uma tarefa fundamental do Estado (Artigo 9º, al. *e*), *in fine*, e Artigo 66º, nº 2, al. *b*), da Constituição).

Recorde-se que, no caso de normas polissémicas, deve dar-se prevalência à interpretação que lhe dê um sentido em conformidade com a Constituição, devendo escolher-se uma interpretação não contrária ao texto e programa das normas constitucionais.[177]

[176] "Loteamento, acessão e usucapião: encontros e desencontros", *in Revista do Centro de Estudos de Direito do Ordenamento, Urbanismo e Ambiente*, Ano 6, Nº 11 (2003), p. 99.

[177] Cf. Gomes Canotilho, *Direito Constitucional e Teoria da Constituição*, Almedina, 7ª Ed., 2003, p. 1226.

O direito de propriedade não é, assim, constitucionalmente configurado como um direito absoluto, intocável ou ilimitado. O *ius aedificandi* [178] está abrangido pela tutela constitucional da propriedade «(...) embora só possa ser exercido se, quando e como a lei ou a Administração com base na lei, entenderem que aquela faculdade não afeta os interesses públicos e coletivos que a Constituição incumbiu ao Estado de concretizar para benefício dos cidadãos.» [179]

Ensina FERNANDO ALVES CORREIA [180] que «(...) o direito do urbanismo encerra normas *direta e imediatamente vinculativas* tanto para os sujeitos de direito público, como para os particulares. As suas normas têm uma força vinculativa direta e estabelecem, de um modo mais ou menos concreto e preciso, o destino e o regime de ocupação, uso e transformação do solo.» E é com a observância de normas de manifesta imperatividade que devem funcionar os diversos poderes de um Estado de Direito, tendo em vista a realização coerente do interesse comum que tais normas asseguram. [181]

De forma correta, considerou-se no Acórdão do Supremo Tribunal de Justiça de 1.3.2001 [182], que «Considerando os limites legais à individualização dos prédios, deve o julgador, antes de reconhecer a acessão parcelar, ter em conta os limites normativos de ordem pública quanto ao fracionamento dos prédios rústicos, ao emparcelamento rural e ao loteamento urbano.»

De modo inteiramente clarividente, discorreu o Supremo Tribunal de Justiça no seu acórdão de 3.12.2009[183] :

> «(...) para além dos requisitos especificamente previstos no CC, a <u>aquisição potestativa</u> originária da propriedade, por ela potenciada, depende de **<u>não</u>**

[178] O Tribunal Constitucional referiu nos seus Acórdãos nºs 341/86 e 131/88 que: «No direito de propriedade constitucionalmente consagrado contém-se o poder de gozo do bem objeto do direito, sendo certo que não se tutela ali expressamente um *jus aedificandi*, um direito à edificação como elemento necessário e natural do direito fundiário.» Mais considerou que o *jus aedificandi*, sem embargo de não possuir tutela constitucional direta no direito de propriedade, deverá ser considerado como um dos fatores de fixação valorativa, ao menos naquelas situações em que os respetivos bens envolvam uma muito próxima ou efetiva potencialidade edificativa.

[179] MARIA ELIZABETH MOREIRA FERNANDEZ, *Direito ao ambiente e propriedade privada*, Coimbra Editora, 2001, p. 187.

[180] *Manual de Direito do Urbanismo*, I Vol., Almedina, 2001, p. 65.

[181] Acórdão do Supremo Tribunal de Justiça de 3.7.2003, *Neves Ribeiro*, 03B1747.

[182] Sendo relator *Afonso de Melo*, 294/01, *Sumários*, www.stj.pt. Esta posição foi retomada no Acórdão do Tribunal da Relação de Coimbra de 2.10.2001, *Quintela Proença*, CJ 2001-IV, pp. 19-20.

[183] Sendo relator *Lopes do Rego*, 1102/03.

implicar violação de normas imperativas, reguladoras da edificação e do ordenamento do território, as quais, visando proteger interesses de ordem pública, constitucionalmente consagrados, vinculam o Estado e, obviamente também os Tribunais.

Não pode, na verdade, olvidar-se que na interpretação e aplicação das normas do CC relativas ao direito de propriedade de imóveis o intérprete e aplicador não pode restringir-se à estrita consideração dos tradicionais regimes de direito privado, tendo necessariamente, numa perspetiva abrangente e interdisciplinar, que conferir o indispensável relevo aos regimes jurídicos atinentes ao **direito do urbanismo e da ordenação do território** e à tutela do ambiente, por essa via ponderando, na composição dos litígios, os relevantes **interesses públicos** que lhes subjazem: ou seja, a adequada composição dos litígios que se situam no domínio da propriedade imobiliária, conexionando-se com o fracionamento, a divisão, o exercício do «jus aedificandi» e o próprio aproveitamento e utilização dos prédios, envolve a simultânea e concomitante ponderação e aplicação «cruzada» e articulada dos regimes de direito privado – que sempre tiveram assento no CC – e dos regimes de direito público urbanístico e de ordenamento do território, constantes de legislação avulsa.»

No sentido que temos por correto, no Acórdão do Supremo Tribunal de Justiça de 2.2.2010 [184], foi negado ao aí autor o direito de obter o destaque através do instituto de usucapião, «(...) pois de outro modo, permitir-se-ia ao tribunal substituir as autoridades administrativas no que concerne à autorização de loteamentos ou de verificação da legalidade dos destaques prediais que é prévia à emissão da pertinente certidão comprovativa. (...) não é aqui admissível a usucapião por violar normas urbanísticas imperativas que regulam o fracionamento dos prédios.»

No Acórdão do Supremo Tribunal de Justiça de 26.1.2016, *Sebastião Póvoas*, 5434/09, foi feita uma análise exaustiva desta discussão, na doutrina e na jurisprudência, e foram formuladas as seguintes conclusões, que subscrevemos incondicionalmente:

«c) Em simultâneo com o instituto da usucapião – de natureza privatística – coexistem no nosso ordenamento jurídico disposições de natureza jurídico-administrativa – de direito público – que disciplinam o ordenamento do território e condicionam a utilização dos solos, estendendo-se os seus efei-

[184] Sendo relator *João Camilo*, 1816/06.

tos aos atos e negócios jurídicos que os particulares praticam relativamente a bens imóveis.

d) Um dos principais instrumentos de que o legislador se tem servido para conformar e conjugar os interesses públicos e privados no que se refere à utilização dos solos tem sido a legislação sobre loteamentos urbanos, tendo esta como propósito geral impedir o aproveitamento indiscriminado de terrenos para a construção urbana e evitar a criação de núcleos habitacionais contrários ao racional desenvolvimento urbano do território, não olvidando a qualidade de vida das populações (com reflexo nos direitos de personalidade, "máxime" a higiene e salubridade), as infraestruturas urbanísticas e, "last but not least", a estética.

e) O diálogo entre o direito civil e o direito do urbanismo e o objetivo de aplicação uniforme e coerente do ordenamento jurídico como um todo implicam que as normas de cariz administrativo respeitantes ao fracionamento, ao loteamento e ao destaque de imóveis sejam atendidas aquando do reconhecimento das formas de aquisição da propriedade, mormente da usucapião.

f) Os tribunais judiciais não podem manter-se como espaços de aplicação exclusiva do direito civil ignorando as intersecções deste com o direito do urbanismo, sendo cada vez mais urgente, face à natureza imperativa e aos interesses públicos que este último prossegue, abandonar este estado "monocromático" das relações entre ambos estes ramos do direito.

g) Na ausência de demonstração do cumprimento das limitações impostas pelas normas administrativas de ordenamento do território relativas à validade das operações urbanísticas como o loteamento ou o destaque (artigos 3º, al. *a*), 5º, 53º, nº 1 e 56º, nº 1, do Regime Jurídico dos Loteamentos Urbanos, republicado pelo Decreto-Lei nº 334/95, de 28-12, aplicáveis na data da celebração da escritura), não podem os atos de posse baseados num facto proibido por essas leis permitir uma aquisição por usucapião na medida em que contrários a uma disposição de carácter imperativo (artigo 294º do Código Civil), sendo nula a escritura de justificação que a titula.»

Em segundo lugar, haverá que ponderar se quando se criam situações de facto equivalentes a operações de loteamento ou destaques e, através dos institutos da usucapião e da acessão industrial imobiliária, se consegue a validação legal de tais operações, se não estaremos perante uma genuína fraude à lei.[185]

[185] Pugnando neste sentido, veja-se ANTÓNIO PEREIRA DA COSTA, *Ibidem*, p. 99.

Seguindo aqui de perto o Acórdão do Tribunal da Relação de Lisboa de 8.5.97[186], na fraude à lei há a considerar:

i. A regra jurídica que é objeto de fraude (a norma a cujo imperativo se procura escapar);
ii. A regra jurídica a cuja proteção se acolhe o fraudante;
iii. A atividade fraudatória pela qual o fraudante procura modelar artificiosamente uma situação coberta por esta segunda regra, e – para muitos autores, pelo menos – uma intenção fraudatória (*animus fraudanti*).

São quatro os elementos constitutivos da fraude à lei que a doutrina costuma destacar: 1) norma fraudada; 2) norma-instrumento; 3) atividade fraudatória e 4) intenção fraudatória.

Assim, numa ação que os autores peçam a aquisição da propriedade por acessão industrial imobiliária ou mesmo por usucapião, haverá que aquilatar se os mesmos procuram tornear a exigência legal de prévia aprovação do projeto de loteamento para poderem concretizar os negócios que celebraram relativos aos lotes a constituir (normas fraudadas), utilizando para tanto um instituto de direito civil, a acessão ou usucapião, e a possibilidade abstrata de parcelamento dos prédios rústicos para construção (Artigo 1377º, al. *c)*, do Código Civil – normas-instrumento) através da ação (atividade fraudatória) com manifesto propósito de assim adquirirem os lotes de terreno, sem a aprovação do respetivo projeto de loteamento (intenção fraudatória).

Tanto mais que se sabe que as operações de loteamento acarretam um procedimento com custos, designadamente com a cedência de parcelas para infraestruturas, principais e secundárias, o que se contornará com uma atuação de tal índole.

Em terceiro lugar, permitir a sanação de uma operação urbanística ilegal através da usucapião equivale a estabelecer um prazo de prescrição para as infrações urbanísticas. Concretizando: a realização de um loteamento sem a obtenção da correspondente licença, conforme vimos, consubstancia um loteamento nulo que, como tal, pode ser invocado a todo o tempo por qualquer pessoa (Artigo 286º do Código Civil). A subsequente convalidação de tal loteamento pelo instituto da usucapião conduziria ao

[186] Sendo relator *Pessoa dos Santos*, CJ 1997-II, pp.77-82.

desaparecimento da nulidade pelo decurso do prazo, gerando «(...) a situação aberrante de a câmara municipal poder ser obrigada a ordenar demolições e reposições de terrenos no estado anterior à infração sem limites temporais [tese maioritária na jurisprudência e na doutrina], salvo o caso de sentença pela qual fosse admitida a aquisição por usucapião.» [187] Produz-se um resultado insólito: a mesma legislação tem leituras diferentes conforme a entidade (município ou juiz) que aplique a lei.

Em quarto lugar, no caso dos loteamentos ilegais, ocorre a violação de normas que tutelam o interesse público de repartição dos encargos relativos à reconversão e loteamento urbanísticos, de respeito das regras urbanísticas, de generalização das condições de vida condigna. Recorrendo de novo ao ensinamento de ALVES CORREIA [188], existe um princípio constitucional que concebe o urbanismo como uma *função pública* e não como uma simples atividade privada.

Em caso de violação das normas urbanísticas, *máxime* sonegação ao pagamento de encargos com as infraestruturas impostas pelas operações urbanísticas, quem suporta o pagamento das mesmas são todos os cidadãos e não apenas os interessados no processo.

Em suma, há que ponderar se deve prevalecer o interesse da estabilidade e certeza das relações jurídicas privadas ou se o interesse no correto ordenamento do território, na legalidade urbanística, no direito ao ambiente e à qualidade de vida. Cremos que devem prevalecer, indubitavelmente, estes últimos.

Conforme refere pertinentemente JOSÉ GONZÁLEZ,

> «Se, todavia, a usucapião puder legitimar um loteamento urbano que não cumpra os requisitos de que depende a sua viabilização, deve aceitar-se fatalmente que, por exemplo, um edifício de habitação se possa "legalizar" não obstante não se encontrar dotado v.g. de ligação à rede de esgotos nem de fossa asséptica, ou mesmo quando ele surja implantado em zona de reserva agrícola ou florestal! Ora, se nem sequer nos loteamentos (originariamente clandestinos) submetidos ao chamado regime das Áreas Urbanas de Génese Ilegal (...) se acolheram e legitimaram semelhantes resultados (...), que razão haverá para que eles se admitam em sede de usucapião?
>
> (...)

[187] ANTÓNIO PEREIRA DA COSTA, *Ibidem*, p. 100.

[188] *Ibidem*, pp. 102-103.

Os interesses comunitários, sendo prioritários, não podem admitir ou sequer tolerar que um indivíduo possa legitimamente obter efeitos a partir da realização de uma conduta que desrespeita regras que a rodos concernem e importam. A comparação com o regime AUGI torna-se aqui proveitosa.

(...)

Tendo em conta, por outro lado, que os interesses subjacentes à correta ordenação do território são de índole comunitária e que aqueles que subjazem às pretensões do possuidor de lote de terreno não legalizado são de ordem individual, a hierarquia entre uns e outros faz-se pela própria *natureza das coisas*.»[189]

A nova redação do Artigo 1379º, nº 1, do Código Civil (decorrente da alteração da Lei nº 111/2015, de 27.8, que instituiu o regime da estruturação fundiária), ao cominar com a nulidade os atos de fracionamento e troca ilícitos de prédios rústicos, deve ser interpretada como indicação de que o legislador afirmou, de forma clara, que devem prevalecer os motivos de interesse público face aos interesses predominantemente particulares. [190] Esse desiderato foi reforçado pela nova redação dada ao Artigo 48º, nºs 2 e 3, pela Lei nº 89/2019, proibindo – em absoluto – que se adquiram por usucapião prédios rústicos de área inferior à unidade de cultura (cf. pp. 34-39).

Nesta medida, pensamos que, em sede de operações urbanísticas de loteamento/destaque, deverão prevalecer as normas imperativas de ordem pública, ficando vedado às partes alcançar com recurso ao Tribunal (com invocação da usucapião ou da acessão industrial imobiliária) um resultado que lhes está vedado pelo direito substantivo, na medida em que o regime de direito privado está sujeito a condicionalismos de direito do urbanismo e do ordenamento do território que se lhe sobrepõem (*princípio da submissão aos limites substantivos*).[191]

[189] "Usucapião e fracionamento de prédios rústicos", in *Revista do Ministério Público*, Ano 37º, nº 148, 2016, pp. 28, 31 e 34, respetivamente.

[190] "O regime e os efeitos mais severos da nulidade encontram o seu fundamento teleológico em motivos de interesse público predominante. As anulabilidades fundam-se na infração de requisitos dirigidos à tutela de interesses predominantemente privados" – Carlos Mota Pinto, *Teoria Geral do Direito Civil*, 4ª Ed., Coimbra Editora, 2005, p. 620.

[191] No sentido da sujeição às normas imperativas das operações de fracionamento de prédios rústicos, das operações de loteamento e destaque, cf. também Luís Filipe Cravo, "Fracionamento da propriedade: será a usucapião um instituto em vias de extinção?", in Manuel Capelo e José Codeço (coords.), *Estudos em Comemoração dos 100 anos do Tribunal*

Em termos práticos, a forma de garantir e obter a prevalência das normas imperativas urbanísticas sobre as normas de direito civil atinentes à usucapião (nos casos em que esta ainda seja invocável, cf. pp. 41-46) e à acessão industrial imobiliária consistirá em exigir – aquando da escritura ou ação judicial, consoante o caso – que o requerente junte, previamente, certidão camarária que ateste o cumprimento das regras urbanísticas (designadamente, licença de loteamento ou certidão de destaque), bem como que identifique o prédio mãe sobre o qual ocorrerá a aquisição do direito de propriedade.[192] Não cabe ao tribunal substituir-se ao Município nesse exercício de aferição do cumprimento das regras urbanísticas.[193]

Caso assim não suceda, a aquisição do direito de propriedade por usucapião ou por acessão industrial imobiliária mediante preterição das regras urbanísticas imperativas dá, no nosso entender, azo a um ato nulo nos termos do Artigo 294º do Código Civil, vício de conhecimento oficioso.[194]

da Relação de Coimbra, Almedina, 2018, pp. 130 e 139 a 144. Afirma este autor que: «Ora, a *usucapião* para poder operar tem de ser invocada. / E, sendo esta um ato jurídico dependente da manifestação de vontade, se esse ato jurídico está ferido de *nulidade*, não poderá, atento o disposto nos artigos 294º e 295º do Código Civil, ter por efeito a aquisição da propriedade, se a posse que se invoca contraria disposições legais *imperativas* como as que disciplinam o fracionamento de prédios.»

[192] Cf. Dinamene Santos, "A usucapião, a acessão industrial imobiliária e as limitações urbanísticas na aquisição e divisão da propriedade", in *CEDOUA, Revista do Centro de Estudos de Direitos do Ordenamento, Urbanismo e Ambiente*, Coimbra, Ano 20º, nº 40 (2017), p. 121.

[193] Cf. Dulce Lopes, "Acessão industrial imobiliária e usucapião parciais *versus* destaque" in Fernanda Paula Oliveira (coord.), *O Urbanismo, o Ordenamento do Território e os Tribunais*, 2010, p. 785.

[194] Cf. também Dinamene Santos, "A usucapião, a acessão industrial imobiliária e as limitações urbanísticas na aquisição e divisão da propriedade"..., p. 122.

2
Questões de Índole Processual

2.1. Valor da ação

Nos termos do Artigo 302º, nº 2, do CPC, «*Se a ação tiver por fim a divisão de coisa comum, atende-se ao valor da coisa que se pretende dividir.*». No caso de um prédio, atende-se ao valor real do prédio e não apenas ao respetivo valor patrimonial ou tributário.[195]

Todavia, há que atentar que neste tipo de ação a utilidade económica que para as partes advém da ação só se poderá definir cabalmente com o desenvolvimento da ação, contribuindo para tal definição os novos valores trazidos a juízo.

Para este tipo de situação, dispõe o Artigo 299º, nº 3, do CPC que «N*os processos de liquidação ou noutros em que, analogamente, a utilidade económica do pedido só se define na sequência da ação, o valor inicialmente aceite será corrigido logo que o processo forneça os elementos necessários.*»

Nesta medida, numa ação de divisão de coisa comum a utilidade económica do pedido só se define integralmente no momento da aceitação das propostas de aquisição de bens, sendo então correspondente ao valor dessas propostas. [196]

O valor da causa só fica definitivamente fixado quando for proferida sentença.

[195] Acórdão do Tribunal da Relação de Coimbra de 7.1.2013, *Albertina Pedroso*, 12/11.

[196] Acórdão do Tribunal da Relação de Coimbra de 17.10.2006, *Garcia Calejo*, 303/04 e Acórdão do Tribunal da Relação de Guimarães de 31.1.2008, *António Gonçalves*, 210/08.

2.2. Registo da ação

O registo predial tem como fins gerais a consolidação da segurança jurídica, a facilitação do intercâmbio de bens, a facilitação do crédito e a garantia do cumprimento da função social da propriedade. [197]

Nos termos do Artigo 3º, nº 1, al. *a)*, do Código de Registo Predial, «*Estão sujeitas a registo as ações que tenham por fim, principal ou acessório, o reconhecimento, a constituição, a modificação ou a extinção de algum dos direitos referidos no artigo anterior, bem como as ações de impugnação pauliana.*» Dispõe o Artigo 2º, nº 1, al. *a)*, do mesmo Código que estão sujeitos a registo «*os factos jurídicos que determinam a constituição, o reconhecimento, a aquisição ou a modificação dos direitos de propriedade, usufruto, uso e habitação, superfície ou servidão.*»

A ação de divisão de coisa comum tem como pressuposto a compropriedade e como objetivo a efetivação do direito à divisão, constituindo uma ação de natureza real que visa a modificação subjetiva e objetiva do direito de compropriedade, podendo mesmo extinguir a compropriedade.

O registo da ação exerce uma função de proteção das próprias partes e de terceiros, dando a conhecer a estes a situação eventualmente resultante da ação que pode conduzir à adjudicação ou venda do prédio.

Razões suficientes para se concluir que a ação de divisão de coisa comum, incidindo sobre prédio, está sujeita a registo na competente Conservatória do Registo Predial. [198]

Atualmente, cabe ao Tribunal proceder oficiosamente ao registo da ação (Artigo 8º-B, nº 3, al. *a)*, do CRP), devendo o registo ser pedido até ao termo do prazo de dez dias após a data da audiência de julgamento (Artigo 8º-C, nº 2, do CRP). Tal obrigação cessa no caso de o registo já se encontrar efetuado por outra entidade que tenha legitimidade (Artigo 8º-B, nº 5, do CRP). No Acórdão do Tribunal da Relação de Guimarães de 31.10.2019, foi entendido que a obrigação de promover o registo da ação incumbe sobre o tribunal, nada justificando a suspensão dos autos até à comprovação do referido registo, devendo o processo prosseguir a sua normal tramitação enquanto o tribunal realiza as diligências tendentes ao registo.[199]

[197] Cf. Isabel Pereira Mendes, *Estudos sobre o registo predial*, Almedina, 1997, p. 115.

[198] Neste mesmo sentido, cf. Acórdão do Tribunal da Relação do Porto de 25.2.2008, *Pinto Ferreira*, 0850339 e Mouteira Guerreiro, *Noções de direito registral*, Coimbra Editora, 1993, p. 60.

[199] Acórdão do Tribunal da Relação de Guimarães de 31.10.2019, *Margarida Sousa*, 75/17. Em sentido divergente, fazendo assentar a obrigação do registo sobre as partes, cf. Acórdão do Tribunal da Relação de Guimarães de 23.11.2017, *Cabral de Andrade*, 172/15.

2.3. Tribunal competente

Em termos de competência territorial, devem ser propostas no tribunal da situação dos bens as ações de divisão de coisa comum (*forum rei sitae* – Artigo 70º, nº 1, do CPC).

Na situação particular de ação de divisão de um jazigo, a mesma é da competência dos tribunais judiciais comuns e não da jurisdição administrativa.[200]

Nos termos do artigo 117º da Lei da Organização do Sistema Judiciário (Lei nº 62/2013, de 26.8),

> «*1 – Compete à secção cível da instância central:*
>
> *a) A preparação e o julgamento das ações declarativas cíveis de processo comum de valor superior a € 50.000;*
>
> *b) Exercer, no âmbito das ações executivas de natureza cível de valor superior a € 50.000, as competências previstas no CPC, em circunscrições não abrangidas pela competência de outra secção ou tribunal;*
>
> *c) Preparar e julgar os procedimentos cautelares a que correspondam ações da sua competência;*
>
> *d) Exercer as demais competências conferidas por lei.*
>
> *(...)*
>
> *3- São remetidos à secção cível da instância central os processos pendentes nas secções da instância local em que se verifique a alteração do valor suscetível de determinar a sua competência.*»

Por sua vez, nos termos do artigo 130º, nº 1, al. *a*), e nº 2, da mesma Lei, compete à secção cível da instância local preparar e julgar os processos relativos a causas não atribuídas a outra secção da instância central ou tribunal de competência territorial alargada.

Conforme refere Paulo Pimenta, *Processo Civil Declarativo*, Almedina, 2014, p. 53, o processo comum é o processo-regra e os processos especiais são os processos-exceção, sendo que são especiais os processos que a lei designa como tais, definindo-se *a contrariu sensu* o âmbito de aplicação do processo comum. Assim, ao nível da primeira instância, as ações – quando não sejam da competência de qualquer das secções da instância central ou

[200] Neste sentido, desenvolvidamente, cf. Acórdão do Tribunal da Relação de Évora de 12.1.2012, *Maria Moura Santos*, 803/06 e Acórdão do Tribunal da Relação do Porto de 23.4.2013, *Francisco Matos*, 8113/12.

de qualquer tribunal de competência territorial alargada – devem ser propostas na instância local – cf. PAULO PIMENTA, *Op. Cit.*, p. 97.

Conjugando tais normativos, infere-se que não cabe à Secção Cível da Instância Central a preparação e julgamento de processos especiais (cf. Artigos 548º e 549º, nº 1, do CPC) como são os casos dos processos de divisão de coisa comum e de prestação de contas.

Neste mesmo sentido, SALVADOR DA COSTA e RITA COSTA, *Lei da Organização do Sistema Judiciário, Anotada*, Almedina, 2014, 2ª Edição, p. 181, afirmam: «Não lhes compete (Instância Central), porém, conhecer as causas de natureza cível a que corresponda processo especial, ou, em regra, a que correspondam processos de jurisdição voluntária (...).»

Assim, o facto de o Tribunal da Instância Local verificar que a questão *sub judice* não pode ser sumariamente decidida e, por isso, ser aplicável o processo comum aos termos subsequentes à contestação (cf. Artigo 926º, nº 3), não retira ao processo a qualidade de processo especial, não implicando uma transmutação do processo especial para processo comum. Nessa medida, persiste a competência do Tribunal da Instância Local preparar e julgar os processos especiais de divisão de coisa comum.[201]

No Acórdão do Tribunal da Relação de Coimbra de 10.5.2022, *Catarina Gonçalves*, 2227/6, decidiu-se que o Juízo de Comércio – onde corre o processo de insolvência – é o competente para preparar e julgar uma ação de divisão de coisa comum, instaurada pela massa insolvente, por apenso à insolvência, com referência a um imóvel de que os insolventes são comproprietários.

E o que sucede se a parte intenta o processo especial perante a Instância Central Cível e não perante a Instância Local?

A Secção Cível da Instância Central constitui uma secção de competência especializada, sendo que a competência especializada integra expressamente um critério de competência em razão da matéria – cf. Artigos 40º, nº 1 e nº 2 e 81º, nº 2, al. *a)*, da Lei da Organização do Sistema Judiciário.

A infração das regras de competência em razão da matéria integra a exceção dilatória da incompetência absoluta, a qual é de conhecimento oficioso – Artigos 96º, al. *a)*, e 97º, nº 2, do CPC. E a verificação da incompetência absoluta implica a absolvição do réu da instância ou o indefe-

[201] Cf.: Acórdão do Tribunal da Relação de Lisboa de 16.2.2016, *Afonso Henrique*, 7415/14; Acórdão do Tribunal da Relação de Évora de 9.7.2021, *Canelas Brás*, 24/20.

rimento em despacho liminar, quando o processo o comporte – nº 1 do Artigo 99º do CPC.

Deste modo, o despacho a proferir será o de absolvição da instância e não o de remessa para o tribunal competente, solução cuja bondade é mais do que discutível de *lege ferenda*.

2.4. Legitimidade

No que tange à legitimidade ativa, a ação de divisão de coisa comum pode ser proposta por um ou alguns dos comproprietários, em regime de legitimidade singular ou de litisconsórcio voluntário ativo (Artigos 1412º do Código Civil e 925º do CPC).

O cabeça de casal não tem legitimidade para, por si só, intentar ação de divisão de coisa comum de que seja contitular a herança, devendo a ação ser intentada por todos os herdeiros em litisconsórcio necessário ativo (Artigo 2091º, nº 1, do Código Civil).[202]

O fiduciário de fração indivisa de prédio pode intentar ação com vista à divisão da coisa comum na medida em que na divisão da coisa comum não há, em bom rigor, disposição do bem, mas apenas a sua divisão, material ou em valor (cf. Artigo 2290º, nº 1, do Código Civil). Feita a divisão, recai sobre o fiduciário a obrigação de conservar o bem que lhe foi adjudicado, ou o valor da respetiva fração, para que, à sua morte, possa reverter para o fideicomissário. [203]

A ação deve ser intentada contra todos os restantes comproprietários em regime de litisconsórcio necessário natural (Artigo 33º, nº 2, do CPC). Nos termos do Artigo 33º, nº 2, do CPC, é necessária a «*intervenção de todos os interessados quando, pela própria natureza da relação jurídica, ela seja necessária para que a decisão a obter produza o seu efeito útil normal.*» E «*A decisão produz o seu efeito útil normal sempre que, não vinculando embora todos os restantes interessados, possa regular definitivamente a situação concreta das partes relativamente ao pedido formulado.*» (nº 3 do mesmo Artigo).

Como ensina Rodrigues Bastos [204], «A decisão produz o seu efeito útil normal quando regule definitivamente a situação concreta sujeita à apreciação judicial. Sempre que, por não intervirem certas pessoas, seja

[202] Cf. Acórdão do Tribunal da Relação de Lisboa de 3.6.2008, *Rodrigues Pires*, 0821952.

[203] Acórdão do Tribunal da Relação do Porto de 23-10-2003, *Saleiro de Abreu*, CJ 2003-IV, pp. 189-190.

[204] *Notas ao CPC*, I Vol., p. 109.

abalada essa estabilidade que se procura e se deseja, deixando a porta aberta à possibilidade de outros interessados na mesma relação jurídica instaurarem nova demanda, em que poderão obter decisão diferente, o litisconsórcio impõe-se como obrigatório.» Já anteriormente Manuel de Andrade[205] afirmou que quando o entrelaçamento das posições dos vários interessados vai a tal ponto, pela natureza da relação jurídica, que nada de definitivo se pode decidir se não para todos e, portanto, entre todos, a sentença que se proferisse sem todos estarem presentes no pleito não produziria o seu efeito útil normal. Também Miguel Teixeira de Sousa [206] acentua que «(...) decorre da leitura do Art. 28º, nº 2, segunda parte [*atual Artigo 33º, nº 2*] que, na determinação do litisconsórcio, releva apenas a eventualidade de a sentença não compor definitivamente a situação jurídica das partes, por esta poder ser afetada pela solução data numa outra ação pendente entre as partes», o que este Autor apelida de *critério da compatibilidade dos efeitos produzidos.*

Só a intervenção de todos na ação pode compor definitivamente a situação entre os comproprietários. [207]

Caso a ação seja intentada contra uma herança que já foi aceite (cf. pp. 14-16), identificando-se os herdeiros, tal circunstância não deve impedir o prosseguimento normal da ação, na medida em que aquilo que está em causa é uma mera incorreção na expressão utilizada para identificar os réus e a qualidade em que são demandados, devendo entender-se que os réus são os herdeiros indicados.[208]

No Acórdão do Tribunal da Relação de Lisboa de 25.2.2021, entendeu-se que, se o único consorte não demandante já faleceu e a respetiva

[205] Em parecer publicado na "Scientia Iuridica", nº 34, p. 187.

[206] *As partes, o objeto e a prova na ação declarativa*, Lex, 1995, p. 70.

[207] Neste sentido, cf. também Remédio Marques, *Ação declarativa à luz do Código Revisto*, Coimbra Editora, 2ª Ed., 2010, p. 382.
No Acórdão do Supremo Tribunal de Justiça de 4.2.1997, *Silva Paixão*, 453/96, Sumários, www.stj.pt, afirmou-se que "A ação de divisão de coisa comum deve ser proposta, sob pena de ilegitimidade dos Réus, contra todos os comproprietários, sendo um caso típico de litisconsórcio necessário passivo, imposto pela própria natureza da relação jurídica."
No sentido de que a ação tem de reunir a totalidade dos consortes do lado ativo e passivo, cf.: Acórdão do Tribunal da Relação do Porto de 26.9.2019, *Aristides Almeida*, 487/17; Acórdão do Tribunal da Relação de Lisboa de 28.2.2019, *Machado e Moura*, 189/18.

[208] Acórdão do Tribunal da Relação de Lisboa de 16.4.2015, *Sacarrão Martins*, 4933/13, www.colectaneadejurisprudencia.com.

herança permanece ainda por partilhar, a ação há de ser instaurada contra a herança do referido consorte falecido. Se entre os demandantes e demandados comproprietários se encontram todos os herdeiros do consorte pré-falecido, então a respetiva herança mostra-se devidamente representada nos termos do artº 2091, nº 1, do CC, não se exigindo que previamente à divisão de coisa comum se proceda necessariamente à sua partilha.[209]

O legatário é parte legítima em ação de divisão de coisa comum proposta por um dos consortes na comunhão contra a herança indivisa aberta por óbito de quem era, à sua morte, comproprietário dos bens comuns.[210]

Sendo certo que o usufruto (direito real de gozo) constituído sobre quota de comproprietário persiste com a alienação do direito de compropriedade, o usufrutuário é parte legítima na ação de divisão de coisa comum, ao abrigo do disposto no nº 1 do Art. 32º do CPC, pelas possibilidades que a sua presença potencia na ação.[211]

Em sede de regime de hipoteca, dispõe o Artigo 689º, nº 2, do Código Civil que a divisão da coisa ou direito comum, feita com o consentimento do credor hipotecário, limita a hipoteca à parte que for atribuída ao devedor.

Deste modo, se a quota de um dos consortes estiver onerada com uma hipoteca, a ação deve também ser proposta contra o credor hipotecário a fim de permitir que a sentença final tenha também força de caso julgado contra ele, sendo manifesto o interesse dele na fixação do objeto do direito do devedor.

Esta doutrina é generalizável, consoante propõem ANTUNES VARELA e PIRES DE LIMA [212] de modo que se «a coisa estiver onerada com qualquer direito real de gozo ou de garantia, ou se direito de análoga natureza recair sobre a quota de algum dos consortes, com registo anterior à data da proposição da ação, terá esta de ser proposta também contra os titulares desses direitos, sob pena de a sentença obtida não lhes ser oponível.»[213] Em suma, o credor hipotecário deve ser demando sob pena de preterição

[209] Sendo relator *António Santos*, 20403/19.

[210] Neste sentido, Acórdão do Tribunal da Relação do Porto de 21.2.2019, *Judite Pires*, 1367/14, www.colectanedejurisprudencia.com.

[211] Acórdão do Tribunal da Relação de Lisboa de 19.5.2020, *Cristina Coelho*, 17152/18.

[212] *Código Civil Anotado*, III Vol., 2ª Ed., p. 390.

[213] «Além da presença de todos os comproprietários, exigem também os princípios processuais aplicáveis em matéria de eficácia de caso julgado, em ação de divisão de coisa comum, a

de litisconsórcio necessário passivo, o que constitui exceção dilatória de conhecimento oficioso.[214]

Há que ter presente que o cancelamento de um registo apenas pode resultar da ocorrência de factos jurídicos que determinem a extinção de direitos, ónus ou encargos registados.[215]

2.5. Desistência do pedido e da instância

Nos termos do Artigo 285º, nº 1, do CPC, a desistência do pedido extingue o direito que se pretendia fazer valer. E, nos termos do nº 2, a desistência da instância apenas faz cessar o processo que se instaurara.

A desistência do pedido assume a natureza de ato jurídico unilateral na medida em que é livre (Artigo 286º, nº 2, do CPC). A desistência da instância, se requerida depois do oferecimento da contestação, assume a natureza de negócio jurídico bilateral porquanto depende da aceitação do réu (Artigo 286º, nº 1, do CPC). A desistência da instância traduz-se na renúncia à ação proposta, mantendo-se o direito substantivo que através da ação se pretendia fazer valer.

A desistência da instância não suscita particulares considerações na ação de divisão de coisa comum.

A desistência do pedido não é admissível quando verse sobre direitos indisponíveis (Artigo 289º, nº 1, do CPC), entendendo-se que um direito é indisponível quando o seu titular não puder privar-se dele por simples ato da sua vontade.

Ora, o direito do comproprietário a exigir a indivisão não constitui um direito indisponível já que, consoante vimos, podem os comproprietários convencionar a indivisibilidade até cinco anos (Artigo 1412º, nº 1, do Código Civil).

É, assim, pertinente a jurisprudência do Acórdão do Tribunal da Relação de Lisboa de 9.3.2021, segundo o qual, estando em causa direitos disponíveis, nada impede a livre desistência do pedido em ação de divisão de coisa comum em qualquer altura do processo, até ao trânsito em julgado

intervenção na causa dos titulares de direitos reais de gozo ou de garantia sobre a coisa objeto da lide» (Acórdão do Tribunal da Relação do Porto de 4.5.2022, *Ramos Lopes*, 6269/16).

214 Acórdão do Tribunal da Relação do Porto de 4.6.2019, *Pires Rodrigues*, 3585/17, www.colectaneadejurisprudencia.com.

215 Cf. Acórdão do Tribunal da Relação do Porto de 5.1.95, *Sousa Leite*, 9430384.

da decisão final, inclusive, após a prolação do despacho de aceitação da proposta de maior valor pela venda da coisa dividenda.[216]

A sentença homologatória da desistência do pedido constitui caso julgado nos precisos limites e termos em que julga (Artigo 621º do CPC). Daí que, consoante se afirma no Acórdão do Tribunal da Relação do Porto de 25.9.2007 [217], «se ao comproprietário – autor – não era possível, por uma única convenção, obrigar-se a não exigir a divisão de coisa comum por um prazo superior a cinco anos (...) também a autoridade do caso julgado da sentença homologatória da desistência do pedido que formulou em juízo – não poderá ter alcance temporal superior a cinco anos, ou seja, a extinção/renúncia do seu direito de exigir a divisão da coisa não poderá ter para o desistente outro alcance que não a extinção/renúncia a esse direito por um prazo de cinco anos. Pelo que o próprio desistente pode renovar esse mesmo pedido decorridos cinco anos sobre a data da homologação dessa desistência (...).». O desistente poderá mesmo operar a divisão antes de decorridos os cinco anos desde que o faça por via extrajudicial.

Há que atentar, todavia, no regime decorrente do Artigo 288º, nº 2, do CPC, segundo o qual, no caso de litisconsórcio necessário, a desistência de algum dos litisconsortes só produz efeitos quanto a custas, seguindo-se o disposto no nº 2 do Artigo 528º. No litisconsórcio necessário há uma única ação com pluralidade de sujeitos (Artigo 33º do CPC), não podendo cada um deles dispor livremente do objeto da causa.

Sendo a ação interposta por vários comproprietários, a desistência do pedido por parte de um significa apenas que o desistente terá uma redução de 50% no valor das custas: o objeto da ação não se reduz nem se modifica pelo facto desse comproprietário ter desistido do pedido, prosseguindo a ação.

2.6. Causa prejudicial

Nos termos do Artigo 272º, nº 1, do CPC, «O *tribunal pode ordenar a suspensão quando a decisão da causa estiver dependente do julgamento de outra já proposta ou quando ocorrer outro motivo justificado.*»

[216] Sendo relatora *Cristina Maximiano*, 15652/19.

[217] Sendo relatora *Anabela Dias da Silva*, 0723616. No mesmo sentido, vejam-se os Acórdãos do Tribunal da Relação de Coimbra de 16.11.2010, *Gregório Jesus*, 121-A/1911, Acórdão do Tribunal da Relação de Lisboa de 30.4.1996, *Quinta Gomes*, CJ 1996-II, pp. 131-132.

Verifica-se uma relação de prejudicialidade quando o julgamento de um objeto processual depende da apreciação de um outro objeto. Esta relação de prejudicialidade pressupõe que não opera a exceção de litispendência entre as ações pendentes, apesar de dentre elas se verificar uma identidade parcial nos respetivos objetos. [218]

O *nexo de prejudicialidade* define-se assim: estão pendentes duas ações e dá-se o caso de a decisão de uma poder afetar o julgamento a proferir noutra; a razão de ser da suspensão, por pendência de causa prejudicial é a economia e a coerência de julgamentos; uma causa é prejudicial em relação à outra quando a decisão da primeira pode destruir o fundamento ou a razão de ser da segunda. [219]

A situação de prejudicialidade pressupõe que as partes de ambas as ações (a prejudicial e a dependente) são as mesmas ou, pelo menos, que a eficácia da decisão proferida na causa prejudicial é extensível às partes na causa dependente. É indiferente que a causa prejudicial tenha sido instaurada antes ou depois da ação dependente, salvo se entre as ações ocorrer uma situação de litispendência [220].

Também a jurisprudência tem vindo a aprofundar a noção de causa prejudicial.

Nos Acórdãos do Tribunal da Relação de Lisboa de 31.1.91 [221] e da Relação do Porto de 31.5.2005 [222] entendeu-se que só existe causa prejudicial justificativa de suspensão da instância quando esteja pendente uma outra ação, havendo entre ela e a segunda uma relação de dependência que prejudique a decisão desta de forma a que a procedência da primeira tira a razão de ser à existência da segunda. Se for de prever que a decisão de uma das ações em determinado sentido origina inutilidade superveniente da lide na outra, nem por isso se pode concluir pela existência de prejudicialidade: é que, ao decretar-se inutilidade superveniente da lide, não se faz qualquer julgamento de mérito, não havendo assim dependência duma decisão de mérito relativamente a outra decisão de mérito, e só neste sentido se pode falar em nexo de prejudicialidade.

[218] Teixeira de Sousa, *As partes, o objeto e a prova na ação declarativa*, Lex, 1995, p. 135.

[219] Alberto dos Reis, *Comentário ao CPC*, III Vol., pp. 268 a 285.

[220] Teixeira de Sousa, *Ibidem*, p. 137.

[221] Sendo relator *Almeida Valadas*, 0023826.

[222] Sendo relator *Marques de Castilho*, 0326268.

No Acórdão do Supremo Tribunal de Justiça de 30.11.2004 [223] foi decidido que existe causa prejudicial sempre que numa ação já instaurada se esteja a apreciar uma questão cuja resolução tenha que ser considerada para a decisão da causa em apreço. No Acórdão do mesmo Tribunal de 3.5.2001 [224] afirmou-se que a decisão que vier a ser promanada da causa indicada como prejudicial tem que revestir a virtualidade de uma efetiva e real influência na causa suspensa, por forma a poder concluir-se que a decisão desta depende incontornavelmente daquela.

A pendência de processo de inventário para partilha de herança que integre direito a quota de prédio indiviso não constitui fundamento para a suspensão da instância de posterior ação de divisão de coisa comum intentada por um dos consortes. Qualquer consorte pode requerer a divisão da coisa comum sem ter que aguardar pelo desfecho da partilha. [225] Na verdade, a decisão do inventário – seja qual for – não interfere ou prejudica a imediata divisão de bem de que aquela herança é comproprietária. Findo o inventário, passar-se-á apenas a saber a qual sucessor ficou a pertencer o direito à quota do bem objeto da ação de divisão de coisa comum.

Também inexiste relação de prejudicialidade entre uma ação em que se pede a declaração de dissolução de uma sociedade, para a qual os dois sócios entraram com uma fração autónoma de que eram comproprietários, sendo nula tal transmissão por falta de forma, e a ação de divisão de coisa comum relativa a essa fração for proposta por um desses sócios contra o outro. [226] Neste caso, a questão de saber se a fração autónoma integra o património da sociedade dissolvenda só se coloca – na ausência de acordo dos sócios – na liquidação parcial e partilha em espécie (cf. Artigo 21º do Regime Jurídico dos Procedimentos Administrativos de Dissolução e de Liquidação de Entidades Comerciais, aprovado pelo Decreto-lei nº 76-A/2006, de 29.3.).

Diversamente, se estiver pendente ação de preferência em que um dos comproprietários pretende exercer direito de preferência na alienação de uma quota a terceiro não consorte, a pendência de tal ação constitui fundamento suficiente (causa prejudicial) para suspensão da ação de divisão

[223] Sendo relator *Araújo de Barros*.

[224] Sendo relator *Ferreira Girão*, 02B014.

[225] Acórdãos do Tribunal da Relação de Coimbra de 4.2.99, *Serra Batista*, 1770/98 e de 16.4.2002, *Joaquim Piçarra*, CJ 2002-II, pp. 21-23.

[226] Acórdão do Tribunal da Relação de Lisboa de 24.9.2009, *Ezaguy Martins*, 2825/08.

de coisa comum. Na verdade, na ação de divisão de coisa comum é essencial a fixação dos quinhões e, só após a fixação dos mesmos, é que será designada data para a conferência de interessados. E, em caso de pagamento de tornas, a quantia a depositar corresponderá apenas ao excedente à própria quota. Em suma, o que se decidir na ação de preferência interferirá diretamente na fixação das quotas.[227]

Também ocorrerá prejudicialidade num contexto em que, sendo proposta uma ação especial de divisão de coisa comum, esteja já pendente ação comum em que à procedência dos pedidos aí formulados esteja subjacente uma alegada divisão do imóvel objeto da ação especial e consequente aquisição por usucapião da divisão assim operada, porquanto, julgada definitivamente procedente a ação comum, o efeito útil da ação especial de divisão de coisa comum desaparece, já que não haverá prédio em comum que exija a sua divisão entre comproprietários.[228]

2.7. Ineptidão da petição inicial

Depois de efetuar uma análise crítica das três correntes jurisprudenciais existentes quanto à qualificação da causa de pedir (caracterização da causa de pedir através dos factos naturais[229]; caracterização da causa de pedir como conjunto de condições de procedência da ação[230]; caracterização da causa de pedir como factos que meramente indiciam a procedência da ação), Mariana França Gouveia[231] conclui que , para efeitos de ineptidão da petição inicial , a causa de pedir deve ser definida como sendo

[227] Acórdão do Tribunal da Relação do Porto de 6.2.2007, *Cândido Lemos*, CJ 2007-I, pp. 183-185.

[228] Acórdão do Tribunal da Relação do Porto de 26.10.2020, *Domingos Fernandes*, 109/19.

[229] Conforme refere Guasp, *Derecho Procesal Civil*, p. 243, a causa de pedir não se refere às razões ou argumentos mas aos acontecimentos da vida em que se apoia, funcionando "para delimitar de um modo exato o troço concreto da realidade a que a pretensão de refere". Não basta, deste modo, que se proporcionem os dados que serviriam para individualizar a pretensão dentro das categorias gerais jurídicas (*teoria da individualização ou do facto jurídico*); antes é preciso que se tragam todos aqueles elementos fácticos, históricos que efetivamente jogam tal papel delimitador: *teoria da substanciação ou do facto natural.*

[230] Segundo o Acórdão do Supremo Tribunal de Justiça de 21.11.91, "A insuficiência ou deficiência da causa de pedir pode dar origem a um despacho de aperfeiçoamento (Artigo 470º) que pode ou não ser acatado pela parte a que se dirige e que não dá origem a absolvição da instância, mas antes a improcedência do pedido por quem tiver de decidir, confirmado que os factos alegados não são suficientes para obter a procedência da ação".

[231] *A Causa de Pedir na Ação Declarativa*, Almedina, 2004, pp. 153-154.

constituída por aquelas razões de facto e de direito (sendo que são absolutamente confundíveis, inseparáveis) que permitem, na lógica do autor, ou numa outra lógica que o tribunal entenda aplicável, fundamentar determinado pedido. Tal não significa que ao autor baste alegar meras qualificações jurídicas. Os factos jurídicos que o autor alegar têm de estar sempre contextualizados para que o réu os entenda, ou seja, é necessária uma ligação à realidade, o que, no mínimo, exige uma localização de espaço e tempo desses factos.

Existe contradição entre o pedido e a causa de pedir nos termos do Artigo 186º, nº 2, al. *b)*, do CPC quando não existe entre o pedido e a causa de pedir o mesmo nexo lógico que entre as premissas de um silogismo e a sua conclusão.

Nas palavras de ALBERTO DOS REIS[232] «O pedido dever ser o corolário ou a consequência lógica da causa de pedir ou dos fundamentos em que assenta a pretensão do autor, do mesmo modo que, num silogismo, a conclusão deve ser a emanação lógica das premissas. Se, em vez disso, o pedido colidir com a causa de pedir, a ineptidão é manifesta.» LEBRE DE FREITAS [233] fala a este propósito na negação recíproca entre o pedido e a causa de pedir. Essa contradição insanável entre o pedido e a causa de pedir deve aferir-se em função da norma aplicável à pretensão formulada, ou seja, considerando as soluções de direito possíveis.[234]

Ocorrem, com frequência, situações da índole que se passa a descrever.

Os comproprietários de prédio rústico dividem-no, extrajudicial e materialmente, entre si com a colocação de marcos ou muros e, a partir daí, cada um passa a exercer a posse exclusiva sobre a sua parte, cultivando e fruindo o prédio assim fracionado, de forma exclusiva, à vista e com conhecimento de todos, sem oposição de ninguém, na convicção de que atua sobre coisa própria. A sedimentação desta factualidade, perdurando por quinze anos, é suscetível de conduzir à aquisição por usucapião do direito de propriedade singular sobre a parte fracionada (cf. Artigos 1287º, 1296º do Código Civil).

A compropriedade pode advir da adjudicação em comum (com determinadas quotas) no âmbito de partilha de herança.

232 *CPC Anotado*, I Vol., p. 309.

233 *A Ação Declarativa Comum*, Coimbra Editora, 2000, p. 41.

234 Neste sentido, A. VARELA, RLJ, Ano 121º, p. 121 e ss. e Ac. do STJ de 14.3.90, AJ 2º/90, p. 14.

Nestas situações, o *estado de facto* criado pelos comproprietários sem escritura pública ou documento particular autenticado pode converter-se em *estado de direito* através da usucapião, desde que cada comproprietário tenha exercido posse exclusiva sobre o quinhão que ficou a pertencer-lhe na divisão e tal posse revista os requisitos legais.[235] Conforme já vimos, a usucapião só opera desde que sejam respeitadas as normas imperativas atinentes ao fracionamento de prédios rústicos (cf. 1.8. e 1.12.; pp. 41-47 e 67-78).

Num contexto destes, se um dos comproprietários – alegando tal factualidade – vier instaurar ação de divisão de coisa comum contra o outro pedindo a divisão em substância do prédio, ocorre ineptidão da petição inicial por contradição entre o pedido e a causa de pedir.[236] Também é ilegal a cumulação do pedido principal de reconhecimento de uma situação de compropriedade de um imóvel e de divisão em substância do mesmo com o pedido subsidiário do reconhecimento aos autores da aquisição por eles, por acessão industrial imobiliária, de uma parcela daquele mesmo imóvel.[237]

2.8. Erro na forma de processo

A forma de processo afere-se em função do tipo de pretensão formulada pelo autor e não em referência à pretensão que devia ser por ele deduzida (aqui trata-se não de uma impropriedade da forma do processo, mas de uma situação de eventual manifesta improcedência da ação). O que caracteriza o erro na forma do processo é que, ao pedido formulado, corresponda forma de processo diversa da empregue e que não se mostre possível através da adequação formal, fazer com que, com a forma de processo efetivamente adotada, se venha a conseguir o efeito jurídico pretendido pelo autor.

Assim, se a forma de processo empregue não for apropriada ao tipo de pretensão deduzida, ocorre o vício processual de erro na forma de processo. Diversamente, se a forma de processo se adequar à pretensão formulada mas esta não for conforme aos fundamentos invocados, então estaremos

[235] Cf. António Carvalho Martins, *Divisão de coisa comum*, Coimbra Editora, 2ª Ed., 2000, p. 40.

[236] Neste sentido, Acórdãos do Tribunal da Relação do Porto de 14.6.1995, *Bessa Pacheco*, 9551324, de 30.9.2010, *Cruz Pereira*, 83/08, Acórdão do Tribunal da Relação de Lisboa de 6.6.2002, 0048177.

[237] Acórdão do Tribunal da Relação de Coimbra de 27.9.2016, *Jorge Loureiro*, 25/14.

perante uma questão de mérito conducente à improcedência da ação.[238] Conforme refere LEBRE DE FREITAS[239], «Não deve, efetivamente, confundir-se a questão de fundo com a questão de forma: se o pedido for deduzido com base num direito que o autor não tem, embora tendo outro direito em que podia ter fundado um pedido diverso que desse lugar a uma forma de processo distinta, o erro está no pedido e não na forma de processo, pelo que a consequência a tirar é a improcedência da ação.»

O erro na forma do processo só importará em anulação de todo o processo, como exceção dilatória determinativa de absolvição do réu da instância, nos casos em que a petição inicial não possa ser aproveitada para a forma de processo adequada – Artigos 193º, nº 1, 278º, nº 1, al. *b)*, 576º, nº 2, 577º, al. *b)*, do CPC.

A questão do erro na forma do processo resolve-se em face do pedido formulado na ação em confronto com o fim a que, segundo a lei, o processo especial de divisão de coisa comum se destina.

Assim, no mesmo contexto factual referido no ponto anterior (divisão extrajudicial e material de prédio rústico, seguido da prática de atos suscetíveis de integrar os requisitos da usucapião), ocorrerá erro na forma de processo se o autor instaura ação de divisão de coisa comum pedindo que lhe seja reconhecida a propriedade singular sobre a parte que vem possuindo. Neste caso, a forma de processo correta será a de uma ação de reivindicação sujeita à forma de processo comum.

Pode suceder que o autor instaure ação de divisão de coisa comum alegando, além doutra, factualidade suscetível de integrar a aquisição da propriedade singular por usucapião sem que – contudo – invoque a usucapião. Ora, a usucapião só aproveita a quem a invoque (Artigos 1292º e 300º do Código Civil).

Deste modo, apesar de o autor invocar factualidade suscetível de conduzir à admissibilidade da escritura de justificação notarial (Artigos 90º e 91º do Código do Notariado) ou de decisão a proferir em processo de justificação perante a Conservatória do Registo Predial previsto no Artigo

[238] Cf., por todos, o Acórdão do Tribunal da Relação de Lisboa de 22.2.2007, *Isabel Canadas*, 8592/2006.
«A ação de prestação de contas não é o meio processual próprio para um ex-cônjuge pedir ao outro, que está na posse de um imóvel comum, o valor de uso de tal imóvel» (Acórdão do Tribunal da Relação de Coimbra de 14.6.2022, *Teresa Albuquerque*, 835/21).

[239] *A Ação Declarativa Comum, À Luz do Código Revisto*, Coimbra Editora, 2000, p. 45.

117º-B do CRP, pode o mesmo instaurar ação de divisão de coisa comum desde que faça pedido correspondente a esta. Isto porque no que tange ao erro na forma do processo, não há que atender à situação jurídica que serve de base à ação, mas ao pedido efetivamente formulado, irrelevando que o autor pudesse obter resultado jurídico equivalente através de processo de justificação.[240]

Um autor que pretenda o reembolso da sua comparticipação na aquisição de bens adquiridos durante o período em que viveu em união de facto deve intentar uma ação declarativa com processo comum e não o processo especial de divisão de coisa comum.[241]

2.9. Transação e uso anormal do processo

Nos termos do Artigo 1248º, nº 1, do Código Civil, «*Transação é um contrato pelo qual as partes previnem ou terminam um litígio mediante recíprocas concessões.*» As concessões podem envolver a constituição, modificação ou extinção de direitos diversos do direito controvertido (nº 2). Ou seja, as partes podem, transigindo no processo, dispor sobre matérias diversas da diretamente discutida na causa, com as limitações impostas pelos Artigos 1249º do Código Civil e 289º, nº 1, do CPC (direitos indisponíveis) bem como as decorrentes da norma geral do Artigo 280º do Código Civil (comina a nulidade do negócio jurídico cujo objeto seja física ou legalmente impossível, contrário à lei ou indeterminável).

A propósito da densificação do conceito de transação, afirmou-se no Acórdão do Tribunal da Relação de Coimbra de 13.11.07[242] ,

> «Há, pois, um *aliquid datum aliquid retentum* na relação jurídica convertida. Contudo dentro deste condicionalismo é relativamente ampla a margem de manobra de composição de interesses, permitindo a transação judicial quer o alargamento objetivo quer o alargamento subjetivo do pleito. Tanto assim é que se tem entendido ser lícito às partes em litígio porem fim a todas as ações entre si pendentes mediante transação global lavrada por termo num dos processos. É por isso que a doutrina vem dando a este tipo de transação o título de novativa (...) verificados certos requisitos mínimos de validade, a transação poderá operar como que uma substituição da obrigação primitiva

240 Acórdão do Tribunal da Relação de Lisboa de 22.4.2010, *Teresa Albuquerque*, 153/07.

241 Acórdão do Tribunal da Relação do Porto de 10.7.2013, *Maria João Areias*, 2273/11.

242 Sendo relator *Távora Vítor*, 539/2002.

por outra de contornos não coincidentes e até mais alargados; e na verdade, desde que a transação não enferme de nulidade – e é desde logo o que dispõe o Artigo 1249º do Código Civil – não pode o juiz recusar-se a homologá-la com fundamento em que as respetivas cláusulas extravasam o objeto da causa.» [243]

Deste modo, o objeto da transação não terá de coincidir necessariamente com os termos da ação proposta.

A função da sentença homologatória da transação não é decidir a controvérsia substancial, mas fiscalizar a regularidade e a validade do acordo das partes. Tal significa que a sentença homologatória acabada por se "apropriar das cláusulas do contrato de transação e, em conformidade com o aí concertado pelas partes e tendo ainda por referente ineliminável a própria controvérsia litigiosa, condená-las-á ou absolvê-las-á, correspondentemente". Pese embora não conheça do mérito da causa, há, no entanto, que reconhecer que a sentença homologatória «chama necessariamente a si a solução de mérito para que aponta o contrato de transação, acabando por dar ela própria, mas sempre em concordância com a vontade das partes, a solução do litígio. E uma vez transitada em julgado, como que corta, e definitivamente, o cordão umbilical que a ligava à transação de que nascera.» [244]

A transação tem que ser homologada ou rejeitada na sua totalidade, não fazendo sentido a homologação parcial. Isto porque por detrás do respetivo clausulado assenta a ponderação de um conjunto de interesses, cedências e contrapartidas que são o verso e reverso umas das outras, cujo equilíbrio é perturbado com a supressão de parte do clausulado.

No que tange à tempestividade da transação, no Acórdão do Tribunal da Relação de Évora de 11.3.2021, entendeu-se que tendo autores e réus junto aos autos transação relativamente ao imóvel objeto da ação de divisão de coisa comum, em data anterior à emissão do título de transmissão da venda por leilão eletrónico, não podia o tribunal recusar apreciar a validade dessa transação, com o argumento de que tendo aquele imóvel sido licitado em leilão eletrónico, cuja proposta foi aceite, só a falta do pagamento do preço é suscetível de determinar que a venda fique sem efeito.[245]

[243] Neste sentido, Acórdão do Tribunal da Relação do Porto de 17.6.97, *Emídio Costa*, BMJ nº 468, p. 481.

[244] Acórdão do Supremo Tribunal de Justiça de 4.11.1993, *Raul Mateus*, BMJ nº 431, pp. 417-427.

[245] Sendo relator *Manuel Bargado*, 514/04.

No âmbito de uma ação de divisão de coisa comum poderão as partes pretender findar o litígio por transação. Caberá ao juiz aferir da admissibilidade e licitude de tal transação, previamente à sua homologação.

Num primeiro cenário, partiremos da pendência de uma ação de divisão de coisa comum em que os réus, na contestação, arguem que o prédio rústico já se encontra dividido em parcelas distintas e autónomas de área inferior à unidade mínima de cultura, sobre as quais cada um dos consortes vem praticando atos de posse exclusiva com os requisitos necessários à aquisição da propriedade singular através da usucapião. Os autores vêm a reconhecer tal realidade e as partes celebram transação em que reconhecendo a ocorrência de tal factualidade, concluem expressamente pela aquisição das parcelas por usucapião.

Ora, se é certo que – dentro de determinada linha jurisprudencial que repudiamos (cf. 1.12.; pp. 67-78) – as parcelas de prédio rústico de área inferior à unidade de cultura podem ser adquiridas por usucapião, tal deverá resultar de um processo probatório que efetivamente convença o tribunal da verificação dos requisitos da usucapião. Constitui realidade assaz diversa a mera invocação de tais requisitos pelas partes desacompanhada da efetiva e real prova da sua verificação. Admitir-se esta atuação, significaria abrir a porta a conluios em fraude à lei, com intuito de tornear os impedimentos ao fracionamento dos prédios rústicos.[246]

Na expressão clara do Acórdão do Tribunal da Relação do Porto de 8.3.2016, «Não deve ser homologada uma transação judicial em que as partes, por sua única e exclusiva vontade, subtraem à apreciação jurisdicional os requisitos da usucapião, obtendo validação judicial quanto à aquisição *ex novo* de determinadas parcelas de terreno, eliminando, assim, por via indireta, o acatamento de condicionalismos legais e administrativos que impediam a divisibilidade do prédio.»[247]

Assim, este tipo de transação não pode ser homologada por ter um objeto ilícito por consubstanciar um fracionamento ilícito.

Num segundo cenário, ainda baseado na matriz do primeiro, pensemos na pendência de uma ação em que os autores (comproprietários de prédio rústico com área inferior à unidade de cultura) demandam os demais com-

[246] Acórdão do Tribunal da Relação de Coimbra de 9.11.2010, *Carlos Moreira*, 1531/05, Acórdão do Tribunal da Relação do Porto de 7.11.2006, *Henrique Araújo*, 0625149.

[247] Sendo relatora *Maria Adelaide Domingos*, 7240/11. Em sentido confluente, cf. Acórdão do Tribunal da Relação de Coimbra de 12.2.2019, *Fonte Ramos*, 30/17.

proprietários pedindo que lhes seja reconhecido o direito de propriedade sobre parte do prédio, não alegando sequer que o mesmo foi materialmente dividido e que tenham ocorridos factos integradores de inversão do título da posse por parte dos autores. Os réus não contestam e, posteriormente, as partes outorgam transação em que reconhecem reciprocamente a propriedade sobre parte do prédio, bem como que sobre o mesmo praticaram atos constitutivos de usucapião.

Nesta situação, é patente que o fim contrário à lei é comum a ambas as partes (Artigo 281º do Código Civil) e que as partes fazem um uso anormal do processo, o que também constitui – desde logo – fundamento para a não homologação da transação.

Nos termos do Artigo 612º do CPC, «*Quando a conduta das partes ou quaisquer circunstâncias da causa produzam a convicção segura de que o autor e o Réu se serviram do processo para praticar um ato simulado ou para conseguir um fim proibido por lei, a decisão deve obstar ao objetivo normal prosseguido pelas partes.*»

Diverge a doutrina quanto à sanção correspondente: a anulação do processo e não a improcedência para ALBERTO DOS REIS[248] ; anulação oficiosa para LEBRE DE FREITAS[249] ; a declaração sem efeito do processo, com abstenção de proferimento de decisão de mérito para MANUEL DE ANDRADE.[250]

Deste modo, para além da rejeição da homologação da transação, deve o juiz anular o processo.

Num terceiro cenário, numa ação de divisão de coisa comum que versa sobre prédio composto de habitação e logradouro e sendo as quotas dos comproprietários distintas (¾ e ¼, por exemplo), vêm as partes a transacionar reconhecendo que existem dois prédios distintos, sendo um constituído apenas por parte do logradouro e outro pela parte restante (incluindo a habitação), concluindo pela adjudicação em conformidade. Este acordo consubstancia uma operação de loteamento e, como tal, está sujeito a prévia licença administrativa, consoante já vimos. Inexistindo esta, tal acordo também não pode ser homologado por sentença por consubstanciar um loteamento ilícito.

Podem as partes firmar um acordo nos termos do qual releguem o pagamento das quantias devidas para momento posterior, requerendo a sua

[248] *Código do Processo Civil Anotado*, V Vol., p. 103.

[249] LEBRE DE FREITAS e ISABEL ALEXANDRE, *CPC Anotado*, 2º Vol., 3ª ed., 2017, p. 727.

[250] *Noções elementares do processo civil*, p. 114.

homologação. Neste contexto, o juiz poderá optar por uma de duas soluções: (i) proceder, desde logo, à homologação integral do acordo, envolvendo a imediata adjudicação dos bens, com a consequente condenação das partes no pagamento das quantias convencionadas, caso em que a sentença homologatória passa a valer como título executivo para a efetivação dessas obrigações; (ii) ou relegar toda a homologação do acordo para depois de se demonstrar o pagamento efetivo das quantias acordadas.[251]

2.10. Penhora e divisão de coisa comum

No âmbito de execução movida contra o comproprietário, pode ser promovida a penhora do da quota do mesmo ao bem indiviso (Artigo 781º, nº 1, do CPC), não podendo ser penhorada uma parte especificada do bem comum (Artigo 743º, nº 1, do CPC).

A realização da penhora não impede os comproprietários de requererem a divisão da coisa comum. Todavia, a exercitação do direito de divisão não contende com o direito do exequente/penhorante.

Com efeito, sem prejuízo das regras do registo, são inoponíveis à execução os atos de disposição, oneração ou arrendamento dos bens penhorados (Artigo 819º do Código Civil).

Decorre deste preceito que a transmissão, cessão ou oneração de bens ou direitos penhorados e a extinção voluntária dos créditos penhorados é inoponível à execução, ou seja, quanto à execução, é como se não tivesse havido qualquer disposição ou oneração do bem ou direito penhorado ou não se tivesse verificada a extinção do crédito penhorado. A penhora cria um vínculo de carácter processual que limita o direito de propriedade do executado a fim de que possam ser satisfeitos os direitos do exequente.

Consagra-se em tal preceito o princípio da ineficácia em relação ao credor dos atos de disposição ou oneração dos bens penhorados, dele resultando que – podendo embora o devedor livremente alienar ou onerar os bens penhorados – a execução prosseguirá o seu curso normal como se esses bens (tal como foram penhorados) continuassem a pertencer ao executado.[252] Tal ineficácia opera *ope legis*, não necessitando de ser declarada pelo tribunal.[253]

251 Cf. Acórdão do Tribunal da Relação de Lisboa de 17.9.2013, *Tomé Gomes*, 5002/06.

252 Antunes Varela e Pires de Lima, *Código Civil Anotado*, II Vol., 4ª ed., p. 91

253 Acórdão do Supremo Tribunal de Justiça de 25.3.2004, *Ferreira de Almeida*, CJ 2004 – I, p. 140

A inoponibilidade à execução estabelecida nos Artigos. 819º e 821º do Código Civil abrange os atos voluntários praticados pelo executado ou por terceiro devedor sobre os bens ou direitos penhorados, incluindo os atos realizados em juízo.

Deste modo, todo e qualquer ato de carácter onerante ou translativo, incluindo os atos de adjudicação voluntariamente acordados em ação de divisão de coisa comum, são ineficazes/inoponíveis ao exequente. [254]

[254] Acórdãos do Supremo Tribunal de Justiça de 25.3.2003, *Ferreira de Almeida*, 04B584 e de 25.3.2004, *Ferreira de Almeida*, CJ 2004-I, pp. 139-140.

3
Tramitação da Acção

O processo especial para divisão de coisa comum comporta duas fases fundamentais:

I. Uma de natureza declarativa que visa decidir sobre a existência e os termos do direito à divisão invocado. Esta fase só se desenvolve quando haja contestação ou, inexistindo esta, quando a revelia do(s) réu(s) seja inoperante (Artigo 926º, nº 2, do CPC).
II. Uma de índole executiva em que se materializa, fundamentalmente por meio de perícia, o direito já definido na fase declarativa ou afirmado sem contestação pelo autor. Esta fase executiva destina-se ao preenchimento dos quinhões em espécie ou por equivalente.

Nesta fase, procede-se:

a) nos casos de seccionamento em substância da coisa, à sua divisão mediante a formação de quinhões, em princípio [255] em conformidade com as quotas dos comproprietários, e à subsequente adjudicação desses quinhões;
b) nos casos de indivisibilidade material, à adjudicação da coisa a um dos consortes e ao preenchimento em dinheiro das quotas dos restantes, ou à venda executiva da coisa com a repartição do produto da venda pelos interessados, na proporção das respetivas quotas.[256]

[255] Fazemos esta ressalva, atenta a posição que já deixámos expressa *supra* em 1.7.,

[256] Segue-se aqui de perto a sistematização proposta por MANUEL TOMÉ SOARES GOMES, *Ação de divisão de coisa comum, Após a revisão do CPC de 1995*, CEJ, 1997, Policopiado.

Aqui ocorre uma dissolução da compropriedade por partilha do valor da coisa.

3.1. Tramitação no caso de divisibilidade material

3.1.1. Petição inicial

A causa de pedir na ação de divisão de coisa comum consiste na situação de comunhão de direitos e na vontade de um ou mais dos consortes pôr termo à respetiva e concreta indivisão.

O autor não tem de indicar a origem da compropriedade, bastando a alegação de que a coisa é propriedade comum das pessoas indicadas. Conforme refere Nuno Pissarra, «a causa de pedir da ação de divisão de coisa comum atual é integrada pela existência (ou persistência) da situação de comunhão e não pelos factos jurídicos concretos de que derivam os direitos em comunhão ou a situação de comunhão»[257], sendo que este processo não é uma ação real, tendo carácter pessoal o direito que aqui se faz valer. Se a alegação não for exata, qualquer dos citados pode contestar a compropriedade, arrogando-se a propriedade exclusiva. [258] Não é necessário que previamente seja declarada a compropriedade. [259]

Deve o autor desde logo:

a) Identificar o prédio ou a coisa mobiliária a dividir;
b) Alegar a compropriedade ou comunhão de que é contitular com os demais consortes;
c) Especificar a posição relativa de cada consorte e o volume das respetivas quotas.

Os factos acima referidos sob *a)* e *b)* constituem factos essenciais que integram o núcleo primordial da causa de pedir, cuja falta implica a ineptidão da petição inicial (Artigos 5º, nº 1 e 186º, nº 2, al. *a)*, do CPC).

[257] "Divisão de coisa comum", in Rui Pinto e Ana Alves Leal (Coords.), *Processos Especiais*, Vol. I, AAFDL, 2020, p. 168.
Conforme refere este autor, «Não havendo contestação da comunhão, nada obsta a que fique dada como assente a qualidade de comunheiros do autor e dos réus. Não tendo a ação por objeto a definição da compropriedade ou outra forma de comunhão, a situação de comunhão *factualiza-se* e pode ser tratada como matéria de facto» (p. 171).

[258] Cf. Alberto Dos Reis, *Processos Especiais*, II Vol., Coimbra Editora, 1982, p. 42 e Acórdão do Supremo Tribunal de Justiça de 15.3.1990, *Cabral de Andrade*, 080036.

[259] Acórdão do Tribunal da Relação do Porto de 11.7.2006, *Mário Cruz*, 0623350.

Se não for especificada a posição relativa de cada um dos consortes e a medida das respetivas quotas, tal situação é sanável mediante despacho de convite ao aperfeiçoamento. [260]

A par destes, o autor tem de alegar e provar factos complementares. Trata-se de factos indispensáveis à procedência da ação nos termos em que é proposta, tendo uma função de complemento ou concretização dos factos nucleares. [261] A sua omissão não tem, em regra, efeitos preclusivos, podendo ser suprida na fase do saneamento quando o processo a comportar (Artigos 5º, nº 2, al. *b)*, e 590º, nº 4, do CPC).

Deste modo, se o autor instaura a ação no pressuposto de que a coisa é divisível, deverá alegar factualidade concreta no sentido de que a coisa pode ser dividida sem alteração da sua substância, sem diminuição do seu valor e sem que tal prejudique o seu uso (cf. *supra* 1.5. *Indivisibilidade natural*, pp. 28-30).

Se a ação versa sobre prédio rústico apto para fins agrícolas, florestais ou pecuários, caberá também ao autor alegar a concreta área do mesmo e a resultante do seu fracionamento proposto a fim aferir da licitude da divisão (cf. *supra* 1.8. *Fracionamento de prédios rústicos*, pp. 34-47).

Se a ação versa sobre prédio rústico mas o fracionamento tem por fim a construção, cabe ao autor alegar e demonstrar, em alternativa, a existência de: (1º) alvará de loteamento; (2º) certidão camarária comprovativa de que os requisitos do destaque estão presentes ou que as normas aplicáveis estão cumpridas; (3º) informação prévia favorável ao loteamento (cf. *supra* 1.9 *O loteamento*, pp. 47-57).[262]

Versando a ação sobre um prédio urbano, caberá ao autor alegar a factualidade atinente ao cumprimento dos requisitos civis e administrativos prévios à sua divisão/constituição de propriedade horizontal, no mínimo, com a junção de certificado municipal de que o edifício satisfaz os requisitos para a constituição da propriedade horizontal (cf. *supra* 1.11. *Constituição de propriedade horizontal*, pp. 62-67).

[260] Acórdão do Supremo Tribunal de Justiça de 14.9.2006, *João Bernardo*, 4196/05, *Sumários*, www.stj.pt.

[261] "Os factos complementares são aqueles que são indispensáveis à procedência dessa ação ou exceção, mas não integram o núcleo essencial da situação jurídica alegada pela parte "– Teixeira De Sousa, *Estudos sobre o Novo Processo Civil*, Lex, 1997, p.71.

[262] «Baseando-se a divisibilidade de um prédio rústico na possibilidade de formação de lotes para construção, a mesma não pode ser reconhecida pelo tribunal sem que as partes juntem ao processo certidão comprovativa da viabilidade de tal operação urbanística» (Acórdão do Tribunal da Relação de Coimbra de 13.11.2018, *Maria João Areias*, 5336/16).

Qualquer um dos documentos ora referidos (todos eles a emitir pela câmara municipal respetiva) é essencial à procedência da ação de divisão de coisa comum. Nesta medida, a omissão da junção dos mesmos com a petição inicial (a par da alegação dos factos correspondentes) dá azo a despacho vinculado de aperfeiçoamento nos termos do Artigo 590º, nº 3, *ex vi* Artigo 549º, nº 1, do CPC.[263] Se tal despacho não for acatado, e incumbindo ao juiz conhecer oficiosamente da questão da indivisibilidade (Artigo 926º, nº 4, do CPC), deve a ação ser julgada parcialmente procedente por reconhecimento da indivisibilidade [264], prosseguindo o processo para a fase de conferência de interessados nos termos do Artigo 929º, nº 2.

Se o autor alegar na petição que requereu à câmara municipal a emissão do referido documento e que existe qualquer dificuldade, de natureza burocrática ou outra, na sua obtenção e junção ao processo, caberá ao juiz intervir (em observância dos poderes oficiosos que lhe são conferidos pelo Artigo 411º do CPC) no sentido de remover tal situação. Tal intervenção do tribunal tem, todavia, como pressuposto necessário a alegação tempestiva dos factos complementares em causa (nos termos analisados), atento o disposto no Artigo 5º, nº 2, al. *b)*, do CPC. [265]

O pedido formulado pode visar a extinção da compropriedade, mas também apenas a sua modificação através da redução do número de comproprietários. [266] O pedido formulado será o de divisão material da coisa de harmonia com os quinhões que forem fixados (divisão material) ou a sua adjudicação ou venda com a consequente partilha do valor na proporção das quotas de cada um dos consortes (coisa indivisível; cf. Art. 925º).

No que tange à admissibilidade da cumulação de pedidos (cf. Artigo 555º, nº 1, do CPC), a mesma será de admitir nos mesmos termos em que é admissível a formulação de pedidos reconvencionais, ou seja, o autor pode

[263] Sobre um caso da omissão de tal despacho, cf. Acórdão do Tribunal da Relação de Guimarães de 1.2.2018, *Maria João Matos*, 1928/10.

[264] Isto no pressuposto de que não ocorre qualquer fundamento específico de improcedência da ação ou qualquer exceção dilatória insuprível ou não suprida, apesar de despacho de aperfeiçoamento.

[265] Cf. Acórdão do Supremo Tribunal de Justiça de 29.11.2006, *Nuno Cameira*, CJ 2006-III, pp. 138-140.

[266] Cf. Acórdãos do Tribunal da Relação do Porto de 22.2.1993, *Araújo Barros*, CJ 1993-II, pp. 179-183, de 12.6.2001, *Cândido Lemos*, 0120865.

cumular *ab initio* pedidos da mesma índole dos que poderão ser formulados pelos réus em reconvenção (cf. pp. 110-117), o que sempre decorreria do princípio da igualdade das partes (Artigo 4º do CPC).

Na petição são logo oferecidos os meios de prova (Artigo 925º do CPC), com os limites do Artigo 294º, nº 1, do CPC *ex vi* Artigo 926º, nº 2, do CPC. [267]

3.1.2. Citação

Os requeridos são citados para contestarem, no prazo de trinta dias, oferecendo logo as provas de que dispuserem com os limites do Artigo 294º, nº 1 (Artigo 926º, nº 1, do CPC).

Tendo em conta a tramitação preconizada pelo Artigo 927º, nº 1, do CPC para o caso de revelia operante e por aplicação subsidiária do Artigo 563º *ex vi* Artigo 549º, nº 1, ambos do CPC, na citação deverá constar a advertência de que os requeridos ficam citados para contestar, sob pena de se passar logo para a fase da perícia destinada à formação dos quinhões. [268]

3.1.3. Contestação

Na contestação, podem os requeridos designadamente:

a) Deduzir exceções dilatórias;
b) Impugnar a compropriedade, arrogando-se titulares da propriedade exclusiva da coisa;
c) Negar ao autor ou aos demais requeridos o direito a qualquer quota-parte;
d) Contrariar o volume das quotas indicado pelo autor;
e) Suscitar a questão da indivisibilidade material da coisa;
f) Suscitar questões que tenham a ver com as características físico-materiais da coisa, confrontações, áreas, etc.

[267] No Acórdão do Tribunal da Relação de Lisboa de 10.9.2009, *Jorge Leal*, 263/07, foi decidido que, ao abrigo do princípio do inquisitório (Artigo 411º do CPC), a eventual omissão das partes na indicação dos meios de prova não inibe o juiz de oficiosamente tomar iniciativas nesse campo, tendo-se concluído que o juiz pode admitir o rol de testemunhas tardiamente apresentado, tendo em vista o apuramento da verdade e a justa composição do litígio. Esta solução suscita-nos reservas porquanto, sendo generalizada, conduz à postergação total do princípio da autorresponsabilidade das partes.

[268] Manuel Tomé Soares Gomes, *Ibidem*, p. 6.

Os requeridos devem oferecer logo com a contestação as provas, respeitando os limites do Artigo 294º, nº 1, *ex vi* Artigo 926º, nºs 1 e 2, do CPC.

«Não havendo contestação da comunhão, nada obsta a que fique dada como assente a qualidade de comunheiros do autor e dos réus. Não tendo a ação por objeto a definição da compropriedade ou outra forma de comunhão, a situação de comunhão *factualiza-se* e pode ser tratada como matéria de facto.»[269]

Se o réu impugnar a compropriedade invocada pelo autor (al. *c)*), cabe ao autor provar a situação de comunhão. Todavia, «Ao autor não se exige que faça a prova da aquisição originária (*probatio diabolica*) da propriedade ou do direito real em comunhão. O que é facto constitutivo do seu direito, do direito objeto do litígio e em relação ao qual há que observar as regras da substanciação, é tão-somente a situação de comunhão, não os factos de que derivam os direitos em comum.»[270]

A dedução de uma das defesas enumeradas sob *b)* a *e)* dá azo a uma questão prévia geradora do enxerto de uma fase declarativa que pode ser decidida segundo o modelo incidental ou segundo o modelo do processo comum. Apresentada uma contestação em que se suscitem tais questões, sustam-se os termos do processo especial para se conhecer da questão prévia trazida pela contestação.

Tais exceções terão de ser suscitadas na contestação na fase declarativa da ação sob pena de, em princípio, ficar precludido o direito de, posteriormente, os réus poderem suscitar essas exceções (Artigo 573º).[271]

Assim, se houver contestação, o juiz, produzidas as provas necessárias, profere logo decisão sobre as questões suscitadas pelo pedido de divisão, aplicando-se o disposto nos Artigos 294º e 295º (modelo incidental – 926º, nº 2, do CPC). Se, todavia, o juiz verificar que a questão não pode ser sumariamente decidida, mandará seguir os termos, subsequentes à contestação, do processo comum. Ou seja, há que tramitar o processo com observância dos Artigos 591º a 596º se o valor do processo for superior a € 15.000 ou, sendo inferior, com observância do Artigo 597º do CPC.

Conforme já foi visto, a aplicação do regime do processo comum nos termos do Artigo 926º, nº 3, não implica uma alteração da competência do Tribunal da Instância Local Cível (cf. 2.3. *Tribunal competente*, pp. 81-83).

[269] Nuno Andrade Pissarra, *Das Ações Reais*, Volume I, Imprensa FDUL, 2021, p. 1311.

[270] Nuno Pissarra, "Divisão de coisa comum", in Rui Pinto e Ana Alves Leal (Coords.), *Processos Especiais*, Vol. I, AAFDL, 2020, p. 174.

[271] Acórdão do Tribunal da Relação de Guimarães de 10.1.2019, *Moreira Dias*, 293/12.

3.1.3.1. Decisão segundo o modelo incidental

O modelo dos incidentes da instância tem uma estrutura simplificada e reduzida que colhe a sua razão de ser no facto de ter como matriz a tramitação geral dos incidentes, caracterizados como uma questão acessória e secundária, com processado próprio e autónomo face a uma ação principal. Deverá ser este o modelo seguido se a questão suscitada for singela e requerer a produção de restritos meios de prova. Em caso de revelia inoperante, deverá ser – em regra – o modelo a seguir.

Assim, no âmbito do modelo incidental cabe ao juiz:

- Ordenar a realização das diligências probatórias, designadamente as requeridas pelas partes, com observância do disposto nos Artigos 294º e 295º do CPC ex vi Artigo 926º, nº 2;
- Finda a produção da prova, declarar os factos que julga provados e não provados, com apreciação crítica da prova produzida (Artigo 607º, nº s 3 a nº 5, *ex vi* dos Artigos 295º e 926º, nº 2);
- Proferir decisão sobre as questões suscitadas pelo pedido de divisão (926º, nº 2), podendo conhecer – oficiosamente – da questão da indivisibilidade material da coisa, mesmo que as partes não tenham suscitado tal questão (Artigo 926º, nº 4).

Na apreciação da indivisibilidade material, deve o juiz utilizar os critérios acima enunciados quanto à indivisibilidade natural (1.5., pp. 28-30) e indivisibilidade legal (1.7., 1.8., 1.9. e 1.11., pp. 31-54 e 62-67).

Conforme refere MANUEL TOMÉ[272], a decisão poderá consistir numa das seguintes alternativas:

- Julgar improcedente a contestação e procedente a ação. Nesta hipótese, o processo segue para a fase destinada à fixação dos quinhões nos termos do Artigo 927º, nº 1;
- Julgar totalmente improcedente a ação, condenando-se o autor nas respetivas custas, terminando o processo;
- Julgar parcialmente procedente a ação, por eventual reconhecimento da indivisibilidade material da coisa. Nesta hipótese, o processo segue para a conferência de interessados, nos termos do Artigo 929º, nº 2.

[272] *Ibidem*, p. 9.

Da decisão assim proferida, cabe recurso de apelação, a subir imediatamente nos próprios autos com efeito suspensivo (926º, nº 2, 2ª parte), a interpor no prazo de trinta dias (Artigo 638º, nº 1, do CPC), desde que verificada a regra geral da recorribilidade em função do valor (Artigo 629º, nº 1, do CPC).[273]

Encerrada a fase declarativa, é intempestivo o incidente de oposição espontânea que pretende fazer reverter os autos a uma fase processual ultrapassada, pretendendo questionar a divisibilidade da coisa comum.[274]

3.1.3.2. Decisão segundo o modelo de processo comum

A questão suscitada deverá ser decidida segundo o modelo de processo comum se o número de factos em apreciação for elevado, se a factualidade a apurar for complexa, exigindo larga indagação, não se compadecendo com as restrições probatórias do Artigo 294º do CPC.

O despacho que ordene a prossecução do processo sob a forma comum apenas é impugnável no recurso que venha a ser interposto da decisão final (regra da inimpugnabilidade autónoma imediata do Artigo 644º, nº 3, do CPC), desde que verificada a regra da admissibilidade do recurso que decorre do Artigo 629º, nº 1, do CPC.

Seguindo-se os termos do processo comum, a tramitação subsequente será a seguinte:

- Despacho pré-saneador se tal se justificar (Artigo 590º do CPC);
- Convocação ou dispensa da audiência prévia (Artigos 591º a 593º do CPC), não se suscitando aqui particularidades de regime que justifiquem considerações adicionais;
- Eventuais articulados supervenientes (Artigo 588º do CPC);
- Fase da instrução. Nesta fase, justifica-se a realização de prova pericial quando as partes ou o juiz suscitem a questão da indivisibilidade e a prova pericial seja pertinente para dirimir tal questão. Se os peritos concluírem pela divisibilidade, deverão pronunciar-se também sobre a formação dos diversos quinhões (Artigo 926º, nº 5);
- Audiência de julgamento;

[273] «Uma decisão proferida na 1ª instância e que termina a fase declarativa da forma especial de processo, divisão de coisa comum, é uma verdadeira e real sentença» (Acórdão do Supremo Tribunal de Justiça de 21.10.2020, *Jorge Dias*, 583/16).

[274] Acórdão do Tribunal da Relação do Porto de 2.5.2016, *Carlos Gil*, 564/10.

- Sentença cujo dispositivo corresponderá a uma das alternativas já enunciadas em 3.1.3.1. a propósito do modelo incidental.

Se a sentença terminar o processo, cabe recurso de apelação da mesma a subir imediatamente nos próprios autos com efeito meramente devolutivo (Artigos 549º, nº 1, 644º, nº 1, al. *a)*, 645º, nº 1, al. *a)*, e 647º, nº 1, do CPC).

Se a sentença ordenar o prosseguimento do processo para a fase de fixação dos quinhões ou da conferência de interessados, a mesma apenas será impugnável no recurso que venha a ser interposto da decisão final (regra da inimpugnabilidade autónoma imediata do Artigo 644º, nº 3, do CPC), desde que verificada a regra da admissibilidade do recurso que decorre do Artigo 629º, nº 1, do CPC.

3.1.4. Revelia operante

Se os requeridos não contestarem e a revelia for operante (Artigo 567º, nº 1, do CPC, não se verificando nenhuma das situações previstas no Artigo 568º que determinam a inoperância da revelia), e entendendo o juiz que nada obsta à divisão em substância da coisa comum, o processo transita para a fase da perícia destinada à formação de quinhões nos termos do Artigo 927º, nº 1.

O segmento do Artigo 927º, nº 1, "*nada obsta à divisão em substância da coisa comum*" deve ser interpretado no sentido de habilitar o juiz a conhecer oficiosamente de questões de direito que levem à improcedência do pedido de divisão, v.g., indivisibilidade legal, ou de exceções dilatórias insupríveis que conduzam à absolvição da instância, v.g., ineptidão da petição inicial, inidoneidade absoluta da forma de processo, litispendência e caso julgado. Ocorrendo exceção dilatória suprível, devem ser atuados os mecanismos processuais conducentes ao seu suprimento (Artigos 6º, nº 2, 590º, nº 2, al. *a)*, *ex vi* Artigo 549º, nº 1, todos do CPC).

As partes são notificadas para, em dez dias, indicarem os respetivos peritos com vista à formação dos quinhões sob a cominação de, nenhuma delas o fazendo, a diligência ser realizada por um perito único designado pelo juiz (Artigo 927º, nº 1).

Como esta notificação pressupõe a formulação de um juízo sobre a verificação de revelia operante, deve o processo ser concluso previamente, não se aplicando a regra da notificação oficiosa do Artigo 220º, nº 2, do CPC.

3.1.5. Revelia inoperante

Em caso de revelia inoperante, o processo segue a tramitação preconizada para os casos em que ocorre contestação (3.1.3, 3.1.3.1 e 3.1.3.2., pp. 105-109).

3.1.6. Admissibilidade de reconvenção

Nos termos do Artigo 266º, nº 1, do CPC, a reconvenção é admissível quando: o pedido do réu emerge do facto jurídico que serve de fundamento à ação ou à defesa (al. *a)*); o réu se propõe obter a compensação ou tornar efetivo o direito a benfeitorias ou despesas relativas à coisa cuja entrega lhe é pedida (al. *b)*); o réu pretende o reconhecimento de um direito, seja para obter a compensação, seja para obter o pagamento do valor em que o crédito invocado excede o do autor (al. *c)*); o pedido do réu tende a conseguir, em seu benefício, o mesmo efeito jurídico que o autor se propõe obter (al. *d)*).

Exige-se como pressuposto da reconvenção uma conexão objetiva entre o pedido reconvencional e a ação, sendo tal conexão explicitada nos termos das referidas alíneas.

A admissibilidade da reconvenção prevista na primeira parte da al. *a)* tem o sentido de a reconvenção ser admissível quando o pedido reconvencional tenha a mesma causa de pedir da que serve de suporte ao pedido da ação, enquanto a prevista na segunda parte da mesma alínea tem o sentido da reconvenção ser admissível quando o réu invoque, como meio de defesa, qualquer ato ou facto jurídico que se representa no pedido do autor, reduzindo-o, modificando-o ou extinguindo-o.[275] A reconvenção prevista na segunda parte da al. *a)* radica nos factos em que o próprio réu funda uma exceção perentória ou com os quais indiretamente impugna os alegados na petição inicial.[276]

Mariana França Gouveia [277] ensina que «(...) a causa de pedir, para efeitos de admissibilidade de reconvenção, deve ser definida através do facto principal comum a ambas as contrapretensões. / O que significa isto? Que os factos alegados devem ser selecionados através das normas jurídicas alegadas, assim se determinando quais são os principais. Estabe-

[275] Acórdão do Supremo Tribunal de Justiça de 5.3.96, *Fernandes Magalhães*, BMJ nº 455, p. 389; Acórdão do Tribunal da Relação de Lisboa de 19.3.98, *Sousa Dinis*, 0000632.

[276] Lebre de Freitas, *Introdução ao Processo Civil*, Coimbra Editora, 1996, pp. 172-173.

[277] *A causa de pedir na ação declarativa*, Almedina, 2004, p. 270.

lecidos estes, se um deles for principal para a ação e para a reconvenção, haverá identidade de causa de pedir e, logo, estará preenchido o requisito do Artigo 274º, nº 2, al. *a)*[*266º, nº 2, al. a)*]» [278]. Assim, se autor e réu alegam o mesmo contrato como facto constitutivo das suas pretensões, verificada esta coincidência, entende-se que a causa de pedir da ação e da reconvenção é a mesma. [279]

A questão da admissibilidade da reconvenção, independentemente da verificação dos requisitos objetivos de conexão, coloca-se na medida em que «*Não é admissível reconvenção, quando ao pedido do réu corresponda uma forma de processo diferente da que corresponde ao pedido do autor, salvo se o juiz a autorizar, nos termos previstos nos nºs 2 e 3 do Artigo 37º, com as necessárias adaptações*» (Artigo 266º, nº 3, do CPC). Ou seja, o juiz pode admitir a reconvenção se houver um interesse relevante na sua apreciação naquele concreto processo especial de divisão de coisa comum ou se a apreciação conjunta das pretensões for indispensável para a justa composição do litígio. Em qualquer dos casos, o juiz deve adaptar o processado à cumulação de objetos processuais.

Para uma primeira corrente jurisprudencial mais restritiva, se, para se apreciar o pedido reconvencional, for necessário proceder a instrução e observar o contraditório, tal exige uma tramitação que não se compagina com a do processo especial de divisão de coisa comum, salvo se neste foi deduzida contestação que determine o enxerto de uma face declaratória comum. [280]

Nesta eventualidade, em princípio, será de admitir a reconvenção. Na explicação do Acórdão do Tribunal da Relação de Coimbra de 21.10.2003 [281]

> «Em "*princípio*" porque a reconvenção só pode ser conhecida (e nessa medida admitida) em duas circunstâncias: se for ordenada a tramitação comum posterior à contestação; ou se for possível conhecer da reconvenção sem necessidade de instrução, isto é, sumariamente, na fase do saneador, se

[278] Factos principais são aqueles que constam da norma como constitutivos. Aqueles que têm necessariamente de ser provados em qualquer ação com aquele pedido, baseado naquela norma – cf. *Op. Cit.*, p. 268.

[279] *Op. Cit.*, p. 269.

[280] Neste sentido, cf.: Acórdão do Tribunal da Relação de Lisboa de 11.1.2018, *Carla Mendes*, 386-15; Acórdão do Tribunal da Relação de Guimarães de 20.9.2018, *Barroca Penha*, 242/17; Acórdão do Tribunal da Relação de Lisboa de 4.6.2020, *Sousa Pinto*, 1842/19.

[281] Sendo relator *Coelho de Matos*, 1460/03.

aí também forem conhecidas as questões que a contestação opõe é petição inicial (pedido inicial e, ou, causa de pedir).

Vejamos:

Se tiver de prosseguir a causa enxertada, comandada pela contestação, então os termos do processo comum correspondentes ao valor da causa, permitem que se conheça também da reconvenção, uma vez que não existe, então, o obstáculo da forma de processo (falamos em termos de serem supostos os restantes requisitos).

Mas se as questões opostas (à petição inicial) pela contestação poderem ser logo decididas sumariamente, sem necessidade de instrução, só faz sentido admitir a reconvenção se também aí se poder, da mesma forma, conhecer dela.

Isto porque a primeira decisão ou coloca a petição inicial em condições de prosseguir, recomeçando a tramitação adequada ao processo especial, ou extingue a instância, se tiver dado vencimento à oposição ao pedido de divisão de coisa comum.

No primeiro caso voltamos a deparar-nos com a incompatibilidade processual e no segundo com a total falta de sentido que o processo prossiga, para conhecer da reconvenção, quando já se extinguiu a instância.

Por tudo isto, (...) em princípio é possível deduzir reconvenção no processo de divisão de coisa comum sempre que haja contestação. Se, no entanto, as questões deduzidas na contestação, no confronto com o pedido inicial, forem decididas sumariamente sem que haja de prosseguir a causa nos termos do processo comum, a reconvenção só é admissível se também dessa forma poder ser decidida.» [282]

[282] Em sentido absolutamente equivalente, vejam-se: o Acórdão do Tribunal da Relação de Lisboa de 4.3.2010, *Fátima Galante*, 1392/08; Acórdão do Tribunal da Relação do Porto de 3.10.96, *Mário Cruz*, 9720314; Acórdão do Tribunal da Relação de Coimbra de 12.3.2013, *Alberto Ruço*, 81/12; Marco Aço e Borges, *A demanda reconvencional*, Quid Iuris, 2008, pp. 386-387. Também Manuel Tomé Gomes, *Ibidem*, p. 7, é perentório ao afirmar que: "(...) só poderá ser admitida a reconvenção se, face à complexidade da causa, o juiz mandar seguir os termos do processo comum , de acordo com o preceituado no art. 1053º, nº 3, do CPC [*atual Artigo 926º, nº 3*], e a contestação não tenha de ser logo julgada improcedente no saneador. Pelo contrário, procedendo-se a julgamento sumário, nos termos previstos no citado art. 1053º, nº 2 [*atual Artigo 926º, nº 2*], ou julgando-se, desde logo no saneador, improcedente a contestação com a imediata transição ara a fase pericial (art. 1054º,nº 1, CPC) [*atual Artigo 927º, nº 1*], a tramitação a seguir torna-se processualmente incompatível com os termos adequados à instrução e julgamento do pedido reconvencional, devendo este ser rejeitado a coberto do art. 274º, nº 3, do CPC [*atual Artigo 266º, nº 3*]".

Assim, será admissível a reconvenção formulada em contestação em que os réus não só pedem a improcedência do pedido dos autores, como a condenação destes a reconhecer que os reconvintes são donos de todo o prédio.[283]

Será também admissível a reconvenção numa ação instaurada no pressuposto da indivisibilidade do prédio, vindo os requeridos arguir que o prédio se encontra já dividido em prédios distintos, divisão essa consolidada por usucapião que os réus invocam em via reconvencional. A ação prosseguirá para ser apreciado tal pedido reconvencional. Se ficar provada a usucapião (e em consonância com a tese que dá prevalência ao instituto da usucapião sobre outras normas substantivas e de direito do urbanismo, cf. pp. 41-46), improcede a ação e procede a reconvenção, findando o processo. Se a reconvenção improceder, fica assente a indivisibilidade do prédio, prosseguindo o processo com a designação de data para a conferência de interessados.

Cremos que os atuais princípios da gestão processual[284] e da adequação formal impõem uma aplicação mais ágil e flexível do regime do Artigo 266º, nº 3, do CPC, sempre no intuito de maximizar a celeridade e economia processuais desde que não se postergue os demais princípios processuais, designadamente os do contraditório e da igualdade das partes.

Nessa medida, é de subscrever o entendimento de que «(...) o interesse em discutir e decidir todas as questões que, para além da divisão, envolvem os prédios dividendos, como seja a apreciação de um direito por **benfeitorias** invocado por um dos comproprietários, evitando dessa forma que ele se veja compelido a recorrer à propositura de uma outra ação para ver o seu direito reconhecido, para além de não beliscar qualquer daqueles princípios estruturantes, assume indiscutível relevância e que justifica plenamente a admissão da reconvenção», mesmo que a reconvenção admitida seja a única justificação para a abertura de uma fase declarativa de

[283] Acórdão do Tribunal da Relação de Coimbra de 9.1.2001, *Eduardo Antunes*, CJ 2001-I, pp. 7-9.

[284] Teixeira de Sousa, *CPC ONLINE CPC – LIVRO II*, em anotação ao artigo 266º, entende que é aceitável a dedução de pedido reconvencional seja quando o processo venha a seguir os termos do processo comum (art. 926º, nº 3), seja quando se justifique recorrer aos poderes de gestão processual (nº 3; tb art. 37º, nº 3). Por sua vez, Nuno Andrade Pissarra, *Das Ações Reais*, Volume I, Imprensa FDUL, 2021, p. 1313 (2977) admite expressamente a compensação por benfeitorias feitas na coisa dividenda.

processo comum.[285] Conforme refere NUNO PISSARRA, nesta situação o que fundamenta a admissão da reconvenção não é o processamento pelo processo comum mas a excecional autorização da reconvenção à luz do nº 2, do Artigo 37º do CPC.[286]

No que tange à admissibilidade do pedido reconvencional com fundamento em **benfeitorias**, acompanhamos também a análise de TEIXEIRA DE SOUSA:

> «(...) não parece impossível aplicar, numa ação de divisão de coisa comum, o disposto, quanto ao pedido reconvencional relativo a benfeitorias, no art. 266º, nº 2, al. *b)*, CPC. No fundo, o que o autor dessa ação pretende é a entrega da parcela que tem na coisa indivisa, pelo que não é impossível entender que, se a parte demandada tiver direito a benfeitorias por obras que realizou na coisa indivisa, possa fazer valer esse direito na ação pendente. Portanto, o requisito da conexão objetiva entre os pedidos encontra-se preenchido.
>
> Sendo assim, o que importa analisar é se permanecem outros obstáculos à admissibilidade do pedido reconvencional relativo a benfeitorias na ação de divisão de coisa comum.
>
> A alternativa à inadmissibilidade da dedução do pedido reconvencional relativo a benfeitorias é, naturalmente, a necessidade de fazer valer esse direito numa ação autónoma. Por isso, o que, em termos de exercício dos poderes de gestão processual, tem de ser ponderado é se é justificado "complicar" a ação de divisão de coisa comum para permitir a resolução definitiva da situação das partes e evitar uma ação autónoma. É claro que a ação de divisão se "complica"; mas o que tem de ser ponderado é se essa "complicação" evita outras "complicações".
>
> Atendendo especialmente ao disposto no art. 929º, nº 2, CPC (aplicável no caso *sub iudice* pela circunstância de a coisa ser indivisível), era desejável que, no acerto de contas entre as partes, pudesse tomar-se em consideração o eventual direito a benfeitorias da parte demandada.
>
> Pelo exposto, nada impediria que, através da aplicação dos poderes de gestão processual (art. 6º, nº 1, e 547º CPC), o pedido reconvencional relativo

[285] Cf.: Acórdãos do Tribunal da Relação de Guimarães de 25.9.2014, *Carlos Guerra*, 260/12, de 25.5.2017, *Ana Cristina Duarte*, 1242/09, da Relação de Lisboa de 24.9.2015, *Vaz Gomes*, 2510/14, do Supremo Tribunal de Justiça de 1.10.2019, *José Rainho*, 385/18. Contra: Acórdão do Tribunal da Relação de Lisboa de 25.6.2020, *Teresa Sandiães*, 329/18.

[286] "Divisão de coisa comum", in RUI PINTO e ANA ALVES LEAL (Coords.), *Processos Especiais*, Vol. I, AAFDL, 2020, p. 172.

às benfeitorias fosse considerado admissível. Note-se que o exercício desses poderes pode ir para além do disposto nos nº 2 e 3 do art. 37º CPC, para o qual remete o art. 266º, nº 3, CPC.

b) Num outro plano, pode ainda perguntar-se se, na hipótese de o direito a benfeitorias pertencer à parte demandante, seria impensável admitir que esse direito pudesse ser feito valer na ação de divisão de coisa comum. Se não se descortinam razões para considerar inadmissível essa cumulação de pedidos pela parte demandante, então, por imposição do princípio da igualdade das partes, também a dedução de um idêntico pedido pela parte demandada não pode ser inadmissível.»[287]

A maioria da jurisprudência vem admitindo a formulação de pedido reconvencional quando este visa obter:

- O ressarcimento do consorte reconvinte pela sua maior contribuição (além da sua quota) para a aquisição do bem, p. ex., no pagamento das prestações do mútuo bancário contraído para aquisição do imóvel;[288]
- A condenação do reconvindo a pagar ao reconvinte as despesas referentes ao condomínio, IMI do prédio, seguro de crédito, obras de melhoramento, que o reconvinte suportou além da sua quota.[289]

[287] Comentário no blog do IPPC, datado de 8.1.2021.

[288] Cf.: Acórdão do Supremo Tribunal de Justiça de 25.5.2021, *Jorge Dias*, 1761/19; Acórdãos do Tribunal da Relação do Porto de 15.4.2021, *Carlos Portela*, 9133/20, de 8.11.2022, *Rui Moreira*, 5744/20; Acórdão do Tribunal da Relação de Lisboa de 4.2.2021, *Teresa Pardal*, 11259/18; Acórdãos do Tribunal da Relação de Évora de 17.1.2019, *Albertina Pedroso*, 764/18, de 29.4.2021, *Cristina Dá Mesquita*, 4300/19, de 10.11.2022, *Anabela Carvalho*, 469/21.
Contra: Acórdão do Tribunal da Relação de Coimbra de 3.11.2020, *Freitas Neto*, 1761/19 e Acórdão do Tribunal da Relação de Évora de 15.9.2022, *Sequinho dos Santos*, 249/21, sustentando-se neste aresto a inadmissibilidade da compensação (Art. 266º, nº 2, al. *c)*) na medida em que o direito potestativo à divisão tem natureza real e não creditícia.

[289] Cf.: Acórdão do Supremo Tribunal de Justiça de 26.1.2021, *Maria João Vaz Tomé*, 1923/19; Acórdãos do Tribunal da Relação de Lisboa de 8.6.2021, *Cristina Coelho*, 13686/20, de 13.7.2021, *Luís Filipe Sousa*, 967/20, de 22.3.2022, *José Capacete*, 823/20, de 24.11.2022, *Vaz Gomes*, 2562/21; Acórdão do Tribunal da Relação do Porto de 30.6.2022, *Filipe Caroço*, 179/22; Acórdão do Tribunal da Relação de Guimarães de 4.11.2021, *Raquel Rego*, 4876/19; Acórdão do Tribunal da Relação de Évora de 7.5.2020, *Mata Ribeiro*, 3395/19, www.colectaneadejurisprudencia.com, de 14.10.2021, *Cristina Dá Mesquita*, 206/19, www.colectaneadejurisprudencia.com.

Atenta a noção de causa de pedir para efeitos de admissibilidade da reconvenção (cf. pp. 110-111), entendemos que, nos casos ora enunciados, o pedido reconvencional ancora-se na al. *a)*, do nº 2, do Artigo 266º na medida em que o pedido reconvencional emerge do facto jurídico que serve de fundamento à ação, qual seja a ***situação de contitularidade sobre uma coisa ou um direito*** (cf. p. 102) vindo um dos contitulares exercer o seu direito à dissolução da comunhão.[290] O exercício desse direito à dissolução da comunhão constitui ensejo privilegiado para que os consortes liquidem os créditos e débitos que emergem, *direta e indissoluvelmente*, da contitularidade da coisa ou direito cuja divisão é peticionada, como são os casos das despesas com os mútuos hipotecários, condomínio, IMI, seguros de vida, sendo todos estes encargos derivados intrinsecamente da contitularidade da coisa ou direito. Em contraponto, já não será admissível pedido reconvencional em que um dos consortes peticione o pagamento de uma quantia com fundamento no outro consorte ter, por exemplo, ocupado exclusivamente o imóvel após a separação porquanto aqui está em causa, em primeira linha, a relação de liquidação emergente da cessação da união de facto e não despesas derivadas da mera contitularidade do imóvel.[291] Dito de outra forma, não será de admitir pedido reconvencional em que o consorte reconvinte peticione uma indemnização ao reconvindo pela privação de uso do imóvel porquanto a apreciação conjunta das pretensões não se mostra justificada em razão de um interesse relevante nem se revela indispensável para a justa composição do litígio.[292]

Note-se que a circunstância de um dos contitulares ter suportado mais de metade das prestações do mútuo bancário celebrado para a aquisição do imóvel não tem a virtualidade de alterar a proporção das quotas.[293]

[290] Conforme refere Nuno Andrade Pissarra, *Das Ações Reais*, Volume I, Imprensa FDUL, 2021, pp. 1307-1308: «(...) a causa de pedir da ação de divisão de coisa comum atual é integrada pela existência (ou persistência) da situação de comunhão e não pelos factos jurídicos concretos de que derivam os direitos em comunhão ou a situação de comunhão. A ação de divisão de coisa comum não é uma ação real. O direito feito valer na ação de divisão de coisa comum, o direito seu fundamento, é (como era) pessoal, é o «[d]ireito de exigir a divisão» aos consortes, conforme se lê na epígrafe do art. 1412º do CC.»

[291] Cf.: Acórdãos do Tribunal da Relação de Lisboa de 13.7.2021, *Luís Filipe Sousa*, 967/20, de 22.3.2022, *José Capacete*, 823/20.

[292] Acórdão do Tribunal da Relação de Lisboa de 11.3.2021, *António Santos*, 2846/20.

[293] Cf. Acórdão do Tribunal da Relação de Lisboa de 13.7.2021, *Luís Filipe Sousa*, 967/20. «A presunção de igualdade das quotas só pode ser afastada com recurso a elementos do próprio título de constituição, e não por elementos exteriores, sendo inadmissível a prova

O que não nos parece admissível é admitir a reconvenção nos termos estritos da al. *c)*, do nº 2, do Artigo 266º, ou seja, para efeitos de **compensação** com o direito a tornas que venha a ser atribuído ao consorte reconvindo na posterior fase executiva do processo (artigo 929º, nº 2). Em primeiro lugar, porque o direito que o autor exerce *ab initio* não é um direito de crédito em sentido estrito, mas sim um direito potestativo à dissolução da comunhão (cf. Artigo 847º, nº 1, als. *a)* e *b)*, do Código Civil). Em segundo lugar, a decisão sobre a reconvenção inscreve-se ainda na fase declarativa desta ação especial de modo que, condicionar a procedência da reconvenção a um eventual crédito do reconvindo que só será definido mais tarde na fase executiva seria, na prática, admitir uma compensação diferida, o que não é admissível (cf. Artigo 848º, nº 2, do Código Civil).[294] Neste sentido, é correta a asserção de que não será de admitir a reconvenção formulada pelos réus, assente em direito de crédito, para efeitos de eventual compensação porquanto não é certo que, das operações de divisão da coisa comum, resulte um crédito do autor sobre os réus, para preenchimento da quota daquele, em resultado de adjudicação do bem aos réus.[295]

Sendo a formulação da reconvenção facultativa, o réu – que não tenha reconvindo no processo especial de divisão de coisa comum com tal fundamento – pode reclamar o valor das benfeitorias em processo comum posterior.[296]

testemunhal para o efeito» (Acórdão do Tribunal da Relação de Coimbra de 12.9.2017, *Jorge Arcanjo*, 1229/14).

[294] Conforme se refere em João de Castro Mendes e Miguel Teixeira de Sousa, *Manual de Processo Civil*, Vol. I, AAFDL, 2022, p. 456, a «(...) condenação sob reserva não é admissível. Portanto, o tribunal tem de aguardar a decisão relativa ao contracrédito para decidir, nesse momento, a eventual compensação e para, no caso de a considerar improcedente, julgar procedente o pedido do autor.»

[295] Cf. Acórdão do Tribunal da Relação de Coimbra de 12.3.2013, *Sílvia Pires*, 86/11. **Contra**: Acórdãos do Tribunal da Relação de Lisboa de 15.3.2018, *António Valente*, 2883/15, de 15.9.2022, *Maria José Mouro*, 4941/12.

No Acórdão do Tribunal da Relação do Porto de 26.1.2021, *Anabela Dias da Silva*, 159/19, também não se admitiu a reconvenção com fundamento em despesas com vista ao reconhecimento desse crédito a ser efetivado aquando da adjudicação ou venda do imóvel por se entender que a admissibilidade do pedido reconvencional não pode depender de condição futura e incerta, exigindo-se que os respetivos requisitos se mostrem reunidos aquando da sua dedução.

[296] Cf. Acórdão do Tribunal da Relação de Lisboa de 29.10.2015, *Teresa Albuquerque*, 2263/12 e Acórdão do Supremo Tribunal de Justiça de 29.9.2011, *Lopes do Rego*, 3831/05. Contra a

3.1.7. Fase de fixação de quinhões

Nos termos do Artigo 927º, nº 1, esta fase ocorrerá quando – nada obstando à divisão em substância da coisa comum – não houver contestação, sendo a revelia operante (i) ou quando a contestação tiver sido julgada improcedente, na fase declarativa (ii).

Tem por finalidade a composição dos quinhões a atribuir aos consortes, em regra, em função das respetivas quotas.

No que tange à respetiva tramitação, aplicam-se as disposições gerais sobre produção de prova pericial (*ex vi* Artigo 549º, nº 1, do CPC).

Merecem, contudo, considerações circunstanciadas os seguintes aspetos.

No requerimento em que indiquem os seus peritos, as partes poderão enunciar as questões de facto que pretendem que sejam objeto da perícia. A omissão de tais questões não deve ter o efeito de rejeição previsto no Artigo 475º, nº 1, do CPC porquanto as partes já terão indicado nos seus articulados os termos em que pretendem a divisão.

No caso de uma das partes não indicar o seu perito, deverá o juiz nomear tal perito em substituição da parte.[297]

A Secção deve proceder ao cálculo dos encargos a pagar pelas partes, notificando-as para procederem ao pagamento no prazo de dez dias, sob pena de não realização da prova pericial (Artigos 16º, nº 1, al. *h)*, 20º, nº 1, 23º, nº 1, do Regulamento das Custas Judiciais).

No caso de divisibilidade da coisa comum, os peritos procederão à sua divisão material, formando quinhões.

Concluindo pela indivisibilidade da coisa, deverão os peritos pronunciar-se nesse sentido, escusando-se a formar os quinhões (Artigo 928º).

Pese embora o teor literal do Artigo 927º, nº 3 ("o *juiz decide segundo o seu prudente arbítrio, podendo fazer preceder a decisão da realização de segunda perícia*"), não está vedado às partes requerer segunda perícia, nos termos gerais, por aplicação subsidiária do Artigo 487º do CPC *ex vi* Artigo 549º, nº 1.[298]

No requerimento em que pede a realização da segunda perícia, deve a parte indicar fundadamente as razões da sua discordância relativamente ao relatório pericial apresentado. Não basta, pois, a parte requerer a realização de segunda perícia, sendo-lhe exigido que concretize os pontos

admissibilidade do pedido reconvencional com fundamento em **benfeitorias**, cf. Acórdão do Tribunal da Relação de Lisboa de 25.6.2020, *Teresa Sandiães*, 329/18.

[297] Manuel Tomé Gomes, *Ibidem*, p. 14.

[298] Manuel Tomé Gomes, *Ibidem*, p. 16.

que não encontra suficientemente esclarecidos na primeira, enunciando as razões por que entende que esse resultado deverá ser diferente. [299] Sendo feito tal enunciado, não cabe ao juiz pronunciar-se quanto ao mérito do mesmo, devendo deferir a realização da segunda perícia.

Quanto à valoração do laudo pericial pelo juiz há que ter presente que a força probatória emanada do laudo pericial reside:

- No fundamento científico das suas asserções;
- Na consistência do juízo técnico emitido;
- Na maior ou menor fundamentação e razão de ciência reveladas, devendo em princípio prevalecer as conclusões periciais que se mostrem dotadas de uma superior explicação racional.

Estes critérios sobrelevam face a outros estribados no número de laudos confluentes e na proveniência subjetiva do laudo, sendo certo que constitui jurisprudência reiterada que o perito do tribunal, não estando comprometido com os interesses das partes, assumirá maior objetividade no seu desempenho.

Em caso de ocorrência de laudos perícias contraditórias, os fatores que deverão ser tidos em conta para apreciar a força de convicção dos laudos e a escolha por um em detrimento de outros serão nomeadamente os seguintes:

- A qualificação do perito e a maior especialização e prática na matéria objeto da perícia;
- O método de proceder utilizado mediante a descrição das operações levadas a cabo pelo perito, pois na perícia tão importante como a conclusão é o que caminho que se seguiu para chegar a esta;
- O contacto direto e a imediação temporal no exame que constitui a fonte de prova;
- A disponibilidade de meios técnicos e equipamentos de análise, assim como o procedimento utilizado pelo perito; ou a justifica-

[299] Neste sentido: Abrantes Geraldes, Paulo Pimenta e Luís Filipe Sousa, *CPC Anotado*, Vol. I, 2ª ed., 2020, p. 567 e os seguintes acórdãos: Acórdão do Tribunal da Relação do Porto de 23.11.06, *Amaral Ferreira*, acessível 36189, de 7.10.08, *Pinto dos Santos*, 0821979, de 20.4.09, *Guerra Banha*, 2665/05, de 13.9.07, *Mário Serrano*, 1861/07, Acórdãos do Tribunal da Relação de Lisboa de 28.9.06, *Olindo Geraldes*, 6592/2006, de 15.12.2022, *Maria do Céu Silva*, 2851/20.

ção de o perito ter optado por um dos procedimentos possíveis em detrimento de outros;

- A coerência, motivação e racionalidade das conclusões. A prova pericial mais apropriada é aquela que se apresenta melhor fundamentada e veicula maiores razões de ciência e objetividade[300].

O juiz não é um recetor passivo da opinião do perito, assistindo-lhe o poder/dever de valorar autonomamente tal prova. Neste âmbito, é conhecido o brocardo ***iudex peritus peritorum*** cujo sentido específico merece densificação.

A análise crítica que o juiz faz do laudo servirá para adquirir um convencimento sobre o seu resultado, assumindo ou não as conclusões do laudo, das quais extrairá as máximas da experiência necessárias para a apreciação dos factos relevantes. O juiz valora as máximas de experiência especializadas trazidas pelo perito aplicando máximas de experiência comuns para o que não são necessários conhecimentos especializados, mas apenas capacidade crítica de entendimento e apreciação.

O juiz aprecia o rigor do método, a veracidade das suas premissas e a consistência das suas conclusões. O que se exige é que o juiz seja capaz de valorar se está perante uma forma de conhecimento dotada de dignidade e validade científica, e se os métodos de investigação e controlo típicos dessa ciência foram corretamente aplicados no caso concreto. Em suma, trata-se de confirmar se existem condições de cientificidade da prova.[301]

O juiz decidirá sobre a formação dos quinhões, segundo o seu prudente arbítrio, com base nos resultados da perícia e após a realização das diligências necessárias que seja permitido às partes requerer ou ordenadas pelo próprio juiz, com observância do formalismo simplificado previsto nos Artigo 294º e 295º (Artigo 927º, nº 3, do CPC).

O prudente arbítrio do julgador tem de ser entendido como pressupondo uma apreciação jurisdicional necessariamente "não arbitrária", efetuada segundo critérios de ponderação e razoabilidade, que oriente os

[300] Maria Angeles Martínez Urrea, "La valoración de dictámes periciales contraditórios", in *Aspectos problemáticos en la valoración de la prueba civil*, Bosch Procesal, 2008, p. 109.

[301] Cf. Michele Taruffo, *La Prueba*, Marcial Pons, 2008, pp. 293-295.
Para uma análise mais circunstanciada dos critérios de valoração da prova pericial, cf. o nosso *Direito Probatório Material Comentado*, Almedina, 2020, pp. 184-196.

critérios de conveniência e de oportunidade que estão na sua base sempre em função da realização dos fins do processo (a justa composição do litígio com respeito pelos direitos e garantias processuais das partes).[302]

Esta fixação dos quinhões deve preceder a conferência de interessados.

A decisão de fixação dos quinhões será impugnável no recurso que venha a ser interposto da decisão final (regra da inimpugnabilidade autónoma imediata do Artigo 644º, nº 3, do CPC), desde que verificada a regra da admissibilidade do recurso que decorre do Artigo 629º, nº 1, do CPC (cf. Artigo 549º, nº 4, do CPC).

Este regime de recurso tem o manifesto inconveniente de se realizar a conferência de interessados sem que os quinhões se encontrem definitivamente formados, conforme preconizava ALBERTO DOS REIS.[303]

3.1.8. Fase da conferência de interessados

Quando se trate de coisa divisível, a conferência de interessados visa obter o concurso dos consortes para a adjudicação dos quinhões por acordo ou, na falta desse, por sorteio (Artigo 929º, nº 1).

O Artigo 929º, nº 2, não exige a presença de todos os interessados para que possa haver acordo quanto à adjudicação dos bens a algum deles. ALBERTO DOS REIS [304] já afirmava que «(...) para o acordo basta a deliberação dos interessados que compareceram. Se faltarem à conferência alguns interessados que tenham sido notificados, o acordo dos interessados presentes obriga-os.»

A lei fala de acordo e não de deliberação por maioria pelo que é necessário que todos os interessados presentes concordem na adjudicação e no preço por que ela é feita. As ausências dos interessados notificados não inviabilizam, *ipso facto*, o acordo. [305]

Quando compareça na conferência apenas um dos interessados, não poderá haver acordo, devendo aplicar o disposto no Artigo 929º, nº 2, segunda parte ("*... é a coisa vendida, podendo os consortes concorrer à venda*").[306]

[302] Cf. Acórdãos do Tribunal da Relação do Porto de 1.7.2004, *Pinto de Almeida*, 0431197, de 31.1.2008, *Ataíde das Neves*, 0735715.

[303] *Ibidem*, p. 43.

[304] *Ibidem*, p. 47.

[305] Acórdão do Tribunal da Relação de Lisboa de 26.10.2006, *Granja da Fonseca*, 8244/2006.

[306] Acórdãos do Supremo Tribunal de Justiça de 18.2.2021, *Nuno Pinto Oliveira*, 3585/19, de 18.2.2021, *Manuel Capelo*, 378/180.

Se houver interessados incapazes ou ausentes, o acordo tem de ser autorizado judicialmente, ouvido o Ministério Público (Artigo 929º, nº 3).

Soçobrando o acordo, proceder-se-á ao encabeçamento dos quinhões por sorteio (Artigo 929º, nº 1).

Se for adjudicado a um consorte bens imobiliários em valor superior à sua quota-parte, o excesso da quota-parte está sujeito a imposto municipal sobre as transmissões onerosas de imóveis (Artigo 2º, nº 5, al. *c)*, e 4º, al. *a)*, do Código do Imposto Municipal Sobre as Transmissões Onerosas de Imóveis – CIMT). A certidão da ata da conferência de interessados serve de base à liquidação (Artigo 23º do CIMT), devendo o imposto ser pago nos trinta dias subsequentes à conferência de interessados (Artigo 36º, nº 3, do CIMT).

Não podem ser atendidos em juízo nem perante qualquer autoridade os documentos ou títulos respeitantes a transmissões pelas quais se devesse ter pago IMT, sem a prova de que o pagamento foi feito (Artigo 52º do CIMT).

Deste modo, a sentença homologatória só deverá ser proferida após a junção do documento comprovativo do pagamento do IMT.

Na sentença homologatória deve o juiz condenar os interessados nas custas do processo, na proporção dos quinhões atribuídos de acordo com o princípio subsidiário do proveito processual (Artigo 527º, nº 1, *in fine*, do CPC).[307]

Para que possa ser tributada a título de mais-valias (IRS, categoria G) a venda de imóvel efetuada após divisão de coisa comum, decorrente de bens herdados, é essencial que seja determinado o exato valor do bem que coube ao vendedor na anterior divisão de coisa comum e esse valor, por sua vez, tem que ter uma correspondência direta e imediata no valor dos bens herdados.[308]

3.2. Tramitação no caso de indivisibilidade material

A ação de divisão de coisa comum indivisível segue os termos acima indicados para a ação de divisão de coisa divisível com as especificidades que a seguir se enumeram.

[307] Cf. Salvador Da Costa, *Regulamento das Custas Processuais*, 2009, p. 44.

[308] Acórdão do STA de 19.10.2016, *Aragão Seia*, 01686/15.

3.2.1. Petição inicial

Se o autor parte do pressuposto que a coisa é indivisível, cabe-lhe alegar a razão da indivisibilidade, a qual poderá ser natural (cf. *supra* 1.5, pp. 28-30), convencional (cf. *supra* 1.6, p. 31) ou legal (cf. *supra* 1.7., 1.8., 1.9. e 1.11., pp. 31-54 e 62-67).

O autor deve concluir pela adjudicação da coisa a alguns dos comproprietários ou pela sua venda.

3.2.2. Citação

Os requeridos são citados para contestar, sob cominação de não o fazendo, se proceder à adjudicação ou à venda da coisa. Conforme refere Manuel Tomé Gomes[309], apesar desta cominação não resultar expressamente das disposições do processo especial em causa, tal cominação impõe-se atentos os efeitos cominatórios da revelia, aplicando-se subsidiariamente o Artigo 563º *ex vi* Artigo 549º , nº 1, do CPC.

3.2.3. Contestação

Na contestação, podem os requeridos deduzir defesa por impugnação ou nos termos já referidos em 3.1.3. (à exceção da al. *e)* aí referida), podendo suscitar a questão da divisibilidade material da coisa.

O processo prosseguirá nos termos enunciados em 3.2.5.1. (pp. 123-124).

3.2.4. Revelia

Se os requeridos não contestarem, sendo a revelia operante (Artigo 567º, nº 1, não se verificando nenhuma das situações do Artigo 568º do CPC), produz-se um efeito cominatório semipleno nos termos do Artigo 925º, *a contrario sensu*, transitando o processo para a fase da conferência de interessados. Isto sem prejuízo de o juiz poder conhecer, oficiosamente, da questão da indivisibilidade (Artigos 926º, nº 3, e 927º, nº 1). Se o juiz decidir que a coisa é afinal divisível, mandará notificar as partes para indicarem peritos nos termos do nº 1, do Artigo 927º do CPC.

3.2.5. Termos subsequentes da fase declarativa

3.2.5.1. Havendo contestação ou revelia inoperante

Havendo contestação ou sendo a revelia inoperante (cf. Artigo 568º do CPC), seguir-se-ão os termos já explanados em 3.1.3.1. (decisão segundo

[309] *Ibidem*, p. 22.

o modelo incidental, pp. 107-108) ou 3.1.3.2. (decisão segundo o modelo de processo comum, pp. 108-109), consoante a simplicidade ou complexidade das questões suscitadas.

Quer o processo prossiga segundo os trâmites do modelo incidental quer em obediência aos trâmites do modelo comum, se houver lugar à produção de prova quanto à questão da indivisibilidade, podem os peritos concluir pela divisibilidade material da coisa. Nessa eventualidade, deverão desde logo pronunciar-se sobre a formação dos diversos quinhões (Artigo 926º, nº 5, do CPC), seguindo-se o disposto no nºs 2 e 3, do Artigo 927º.

A decisão final da fase declarativa poderá ser uma das seguintes:

- Julgar improcedente a contestação, reconhecendo a indivisibilidade material da coisa e, consequentemente, mandando prosseguir os autos para a fase da conferência de interessados;
- Julgar a ação parcialmente procedente, reconhecendo a divisibilidade material da coisa e decidindo sobre a forma de composição dos quinhões, ao que se seguirá também a fase da conferência de interessados;
- Julgar a ação totalmente improcedente, pondo assim termo ao processo.

Da decisão proferida segundo o modelo incidental, cabe recurso de apelação, a subir imediatamente nos próprios autos com efeito suspensivo (926º, nº 2, 2ª parte).

Se a sentença terminar o processo, da mesma cabe recurso de apelação a subir imediatamente nos próprios autos com efeito meramente devolutivo (Artigos 549º, nº 1, 644º, nº 1, al. *a*), 645º, nº 1, al. *a*), e 647º, nº 1 do CPC).

Se a sentença ordenar o prosseguimento do processo para a fase da conferência de interessados, a mesma apenas será impugnável no recurso que venha a ser interposto da decisão final (regra da inimpugnabilidade autónoma imediata do Artigo 644º, nº 3, do CPC), desde que verificada a regra da admissibilidade do recurso que decorre do Artigo 629º, nº 1, do CPC.

3.2.5.2. Em caso de revelia operante

Se os requeridos não contestarem e a revelia for operante, o processo deve ser concluso ao juiz para que designe dia para a conferência de interessados para os fins referidos no Artigo 929º, nº 2.

Isto sem prejuízo de o juiz poder conhecer oficiosamente de questões de direito que levem à improcedência da ação ou de exceções dilatórias insupríveis que conduzam à absolvição da instância, v.g., ineptidão da petição inicial, inidoneidade absoluta da forma de processo, litispendência e caso julgado. Ocorrendo exceção dilatória suprível, devem ser atuados os mecanismos processuais conducentes ao seu suprimento (Artigos 6º, nº 2 e 590º, nº 2, al. *a)*, *ex vi* Artigo 549º, nº 1, todos do CPC).

Se o juiz concluir pela divisibilidade material da coisa, deverá declará-la, ordenando que o processo prossiga para a fase de composição dos quinhões nos termos do Artigo 927º, nº 1.

3.2.5.3. Conferência de interessados

Em caso de indivisibilidade material, a conferência de interessados visa obter o acordo dos comproprietários para a adjudicação da coisa a algum ou a alguns deles, inteirando-se os demais em dinheiro (divisão em valor), nos termos do Artigo 929º, nº 2.

A conferência realiza-se quando:

- Em caso de revelia operante, não haja motivos para pôr termo ao processo ou não se suscitem questões quanto à indivisibilidade, de que cumpra ao juiz conhecer oficiosamente;
- Tendo havido contestação ou revelia inoperante seguida de fase declarativa segundo o modelo incidental, haja decisão definitiva transitada em julgado reconhecendo a indivisibilidade da coisa;
- Tendo havido contestação ou revelia inoperante seguida de fase declarativa segundo o modelo do processo comum, haja decisão reconhecendo a indivisibilidade material da coisa.

Quanto ao modo de deliberação (por unanimidade e não por maioria), aplica-se *mutatis mutandis* o que ficou dito sob 3.1.8. (pp. 121-122).

Os interessados podem acordar que a coisa seja adjudicada a algum ou a alguns (em regime de compropriedade) dos consortes com o preenchimento em dinheiro das quotas dos demais, fixando o valor da adjudicação. O acordo é vinculativo para os faltosos.

Caso os interessados não declarem receber em mão o valor da sua quota-parte em tornas, serão notificados para reclamar o respetivo pagamento.

Formulado o pedido de pagamento de tornas pelo comproprietário credor das mesmas, a tramitação subsequente é a seguinte:

- Notificação do interessado a quem foi adjudicada a coisa para efetuar o depósito das quantias destinadas ao preenchimento da quota do consorte (Artigo 929º, nº 5);
- Não sendo efetuado tal depósito, o titular da quota a preencher pode requerer que lhe seja adjudicada a coisa, contanto que deposite imediatamente a importância das tornas que, por virtude da adjudicação, tenha de pagar (Artigo 929º, nº 6);
- Sendo vários interessados a requerer a adjudicação nos termos do Artigo 929º, nº 5, e não havendo acordo em adjudicar a coisa a um ou a alguns deles, a adjudicação é feita por sorteio (Artigo 929º, nº 7);
- Pode ainda o interessado credor requerer que, transitada em julgado a sentença homologatória, se proceda no mesmo processo à venda do bem adjudicado para pagamento das quotas em falta (Artigo 929º, nº 8).

Atenta a atual redação dos nºs 5 a 8 do Artigo 929º, o pedido de pagamento de tornas feito por um interessado não aproveita aos demais consortes credores de tornas.

Se não for reclamado o pagamento das quotas que faltem preencher, vencer-se-ão juros legais desde a data da sentença, podendo os credores registar hipoteca legal sobre o bem adjudicado (Artigo 929º, nº 4, do CPC).

No que tange ao pagamento de IMT e à sentença homologatória, aplica-se *mutatis mutandis* o que ficou dito sob 3.1.8. (pp. 121-122).

Frustrando-se o acordo sobre a adjudicação da coisa indivisível, deve o juiz ordenar a venda da coisa em execução, podendo os consortes concorrer à venda (Artigo 929º, nº 2).

3.2.5.4. Fase da venda

A venda da coisa segue os trâmites do processo executivo para pagamento de quantia certa pelo que deve ser ordenada a notificação das partes para juntarem aos autos certidão de ónus e encargos inscritos no registo, tratando-se de bem sujeito a registo.

Segue-se a convocação dos credores dos comproprietários, que beneficiem de garantia real sobre o bem, a fim de reclamarem os seus créditos e fazer-se pagar pelo produto da venda (Artigo 788º, nº 1, *ex vi* Artigo 549º, nº 2, do CPC).[310]

[310] Cf. Acórdão do Tribunal da Relação de Lisboa de 4.2.2021, *Teresa Pardal*, 11259/18.

Os próprios comproprietários podem concorrer à venda (Artigo 929º, nº 2), ficando dispensados de depositar o valor equivalente à respetiva quota (Artigo 815º, nº 1, *ex vi* Artigo 549º, nº 2, do CPC). Recorde-se que a ação visa, em princípio, a dissolução da compropriedade, mas também se resolve na diminuição do número de consortes pelo que estes podem adquirir, em conjunto, na venda judicial desde que ocorra uma diminuição do número de consortes.

A venda por proposta em carta fechada deverá cumprir o preceituado no Código de Processo Civil quanto a tal tipo de venda, designadamente o estipulado no seu Artigo 824º.[311]

O direito real (ou de crédito) de cada consorte (desde que não adquirente) converte-se, no ato da venda, num direito de crédito sobre a parte do preço proporcional ao volume da sua quota na titularidade do direito comum.

O credor hipotecário, que reclamou o seu crédito na fase declarativa, apesar de não ter reclamado o seu crédito na fase executiva, não está impedido de apresentar proposta para aquisição do imóvel dividendo, nem de ver apreciado o seu pedido, com fundamento no que se dispõe no Artigo 824º do CPC.[312]

Quando seja vendida, em execução, a quota ideal relativamente a um determinado prédio de que era contitular o executado e sobre o qual recaía uma hipoteca, a hipoteca caduca na parte relativa à quota transmitida.[313]

Caso um dos comproprietários seja menor, a venda não tem de ser precedida da autorização a que se reporta o Artigo 1889º, nº 1, al. *a)*, do Código Civil.[314]

A remuneração adicional do agente de execução não é aplicável à situação em que a intervenção do agente de execução ocorreu, para efetuar a venda, em leilão eletrónico, no âmbito de um processo especial de divisão de coisa comum.[315]

[311] Acórdão do Tribunal da Relação de Lisboa de 5.11.2020, *Sousa Pinto*, 15952/16.

[312] Acórdão do Tribunal da Relação de Lisboa de 23.2.2017, *Ondina Alves*, 166/12.

[313] Acórdão do Tribunal da Relação de Lisboa de 11.5.2017, *Teresa Albuquerque*, 10800/14, www.colectaneadejurisprudencia.com.

[314] Acórdão do Tribunal da Relação do Porto de 23.10.2018, *Rodrigues Pires*, 1673/16.

[315] Acórdão do Tribunal da Relação de Évora de 15.12.2022, *Albertina Pedroso*, 68/14.

3.3. Direito de preferência do consorte

Nos termos do Artigo 1409º, nº 1, do Código Civil, «*O comproprietário goza do direito de preferência e tem o primeiro lugar entre os preferentes legais no caso de venda, ou dação em cumprimento a estranhos da quota de qualquer dos seus consortes.*»

Na explicitação de ANTUNES VARELA e PIRES DE LIMA[316], «São três os fins principais que justificam a concessão da preferência no caso especial de compropriedade: *a)* fomentar a propriedade plena, que facilita a exploração mais equilibrada e mais pacífica dos bens; *b)* não sendo possível alcançar a propriedade exclusiva, diminuir o número dos com quem os consortes; *c)* impedir o ingresso, na contitularidade do direito de pessoas com quem os consortes, por qualquer razão, o não queiram exercer.»

A criação deste direito legal de preferência resulta da verificação da existência de razões de interesse público que se sobrepõem à liberdade de escolha por parte com comproprietário alienante.

Estes fins só fazem sentido na alienação da quota e não na venda ou dação em cumprimento da totalidade do direito de propriedade sobre o bem objeto da contitularidade porquanto, nesta hipótese, não se colocam aqueles problemas de exploração do bem porque se extingue a compropriedade e surge a propriedade singular, fim último visado por tal direito.

Em segundo lugar, não se retira do regime da preferência qualquer indicação no sentido de que se pretendeu, com a limitação que ele implica, beneficiar um comproprietário em relação a terceiros apenas pelo facto de ser comproprietário.

Em terceiro lugar, a atribuição do direito de preferência acabaria por ter efeito perverso, por poder resultar em prejuízo dos comproprietários com menor poder económico: os mais abastados sentir-se-iam tentados a não lançar, para evitar a subida do preço, esperando que os estranhos adquirissem o prédio por um preço baixo, para então exercerem o direito de preferência, em manifesta lesão do património dos mais carenciados. Inexistindo direito de preferência, cabe aos comproprietários concorrer à venda com efeitos positivos na subida do preço e com os consequentes benefícios para os restantes comproprietários.

Em quarto lugar, se fosse intuito do legislador conceder o direito de preferência ao comproprietário, resultaria incompreensível a disposição

[316] *Código Civil Anotado*, III Vol., 2ª Ed., p. 367.

da parte final do nº 2 do Artigo 929º do CPC, que admite que os consortes concorram à venda. Essa possibilidade significa, exatamente, que o comproprietário está na mesma posição que todos os outros potenciais adquirentes, que tem de exercer as suas pretensões na venda judicial e que, depois disso, lhe não assiste qualquer outro direito, mormente o de exercer a preferência [317].

Por todo este conjunto de razões, haverá que entender que não assiste direito de preferência ao comproprietário na venda.[318]

No Acórdão do Tribunal da Relação do Porto de 20.2.2020 afirmou-se que, por a situação não estar compreendida no artigo 1409º do Código Civil, os comproprietários não gozam do direito de preferência na venda da totalidade do bem indiviso a realizar na ação de divisão de coisa comum na qual os comproprietários não acordaram a adjudicação do bem e que avançou para venda.[319]

Face à apresentação de propostas por terceiro para aquisição do bem a vender, qualquer dos consortes pode apresentar a sua proposta, antes ou logo que conhecida aquela proposta, sendo de aceitar a proposta mais elevada daquelas que, então, e na sequência do conhecimento do primeiro preço oferecido por terceiro, venha a exercer o direito reconhecido pelo art. 929º, nº 2, parte final.[320]

Se no âmbito da venda, um consorte concorre à venda, apresenta a melhor proposta, sendo-lhe adjudicada a coisa, o consorte está a adquirir não a coisa na sua totalidade, mas as quotas dos demais comproprietários. Na medida em que na venda judicial ocorre a transmissão da titularidade de um direito do anterior titular para o adquirente, não pode o consorte

[317] Neste sentido, cf. Acórdão do Tribunal da Relação de Coimbra de 12.5.2009, *Freitas Neto*, 1474/05, de 3.12.2009, *Gonçalves Ferreira*, 1585/08, Acórdãos do Supremo Tribunal de Justiça de 17.12.1997, *Sousa Inês*, 97B248, de 17.12.1997, *Sousa Inês*, CJ 1997-III, pp. 166-168, de 10.7.2008, *Maria Beleza*, 08B1868 ("Não tem apoio, nem na letra, nem no espírito da lei, a extensão do direito de preferência aos comproprietários em caso de alienação total a terceiros de prédio em regime de compropriedade"). Também neste sentido, cf. Agostinho Cardoso Guedes, *O exercício do direito de preferência*, Publicações Universidade Católica, Porto, 2006, pp. 129, 137-143.

[318] Neste sentido, cf. Acórdão do Tribunal da Relação de Lisboa de 8.1.2019, *Cristina Coelho*, 5525/09, www.colectaneadejurisprudencia.com. **Contra**: Acórdão do Tribunal da Relação de Lisboa de 15.12.2022, *Orlando Nascimento*, 20060/17.

[319] Sendo relator *Aristides Rodrigues de Almeida*, 111/18.

[320] Acórdão do Tribunal da Relação do Porto de 22.11.2021, *Fernanda Almeida*, 1742/17.

adquirir o que já era seu. Ou seja, aquilo que é efetivamente vendido depende de quem é o comprador: sendo um terceiro, é vendido o imóvel na sua totalidade; sendo um consorte, são as quotas dos demais comproprietários. É por esta razão que o consorte terá apenas de entregar a parte do preço que exceda a sua quota. É também por essa razão que terá de pagar IMT sobre o valor que exceda a sua quota-parte, consoante já vimos.

Daí que, sendo o adquirente um consorte, não ocorra direito de preferência porque desde logo inexiste venda a estranho.

3.4. Inexistência do direito de remição

Nos termos do Artigo 912º do CPC, «*Ao cônjuge que não esteja judicialmente separado de pessoas e bens e aos descendentes ou ascendentes do executado é reconhecido o direito de remir todos os bens adjudicados ou vendidos, ou parte deles, peço preço porque tiver sido feita a adjudicação ou a venda.*»

O direito de remição visa proteger o património familiar, evitando-se que os bens saiam para fora da família.

Conforme refere AMÂNCIO FERREIRA[321], «O direito de remição constitui um verdadeiro direito de preferência, se bem que tenha na sua base uma relação de carácter familiar, enquanto o verdadeiro direito de preferência se funda numa relação de carácter patrimonial. Depois, enquanto o direito de preferência é exercitável sempre que ocorra uma venda ou dação em cumprimento, o direito de remição só cabe na adjudicação ou na venda em processo executivo.»

Também TEIXEIRA DE SOUSA[322] afirma que «A atribuição do direito de remição ao cônjuge do executado e a alguns dos seus parentes demonstra que ele tem por finalidade favorecer que os bens alienados ou adjudicados permaneçam no património da família do executado».

Ora, na venda de coisa comum, não existem as razões que levaram o legislador a criar um direito especial de preferência consubstanciado no direito de remição.

Na verdade, conforme referido no Acórdão do Supremo Tribunal de Justiça de 17.4.2007[323], na venda da coisa comum

[321] *Curso de Processo de Execução*, 7ª edição, p. 345.

[322] *A ação executiva singular*, Lex, 1998, p. 381.

[323] Sendo relator *Urbano Dias*, CJ 2007-II, pp. 29-30.

> «(...) não existe património em risco de sair da esfera da família; antes, pelo contrário, o bem poderá continuar (se assim se pode dizer) a ser pertença de quem já o era antes, embora numa situação de simples propriedade e já não de compropriedade.
>
> Do que se trata é apenas encontrar uma forma de acabar com a indivisão da compropriedade, já que, em princípio, nenhum dos comproprietários é obrigado a permanecer na indivisão (cf. nº 1 do art. 1412º do CC).»

Podendo o próprio comproprietário concorrer à venda, estão acauteladas as razões que presidem à instituição do direito de remição.

De todo o exposto, conclui-se que inexiste direito de remição em caso de venda da coisa.[324]

3.5. Direito de preferência do arrendatário

Nos termos do Artigo 1091º, nº 1, al. *a)*, do Código Civil (redação da Lei nº 6/2006, de 20.2), o arrendatário tem direito de preferência na compra e venda ou dação em cumprimento do local arrendado há mais de três anos.

Nos casos em que o local arrendado constitui parte de um prédio, não constituído em propriedade horizontal, coloca-se a questão de qual será o objeto da preferência: compra do conjunto (teoria expansionista) ou apenas o concreto local arrendado (teoria do local). A jurisprudência e a doutrina dividem-se sobre a questão, defendendo esta última posição MENEZES CORDEIRO.[325]

[324] Neste sentido, cf. também o Acórdão do Tribunal da Relação do Porto de 9.2.2017, *Carlos Portela*, 923/13, www.colectaneadejurisprudencia.com.

[325] MENEZES CORDEIRO, *Leis do Arrendamento Urbano Anotadas*, Almedina, 2014, p. 262. Na jurisprudência do STJ, relevam os seguintes arestos:
- Acórdão de 18.10.2018, *Abrantes Geraldes*, 3131/16: «Em face do art. 1091º do CC, na versão vigente em 2015, o arrendatário comercial de uma parte de um prédio urbano não constituído em propriedade horizontal não goza do direito legal de preferência na venda do prédio, direito apenas reconhecido ao arrendatário de todo o prédio urbano ou fração autónoma do mesmo prédio objeto de venda ou de dação em cumprimento»;
- Acórdãos de 24.5.2018, *Rosário Morgado*, 1832/11, de 7.11.2019, *Rosário Morgado*, 14276/18, e de 13.10.2022, *Manuel Capelo*, 3391/08: «Atento o teor do artigo 1091º, nº 1, al. *a)*, do CC, na redação da Lei nº 6/2006, de 27 de fevereiro, o direito de preferência conferido ao arrendatário está confinado ao andar ou à parte do prédio que constitui o objeto concreto do contrato de arrendamento, o qual, para ser transacionável, deve estar juridicamente autonomizado»;
- Acórdãos de 11.7.2019, *Tomé Gomes*, 3818/17, e de 10.1.2023, *Tibério Silva*, 2834/18: «O artigo 1091º, nº 1, alínea *a)*, do CC, na redação dada pela Lei nº 6/2006, de 27-02, não atribui o direito

O anterior Artigo 47º do RAU dispunha que o arrendatário de prédio urbano ou de sua fração autónoma tem o direito de preferência na compra e venda ou na dação em cumprimento do local arrendado há mais de um ano. E no nº 2 determinava-se a abertura de licitações na hipótese de serem dois ou mais os preferentes.

Esta alteração do dispositivo legal é interpretada como eliminando os argumentos literais que sustentavam a tese de que a preferência podia ir para além dos limites físicos do local arrendado. Haverá que interpretar o atual Artigo 1091º no sentido de que a regra é a da coincidência entre os limites do objeto arrendado e os limites do objeto a adquirir em exercício do direito de preferência.[326]

A redação do Artigo 1091º do Código Civil foi alterada pela Lei nº 64/2018, de 19.10, passando a ser a seguinte:

> *«1 – O arrendatário tem direito de preferência:*
>
> *a) Na compra e venda ou dação em cumprimento do local arrendado há mais de dois anos, sem prejuízo do previsto nos números seguintes;*
>
> *b) Na celebração de novo contrato de arrendamento, em caso de caducidade do seu contrato por ter cessado o direito ou terem findado os poderes legais de administração com base nos quais o contrato fora celebrado.*

de preferência legal ao arrendatário de parte específica de prédio urbano não constituído em propriedade horizontal»;

• Acórdãos de 26.2.2019, *Graça Amaral*, 9/13, e de 9.3.2021, *Fernando Samões*, 2899/18: «À luz do regime consagrado pela Lei nº 6/2006, de 27-02, os arrendatários de parte de imóvel não constituído em propriedade horizontal não gozam de direito de preferir na venda da totalidade do prédio»;

• Acórdão de 21.1.2016, *Tavares de Paiva*, 9065/12: «Na vigência do artigo 1091º do CC, introduzido pela Lei nº 6/2006, de 27 de fevereiro, o arrendatário, há mais de três anos, de parte de prédio urbano não constituído em propriedade horizontal, não tem direito de preferência, sobre a parte arrendada ou a totalidade, na compra e venda ou na dação em cumprimento desse mesmo prédio»;

• Acórdão de 25.3.2021, *Rosa Tching*, 10307/16: «O art. 1091º, n. 1, al. *a)*, do CC, na redação dada pela Lei nº 6/2006, de 27-02, deve ser interpretado no sentido de só atribuir ao arrendatário urbano o direito de preferência na venda ou dação em cumprimento de prédio ou fração autónoma dele, quando o arrendamento incida sobre a totalidade deste prédio ou fração autónoma dele, não contemplando os casos em que o arrendamento se confina a uma parte de prédio indiviso ou não constituído em propriedade horizontal.»

[326] Maria Olinda Garcia, *O Arrendamento Plural, Quadro normativo e natureza jurídica*, Coimbra Editora, 2009, pp. 162-163.

2 – O direito previsto na alínea b) existe enquanto não for exigível a restituição do prédio, nos termos do artigo 1053º

3 – O direito de preferência do arrendatário é graduado imediatamente acima do direito de preferência conferido ao proprietário do solo pelo artigo 1535º

4 – A comunicação prevista no nº 1 do artigo 416º é expedida por carta registada com aviso de receção, sendo o prazo de resposta de 30 dias a contar da data da receção.

5 – É aplicável, com as necessárias adaptações, o disposto nos artigos 416º a 418º e 1410º, sem prejuízo das especificidades, em caso de arrendamento para fins habitacionais, previstas nos números seguintes.

6 – No caso de venda de coisa juntamente com outras, nos termos do artigo 417º, o obrigado indica na comunicação o preço que é atribuído ao locado bem como os demais valores atribuídos aos imóveis vendidos em conjunto.

7 – Quando seja aplicável o disposto na parte final do nº 1 do artigo 417º, a comunicação referida no número anterior deve incluir a demonstração da existência de prejuízo apreciável, não podendo ser invocada a mera contratualização da não redução do negócio como fundamento para esse prejuízo.

8 – No caso de contrato de arrendamento para fins habitacionais relativo a parte de prédio não constituído em propriedade horizontal, o arrendatário tem direito de preferência nos mesmos termos previstos para o arrendatário de fração autónoma, a exercer nas seguintes condições:

a) O direito é relativo à quota-parte do prédio correspondente à permilagem do locado pelo valor proporcional dessa quota-parte face ao valor total da transmissão;

b) A comunicação prevista no nº 1 do artigo 416º deve indicar os valores referidos na alínea anterior;

c) A aquisição pelo preferente é efetuada com afetação do uso exclusivo da quota-parte do prédio a que corresponde o locado.

9 – Caso o obrigado à preferência pretenda vender um imóvel não sujeito ao regime da propriedade horizontal, podem os arrendatários do mesmo, que assim o pretendam, exercer os seus direitos de preferência em conjunto, adquirindo, na proporção, a totalidade do imóvel em compropriedade.»

Todavia, o Tribunal Constitucional no seu Acórdão nº 299/2020 declarou, com força obrigatória geral, a inconstitucionalidade da norma constante do nº 8 do artigo 1091º do Código Civil, na redação dada pela Lei nº 64/2018, de 29.10, por violação do nº 1 do artigo 62º, em conjugação com o nº 2 do artigo 18º, da Constituição. Assim sendo, atento o disposto no Artigo 282º, nº 1, da Constituição, é – por assim dizer – repristinada a discussão sobre o exercício da preferência pelo arrendatário no caso do locado não estar constituído em propriedade horizontal.

A *ratio* da concessão da preferência legal ao arrendatário é a de lhe conferir a oportunidade de aceder, definitivamente, ao nível máximo de gozo do imóvel através da aquisição da plena propriedade, acedendo – do mesmo passo – a habitação própria.

Nessa medida, não faz sentido conferir ao arrendatário direito de preferência no caso de venda a terceiro da quota do comproprietário do local arrendado. Nesta eventualidade, o arrendamento sempre persistiria em relação aos demais comproprietários, não se logrando obter qualquer das vantagens associadas à redução do número de comproprietários. Por outro lado, o emprego da expressão "local arrendado" demonstra que o legislador apenas quis conferir tal direito nessa hipótese e não no caso do comproprietário do local arrendado querer apenas vender a sua quota. [327]

Mesmo que se admitisse a existência de preferência nessa venda, havia que não descurar a preferência legal dos demais comproprietários que prevalece sobre a preferência do arrendatário (Artigos 1404º, 1409º, nº 1, e 1091º, nº 3, do Código Civil).

Diversamente, se ocorrer a venda da totalidade das quotas a um terceiro, v.g. venda em ação de divisão de coisa comum, o arrendatário tem direito a preferir na venda. Deverá ser notificado para comparecer na abertura de propostas (Artigos 819º, nº 1, e 823º, nº 1, do CPC). Sendo omitida tal notificação, pode intentar ação de preferência no prazo de seis meses após a venda (Artigo 819º, nº 2, do CPC e Artigo 1410º, nº 1, do Código Civil).

Resta ainda considerar a hipótese de, em sede de venda em processo de divisão de coisa comum, o imóvel ser adquirido por um comproprietário. Consoante já vimos *supra*, nessa eventualidade o consorte está a adquirir não a coisa na sua totalidade mas as quotas dos demais comproprietários. Não ocorre a venda da totalidade das quotas pelo que está preterido o exercício do direito de preferência pelo arrendatário.

[327] Cf. Agostinho Cardoso Guedes, *Ibidem*, pp. 178-181 e Maria Olinda Garcia, *Ibidem*, pp. 160-161. Não parece, assim, de aceitar a doutrina do Assento do STJ nº 5/1993, de 9.2.93, publicado no DR, I Série-A, nº 81, de 6.4.1993, segundo o qual *o direito de preferência concedido ao arrendatário rural pelo art. 29º da Lei nº 76/77, de 29.9, abrange a venda de quota do prédio.*

3.6. A sentença como título executivo

Nos termos do Artigo 703º, nº 1, al. *a)*, do CPC, à execução podem servir de base as sentenças condenatórias.

Não é pacífica na doutrina a qualificação do que seja a sentença condenatória, nomeadamente se abrange sentenças proferidas em ação de divisão de coisa comum, de demarcação ou em ação de preferência.

Lebre De Freitas entende que nesse tipo de sentenças, não tendo sido pedida a condenação do Réu no cumprimento dessas obrigações, ainda que futuras (Artigo 557º, nº 2, do CPC) e não tendo por isso sido proferida sentença de condenação (*a latere*) nesse cumprimento, não se pode admitir a ideia de condenação implícita.[328]

Em sentido oposto, pronuncia-se Remédio Marques[329] argumentando que as sentenças condenatórias abrangem as proferidas em ações constitutivas nas quais se contenham explícita ou implicitamente obrigações, ainda que futuras, o que abrange as sentenças proferidas em ação de divisão de coisa comum. Refere pertinentemente este autor que: «Se fosse mister, a um tempo, pedir a condenação do réu no cumprimento de uma obrigação e exigir o proferimento de uma condenação, dificilmente se poderia admitir execução de sentenças homologatórias de partilhas, confissões, transações ou mesmo sentenças que procedam à divisão de águas, de servidões, de coisas comuns, de expropriação por utilidade pública, etc. *São, portanto, títulos executivos todas as sentenças – que não sejam de mera apreciação – que, reconhecendo ou declarando ou constituindo uma obrigação, contenham, sempre que necessário, a faculdade jurídica da sua reintegração.*»[330]

A posição deste autor já foi anteriormente preconizada por Alberto Dos Reis [331] para quem a expressão sentença condenatória abrange todas as sentenças em que o juiz, expressa ou tacitamente impõe a alguém determinada responsabilidade. Para Lopes Cardoso[332], a sentença constitui título executivo desde que declare ou constitua uma obrigação, não sendo necessário que condene no seu cumprimento. Por sua vez, Anselmo De Castro considerava que sempre que a sentença contenha implícita, pela natureza do objeto da ação, uma ordem de praticar certo ato ou de se rea-

[328] *A Ação Executiva, À Luz do Código Revisto*, Coimbra Editora, 2ª Ed, p. 34, Nota 6.

[329] *Curso de processo executivo comum à face do Código Revisto*, Almedina, 2000, pp. 56-57.

[330] *Ibidem*, p. 57, Nota 140.

[331] *Processo de Execução*, I Vol., p. 127.

[332] *Manual da Ação Executiva*, 3ª Ed., Almedina, 1992, p. 28.

lizar a mudança a que a ação visava, ela constituirá título executivo dentro de tais limites.

Por nós, temos esta posição como mais correta, sendo a que mais se conforma com as novas conceções do processo civil, cada vez mais desapegadas dos vícios do formalismo e do concetualismo, visando pôr o processo ao serviço da justiça material, com economia máxima de meios e de tempo.[333]

Assim sendo, a sentença proferida em ação de divisão de coisa comum constitui título executivo para entrega de coisa certa no caso de recusa, por parte de um ex-comproprietário, de entrega do imóvel adjudicado.[334] Também constitui sentença condenatória, passível de ser executada, a sentença que homologa um acordo no âmbito do qual os consortes assumiram a obrigação de venda do bem a um terceiro.[335]

[333] Na expressão acutilante do Acórdão do Supremo Tribunal de Justiça de 18.3.1997, *Nascimento Costa*, CJ 1997-I, pp. 160-161.
Sobre esta questão, cf. também Abrantes Geraldes, Paulo Pimenta e Luís Filipe Sousa, *CPC Anotado*, II Vol., Almedina, 2020, pp. 16-21.

[334] Neste mesmo sentido, cf.: Acórdão do Supremo Tribunal de Justiça de 31.1.2006, *Alves Velho*, CJ 2006-I, pp. 50-53; Acórdão do Tribunal da Relação do Porto de 20.3.2018, *Cecília Agante*, 9525/08, www.colectaneadejurisprudencia.com.

[335] Acórdão do Tribunal da Relação de Lisboa de 11.10.2018, *Gabriela Marques*, 24973/17.

PROCESSO DE PRESTAÇÃO DE CONTAS

4
Da obrigação de prestar contas

Nos termos do Artigo 941º do CPC, a ação de prestação de contas pode ser proposta por quem tenha o direito de exigi-las ou por quem tenha o dever de prestá-las e tem por objeto o apuramento e aprovação das receitas obtidas e das despesas realizadas por quem administra bens alheios e a eventual condenação no pagamento do saldo que venha a apurar-se.

Face ao teor desta norma, importa – desde logo – determinar quando é que se pode afirmar que alguém está obrigado a prestar contas.

Inexiste norma legal que genericamente determine quando é que alguém tem que prestar contas. A norma processual do Artigo 941º pressupõe a existência de normas de direito substantivo que imponham a obrigação de prestar contas.

Em termos de direito substantivo, a obrigação de prestar contas decorre de uma obrigação de carácter mais geral que é a obrigação de informação, consagrada no Artigo 573º do Código Civil. Nos termos deste preceito, *a obrigação de informação existe, sempre que o titular de um direito tenha dúvida fundada acerca da sua existência ou do seu conteúdo e outrem esteja em condições de prestar as informações necessárias.*

Sinde Monteiro[336], analisando os deveres de informação, reporta-se aos "(...) deveres de prestação derivados que visam a preparação e comprovação de pretensões do legitimado contra o obrigado (potencial adversário processual), ou de exceção do primeiro contra pretensões do segundo. Pode estar em causa a transmissão de uma informação, isto é, a comunica-

[336] *Responsabilidade por conselhos, recomendações ou informações*, Almedina, 1989, pp. 410-411.

ção de factos (normalmente por escrito) com base numa pergunta prévia, ou um mero pôr à disposição de objetos com vista à sua obtenção. Concretamente, surgem-nos aqui as obrigações de informação, de prestação de contas e de apresentação de coisas ou documentos (arts. 573 a 575)".

Antunes Varela[337] assinala que " (...) é muito amplo o raio de ação com que o Artigo 573º do Código Civil, ao criar uma nova modalidade de obrigações (quanto aos sujeitos e quanto ao objeto) – *Obrigação de informação e de apresentação de coisas ou documentos* –, multiplica o número de obrigações com esse conteúdo, em perfeita consonância com a intensificação das relações de cooperação entre os homens, característica da chamada socialização do direito".

A informação consiste na exposição de uma dada situação de facto, seja qual for o seu objeto: pessoas, coisas ou qualquer outra relação[338]. A informação esgota-se na comunicação de factos objetivos, sem qualquer valoração dos mesmos.

O Artigo 573º coloca apenas dois pressupostos à existência do direito:

i. Que o titular de um direito tenha fundada dúvida acerca da sua existência ou do seu conteúdo;[339]
ii. Que outrem esteja em condições de poder prestar as informações necessárias.

O direito em causa pode ser de natureza obrigacional, real, familiar ou sucessória.

Incumbe àquele que se arroga o direito de ser informado o ónus da prova de todos os factos que conduzem à aplicação da norma jurídica que serve de fundamento à sua pretensão – Artigos 342º, nº 1, e 573º do Código Civil.

O cumprimento da obrigação de informação deve ser exigido com observância dos princípios da boa fé, da proporcionalidade e da razoabilidade, ponderando-se – designadamente – a sua onerosidade para o vinculado. [340] Ainda em decorrência do princípio da boa fé, existe uma regra

[337] Anotação na RLJ, Ano 123º, p. 63.

[338] Sinde Monteiro, *Op. Cit.*, pp. 14-15.

[339] Visando a prestação de contas a definição de um quantitativo como saldo, o processo em causa só é adequado quanto a tal finalidade quando o saldo em causa seja uma incógnita (Acórdão do Tribunal da Relação de Évora de 3.11.2016, *Maria João Sousa e Faro*, 969/14).

[340] Cf. Acórdão do Supremo Tribunal de Justiça de 22.11.2006, *Azevedo Ramos*, 06A3572 e Acórdão do Tribunal da Relação do Porto de 6.10.2009, *Henrique Antunes*, 2338/06.

de subsidiariedade de harmonia com a qual a obrigação de informação só deve ser exigida se aquele que a solicita não dispuser de outro meio de a obter.[341]

A jurisprudência têm enfatizado que a ação especial de prestação de contas é uma das formas de exercício deste direito de informação, afirmando designadamente que a obrigação de prestação de contas é estruturalmente uma obrigação de informação, que existe sempre que o titular de um direito tenha dúvida fundada acerca da sua existência ou do seu conteúdo e outrem esteja em condições de prestar as informações necessárias (Artigo 573º do Código Civil) e cujo fim é o de estabelecer o montante das receitas cobradas e das despesas efetuadas, de modo a obter-se a definição de um saldo e a determinar a situação de crédito ou de débito.[342]

A obrigação de informação não tem um carácter puramente genérico, integrando uma obrigação de informação detalhada das receitas e das despesas efetuadas, acompanhada da justificação e documentação de todos os atos de que é uso exigir e guardar documentos.[343]

A obrigação de prestar contas, não existindo sempre que exista a obrigação de informação, encontra-se casuisticamente consagrada em várias normas, decorrendo – assim e desde logo – da lei.

A obrigação de prestar contas pode também derivar de negócio jurídico ou mesmo do princípio geral da boa fé [344]. Escreveu a este propósito Vaz Serra[345] que:

> «Uma modalidade que as obrigações podem apresentar, no que respeita ao seu conteúdo, é a das obrigações de prestação de contas.

[341] Sinde Monteiro, Op. *Cit.*, p. 421.

[342] Cf.: Acórdãos do Supremo Tribunal de Justiça de 3.6.1997, *Ribeiro Coelho*, 146/96, de 6.7.2000, *Lopes Pinto*, 1851/00, de 1.7.2003, *Afonso Correia*, 1913/03, de 3.2.2005, *Salvador da Costa*, 4671/04, de 30.11.2010, *Paulo Sá*, 475/06, todos em *Sumários*, www.stj.pt, de 9.2.2006, *Araújo Barros*, 05B4061, de 24.10.2019, *Sacarrão Martins*, 107/09; Acórdãos do Tribunal da Relação de Lisboa de 17.2.2005, *Fátima Galante*, 289/2005, de 19.1.2006, *Fátima Galante*, 10895/2005; Acórdão do Tribunal da Relação de Guimarães de 2.5.2019, *Cristina Cerdeira*, 6076/16.

[343] Cf. Acórdão do Tribunal da Relação de Guimarães de 17.10.2019, *Margarida Fernandes*, 4615/17.

[344] Neste sentido, cf. Acórdão do Tribunal da Relação de Lisboa de 17.11.1994, *Santos Bernardino*, CJ 1994 – V, pp. 99-105.

[345] "Obrigação de prestação de contas e outras obrigações de informação", BMJ nº 79, pp. 149-150.

A obrigação de prestação de contas existe em numerosos casos. Pode resultar de disposição especial da lei (v.g., mandatário, administrador de pessoas coletivas, tutor, curador, gestor de negócios, cabeça de casal, marido, depositário judicial, credor anticrético ou pignoratício com o direito de cobrar os rendimentos), do princípio da boa fé ou de negócio jurídico.

Dada a frequência com que a lei a estabelece, e a regra da boa fé, pode firmar-se o princípio de que esta obrigação tem lugar todas as vezes que alguém trate de negócios alheios ou de negócios, ao mesmo tempo, alheios e próprios[346].

A obrigação de prestação de contas, se não for ditada por norma de ordem pública, deve poder ser afastada por convenção das partes.»

Noutro lugar[347], Vaz Serra afirmou perentoriamente que «Não importa a fonte de administração: o que importa é o facto da administração de bens alheios seja qual for a sua fonte.»

Alberto Dos Reis[348] afirmava que «Pode formular-se este princípio geral: quem administra bens ou interesses alheios está obrigado a prestar contas da sua administração, ao titular desses bens ou interesses.» Basta a existência de concretos atos de administração revestidos ou dotados de necessária expressão patrimonial.[349]

Numa situação em que se administram bens exclusivamente da sua propriedade (não alheios) mas que têm um encargo para com outrem, relativo ao seu rendimento variável, existe o dever prestar contas.[350]

A obrigação de prestação de contas é uma obrigação de direito material cujo conteúdo deve ser definido pela lei civil.

Prevê a lei a obrigação de prestação de contas designadamente nos seguintes casos:

346 Acórdão do Tribunal da Relação de Lisboa de 24.5.1990, *Silva Paixão,* CJ 1990 – III, pp. 125-127, "A obrigação de prestação de contas tem lugar sempre que qualquer pessoa trate de negócios total ou parcialmente alheios." Em idêntico sentido, veja-se o Acórdão do Tribunal da Relação de Coimbra de 14.7.1992, *Francisco Lourenço,* CJ 1992 – IV, pp. 64-68, segundo o qual "Tem obrigação de prestar contas todo aquele que trata de negócios alheios ou de negócios próprios e alheios, qualquer que seja a fonte do facto dessa administração."

347 Parecer, in *Scientia Iuridica,* 1969, p. 115.

348 *Processos Especiais,* I Vol., Reimpressão, 1982, Coimbra Editora, p. 303.

349 Acórdão do Tribunal da Relação de Lisboa de 20.2.2020, *Arlindo Crua,* 28886/16.

350 Acórdão do Tribunal da Relação de Évora de 13.10.2022, *Elisabete Valente,* 107/21.

a) Curador provisório (Artigo 95º, nº 1, do Código Civil);
b) Administrador de associações ou comissões sem personalidade jurídica [351] (Artigos 172º, nº 2, 173º, nº 1, do Código Civil ex *vi* Artigo 195º, nº 1, do Código Civil);
c) Procurador que aja com poderes de representação[352] (Artigo 262º do Código Civil);
d) Gestor de negócios (Artigo 465º, al. *c)*, do Código Civil);
e) Concedente na consignação de rendimentos, continuando os bens em seu poder (Artigo 662º, nº 1, do Código Civil);
f) Administrador da sociedade civil (Artigos 987º, nº 1, e 1161º, al. *d)*, do Código Civil);
g) Gerente de facto ou administrador de bens de sociedade irregular[353];

[351] Cf. Acórdão do Tribunal da Relação de Lisboa de 29.5.2008, *António Valente*, 3250/2008.
[352] Cf.: Acórdão do Supremo Tribunal de Justiça de 9.2.2006, *Araújo Barros*, 05B4061: " Está obrigado a prestar contas o procurador que age com poderes de representação, administrando bens ou interesses do representado, independentemente da existência ou da natureza de negócio de que resultou a procuração.
Não é o fim para que procuração é emitida nem o conteúdo dos poderes que dela constam como conferidos ao procurador, mas apenas os atos realizados, que justificam a prestação de contas."; "Da procuração em si mesma não resulta nenhuma obrigação de prestar contas" – Acórdãos do Supremo Tribunal de Justiça de 16.4.2009, *Maria Beleza*, 77/07 , de 10.9.2019, *Assunção Raimundo*, 1546/15; Acórdão do Tribunal da Relação de Lisboa de 20.4.2010, *Pires Robalo*, 475/06, "Só há lugar a prestação de contas no caso de mandato e não no caso de estarmos perante uma procuração"; Acórdão do Tribunal da Relação de Guimarães de 17.10.2019, *Margarida Almeida Fernandes*, 4615/17, "(...) da procuração em si mesma não resulta nenhuma obrigação de prestar contas, mas esta obrigação existirá caso a procuração seja utilizada na administração de bens alheios." Em sentido oposto, veja-se o Acórdão do Tribunal da Relação de Évora de 20.10.2016, *Mário Coelho*, 23/09, nos termos do qual os procuradores têm o dever de prestar contas em relação aos bens ou interesses do representado, independentemente da existência ou da natureza do negócio de que resultou a procuração.
No Acórdão do Tribunal da Relação de Lisboa de 29.10.2019, *Fernando Cabanelas*, 1797/07, entendeu-se que inexiste obrigação legal de prestar contas pelo beneficiário de **procuração irrevogável**, feita no seu interesse exclusivo quando, além do mais, do cotejo da procuração/relação subjacente resultou inequívoca a intenção de transmitir de imediato a coisa.
[353] Cf. Acórdãos do Supremo Tribunal de Justiça de 12.4.94, *Raul Mateus*, 086180 e de 17.12.98, *Noronha de Nascimento*, 99B494, segundo o qual "A irregularidade da constituição da sociedade (por vício de forma) , conquanto a nulidade não tenha sido judicialmente declarada ainda não impede a prestação de constas – é a própria nulidade que faz deflagrar a obrigação de as prestar." "Dispondo as sociedades irregulares de capacidade ativa e passiva, qualquer dos seus sócios poderá exigir do sócio gerente, do mandatário social ou daquele que administrou

h) Pelo mandatário, findo o mandato ou quando o mandante as exigir (Artigo 1161º, al. *d)*, do Código Civil);
i) Administrador do condomínio (Artigo 1436º, al. *j)*, do Código Civil);
j) Os pais em caso de má administração dos bens do filho (Artigo 1920º, nºs 1 e 2, do Código Civil)[354];
k) Tutor (Artigo 1944º, nº 1, do Código Civil);[355]
l) Administrador de bens do menor (Artigo 1971º, nº 1, do Código Civil);
m) Adotante (Artigo 2002º- A do Código Civil);
n) Cabeça de casal (Artigo 2093º, nº 1, do Código Civil);
o) Testamenteiro (Artigo 2332º, nº 1, do Código Civil);
p) Depositário judicial (Artigo 760º, nº 1, do CPC);
q) O exequente no âmbito da execução para prestação de facto (Artigo 871º, nº 1, do CPC);[356]
r) Liquidatário de sociedade (Artigo 20º, nº 1, do Regime Jurídico dos Procedimentos Administrativos de Dissolução e de Liquidação de Entidades Comerciais);
s) Os membros da administração das sociedades comerciais (Artigo 65º do CSC);
t) Os liquidatários das sociedades (Artigos 155º e 157º, nº 1, do CSC);
u) A administração do agrupamento complementar de empresas (Artigo 8º, nº 1, do Decreto-lei nº 430/73, de 25.8);

os bens da sociedade, a prestação de contas " – Acórdão do Tribunal da Relação do Porto de 8.7.2004, *Emídio Costa*, 0423549. Em sentido confluente, cf.: Acórdão do Tribunal da Relação de Guimarães de 7.11.2019, *Jorge Teixeira*, 119/19; Acórdão do Tribunal da Relação do Porto de 26.11.2019, *Vieira e Cunha*, 3831/15.

354 "A possibilidade de os pais serem obrigados a prestar contas, nos termos do disposto nas disposições conjugadas dos arts. 1899º e 1920º, ambos do Código Civil, diz respeito apenas à má "administração" do património do filho" – Acórdão do Supremo Tribunal de Justiça de 18.11.2010, *Oliveira Vasconcelos*, *Sumários*, www.stj.pt.

355 A obrigação de prestação de contas do tutor existe a partir do momento em que é nomeado (Acórdão do Tribunal da Relação de Guimarães de 9.4.2019, *Figueiredo de Almeida*, 2182/13). Cf. também o Acórdão do Tribunal da Relação de Coimbra de 15.12.2020, *Arcanjo Rodrigues*, 2155/14, www.colectaneadejurisprudencia.com.

356 Neste caso, as contas não têm de ser apresentadas sob a forma de conta corrente uma vez que não há lugar à especificação das receitas, havendo que proceder à indicação discriminadas das verbas das despesas, podendo o executado contestá-las, alegando não serem exatas as verbas de despesa e que houve excesso na prestação de facto (Acórdão do Tribunal da Relação de Lisboa de 19.6.2018, *José Capacete*, 49230/06, www.colectaneadejurisprudencia.com).

v) O associante no contrato de associação em participação[357] (Artigo 31º, nº 1, do Decreto-lei nº 231/81, de 28.7);

w) O mediador de seguros que cobra prémios dos clientes da seguradora com a obrigação de lhos entregar, recebendo em contrapartida comissões acordadas[358] ;

x) o arrematante de prédio não pertencente ao executado, vindo o proprietário a reivindicar triunfantemente o prédio (cf. Artigo 839º, nº 1, al. *d)*, do CPC). Enquanto deteve o prédio, o adquirente administrou coisa alheia, cabendo-lhe restituir os frutos que a coisa produziu até ao termo da posse, em caso de posse de má fé (Artigo 1271º do Código Civil) ou a partir da cessação da boa fé, em caso de posse de boa fé (Artigo 1270º, nº 1, do Código Civil). Não interessa, para o efeito, a intenção do administrador mas sim o facto da administração uma vez que os direitos do proprietário não podem depender do facto subjetivo de a administração ser feita pelo administrador com o fim de gerir para si ou como o de gerir para o dono da coisa[359].

Ao abrigo do princípio da autonomia privada (Artigo 405º, nº 1, do Código Civil), podem as partes convencionar a obrigação de prestar contas associada aos contratos que firmem.

Considerando que a obrigação de prestação de contas não é infungível (cf. Artigo 943º, nº 1), o seu cumprimento não é suscetível de ser compelido através de sanção pecuniária compulsória.[360]

Por suscitarem particularidades de regime, passamos a analisar mais circunstanciadamente alguns regimes substantivos de prestação de contas.

[357] *"O associante deve prestar contas nas épocas legal ou contratualmente fixadas para a exigibilidade da participação do associado nos lucros e nas perdas e ainda relativamente a cada ano civil de duração da associação"*. Cf. também o Acórdão do Tribunal da Relação de Coimbra de 9.2.2021, *Fonte Ramos*, 114/19.

No **assento nº 5/88**, consignou-se que «*No contrato de conta em participação, regulado pelos artigos 224º a 229º do Código Comercial, o associante (sócio ostensivo) é obrigado a prestar contas ao associado (sócio oculto), salvo havendo convenção em contrário*».

[358] Acórdão do Supremo Tribunal de Justiça de 26.5.2009, *Moreira Alves*, Revista nº 424/09, 1ª Secção.

[359] Vaz Serra, Parecer, in *Scientia Iuridica*, 1969, pp. 114-117.

[360] Cf.: Acórdão do Tribunal da Relação de Lisboa de 25.10.2016, *Rijo Ferreira*, 11004/14; Miguel da Câmara Machado, "Prestação de contas", in Rui Pinto e Ana Alves Leal (Coords.), *Processos Especiais*, Vol. I, AAFDL, 2020, p. 228.

4.1. Cônjuge

Nos termos do Artigo 1681º, nº 1, do Código Civil, o cônjuge que administrar bens comuns ou próprios do outro cônjuge, ao abrigo do disposto nas als. *a)* a *f)*, do nº 2, do Artigo 1678º, não é obrigado a prestar contas da sua administração, mas responde pelos atos intencionalmente praticados em prejuízo do casal ou do outro cônjuge. E, no nº 2 do mesmo preceito, dispõe-se que quando a administração, por um dos cônjuges, dos bens comuns ou próprios do outro se fundar em mandato, são aplicáveis as regras deste contrato mas, salvo se outra coisa tiver sido estipulado, o cônjuge administrador só tem de prestar contas e entregar o respetivo saldo, se o houver, relativamente a atos praticados durante os últimos cinco anos.

Do disposto no Artigo 1681º, nº 1, do Código Civil resulta que, ao contrário do que sucede com a generalidade dos administradores de bens alheios, o cônjuge não é obrigado a prestar contas.[361]

Todavia, após a dissolução do casamento por divórcio, o ex-cônjuge que detenha a posse de bens comuns e deles colha os seus frutos ou utilidades é obrigado a prestar contas ao outro ex-cônjuge desde a data da propositura da ação de divórcio uma vez que os efeitos do divórcio retrotraem à data da propositura da ação quanto às relações patrimoniais entre os cônjuges (Artigo 1789º, nº 1, do Código Civil)[362], sem prejuízo de qualquer dos cônjuge poder requerer que os efeitos retroajam à data da separação de facto, caso esta esteja provada no processo (nº 2 do Artigo 1789º).[363] Ou seja, sendo o cônjuge havido como divorciado a partir da propositura da ação, o cônjuge não administrador dos bens do casal pode, em regra,

[361] Cf. ainda Acórdão do Tribunal da Relação de Lisboa de 26.4.2007, *Ana Paula Boularot*, 1944/2007, "Na constância do matrimónio a lei não prevê que o cônjuge que exerça a administração de facto preste contas da mesma ao outro cônjuge." Ainda neste sentido, cf. Acórdão do Tribunal da Relação de Guimarães de 12.6.2007, *António Gonçalves*, 1490/07.

[362] Cf.: Acórdãos do Supremo Tribunal de Justiça de 25.3.2004, *Azevedo Ramos*, 04A363, de 11.4.2019, *Abrantes Geraldes*, 3185/12, de 8.4.2021, *Manuel Capelo*, 5577/18; Acórdãos do Tribunal da Relação do Porto de 22.3.2001, *Fernando Samões*, 641-K/2002, de 3.7.2014, *Teresa Santos*, 2063/12; Acórdão do Tribunal da Relação de Guimarães de 8.3.2012, *Helena Melo*, 5372/04; Acórdãos do Tribunal da Relação de Lisboa de 5.6.2018, *José Capacete*, 3146/13, de 21.5.2020, *Nelson Carneiro*, 1852/19.

[363] Cf.: Acórdãos do Tribunal da Relação do Porto de 3.7.2014, *Teresa Santos*, 2063/12, de 24.1.2017, *Fernando Samões*, 2832/14, www.colectaneadejurisprudencia.com ; Acórdão do Supremo Tribunal de Justiça de 11.4.2019, *Abrantes Geraldes*, 3185/12.

exigir a prestação de contas ao cônjuge administrador daqueles bens desde a data da propositura da ação de divórcio.

Daqui decorre, bem como do disposto no Artigo 1681º, nº 2, do Código Civil, que o conceito de administração de bens alheios abrange os bens de que o obrigado à prestação de contas também seja titular, como é o caso dos bens comuns do casal. [364]

Esta obrigação de prestação de contas pelo cônjuge administrador tem um âmbito diverso das operações atinentes a compensações entre patrimónios a operar em sede da partilha do património comum (Artigo 1689º, nº 3, do Código Civil)[365], respeitando a prestação de contas a despesas de administração de bens comuns e não de despesas que são feitas por causa e para permitir o gozo, pelos próprios ex-cônjuges, dos bens comuns que são pessoalmente fruídos.[366]

Os depósitos bancários que integrem o património dos cônjuges à data do divórcio não se subsumem a receitas que o administrador tenha obtido, não devendo figurar na conta corrente descritiva.[367]

No âmbito das verbas a incluir na prestação de contas não deve ser incluída a pensão de reforma auferida pelo cabeça de casal a partir da data do trânsito em julgado da sentença que decretou o divórcio.[368]

Não cabe na metodologia típica da ação de prestação de contas o apuramento do valor de uma quota social em vista da sua partilha entre os ex-cônjuges.[369]

A apreciação de despesas acarretadas pelo pagamento de dívidas comuns do casal com bens próprios de um dos cônjuges até à cessação dos efeitos patrimoniais do casamento, por implicar a discussão sobre os

[364] Cf. Acórdão do Supremo Tribunal de Justiça de 3.2.2005, *Salvador da Costa*, 04B4671. Em sentido equivalente, vejam-se também o Acórdão do Tribunal da Relação de Coimbra de 25.10.1994, *Virgílio de Oliveira*, CJ, 1995 – IV, pp. 45-46, os Acórdãos do Supremo Tribunal de Justiça de 5.11.1998, *Roger Lopes*, CJ 1998 – III, pp. 102-104 ("O outro cônjuge pode exigir a prestação de contas depois de dissolvido o matrimónio e abrangendo toda a administração"), de 2.7.2003, *Azevedo Ramos*, 04A364 e o Acórdão do Tribunal da Relação de Guimarães de 12.6.2007, *António Gonçalves*, 1490/07.

[365] No que tange às operações de partilha, cf. Abrantes Geraldes, Paulo Pimenta e Luís Filipe Sousa, *CPC Anotado*, II Vol., 2020, pp. 630-632.

[366] Acórdão do Tribunal da Relação de Lisboa de 14.1.2020, *Amélia Rebelo*, 1120/09.

[367] Acórdão do Tribunal da Relação do Porto de 10.1.2022, *Eugénia Cunha*, 194/19.

[368] Acórdão do Tribunal da Relação do Porto de 21.3.2019, *Judite Pires*, 342/10.

[369] Acórdão do Supremo Tribunal de Justiça de 5.5.2022, *Rijo Ferreira*, 17268/16.

poderes de administração dos cônjuges e sobre a natureza das obras realizadas, não se enquadra na ação especial de prestação de contas. De acordo com o disposto nos arts. 1689º, nº 3, e 1697º, nº 1, do CC, estas despesas devem ser relacionadas no âmbito do processo de inventário.[370]

No âmbito desta prestação de contas, discute-se se haverá que considerar como receita o valor de uso exclusivo de prédio urbano por parte de um dos ex-cônjuges, que constitua bem comum. Uma corrente jurisprudencial sustenta que tal uso deve ser tratado como uma receita porquanto representa uma vantagem económica que se incorpora no património de tal ex-cônjuge, sob pena de ocorrer um locupletamento à custa alheia, não consentido por lei. [371] Em sentido contrário, defende-se que em ação de prestação de contas não constitui receita o valor correspondente ao uso de imóvel comum por parte de um dos cônjuges.[372]

Cremos que, neste dissídio, a solução mais adequada passa pela ponderação dos parâmetros enunciados no Acórdão do Supremo Tribunal de Justiça de 13.10.2016, nos termos do qual:

> "(...) ao limitar-se a prescrever a possibilidade de o juiz proferir decisão provisória acerca da utilização da casa de morada de família na pendência do processo, a norma do nº 7 do art. 931º do CPC é suficientemente ampla, inde-

[370] Acórdão do Supremo Tribunal de Justiça de 30.11.2021, *Maria João Vaz Tomé*, 1120/09.

[371] Cf.: Acórdãos do Supremo Tribunal de Justiça de 25.3.2004, *Azevedo Ramos*, 04A364, de 25.3.2004, *Azevedo Ramos*, de 7.12.2010, *Azevedo Ramos, Sumários*, www.stj.pt; Acórdãos do Tribunal da Relação de Guimarães de 8.3.2012, *Helena Melo*, 5372/04, de 12.1.2017, *João Diogo Rodrigues*, 3146/13 ("Convencionando os cônjuges, aquando do respetivo divórcio, apenas que um deles fica a utilizar a casa de morada de família, não pode daí retirar-se que o outro prescindiu de ser compensado por essa utilização").

[372] Cf. Acórdão do Supremo Tribunal de Justiça de 12.12.2017, *Graça Amaral*, 255/10, www.colectaneadejurisprudencia.com, sendo que, neste aresto, se considerou que, no caso, houve um acordo tácito quanto à utilização da casa, o que obsta à invocação do instituto do enriquecimento sem causa.

No Acórdão do Tribunal da Relação de Coimbra de 28.3.2017, *Catarina Gonçalves*, 255/10 (acórdão que deu azo à revista anteriormente referida), www.colectaneadejurisprudencia.com, foi entendido que, após a cessação das relações patrimoniais entre os cônjuges, a utilização exclusiva da cada de morada de família por um deles não dá lugar, necessariamente, a qualquer compensação ao conjugue que não utilize a casa correspondente ao valor locativo do imóvel. No Acórdão do Supremo Tribunal de Justiça de 18.11.2008, *Moreira Camilo*, 08A2620, foi decidido que, tendo o autor saído da casa de morada de família e aí permanecendo sua mulher, não mais sendo reatada a vida em comum, não tem aquele (que nem sequer alega se ter oposto a tal situação) direito a ser compensado por aquela em termos do valor locativo do prédio.

terminada e flexível para consentir, em função de uma valoração prudencial das circunstâncias pessoais e patrimoniais dos cônjuges, quer numa atribuição do bem imóvel a título gratuito, quer numa atribuição a título oneroso, fundada em razões de equidade e justiça, estabelecida por analogia com o regime que está legalmente previsto para a atribuição definitiva da casa de morada de família.

Deste modo, dependendo constitutivamente esse direito a uma compensação pelo uso exclusivo da casa de morada pelo outro cônjuge de uma ponderação judicial, casuística e equitativa, ele só existe se o juiz o tiver efetivamente atribuído na decisão oportunamente proferida sobre tal matéria, não podendo ser inovatoriamente reconhecido através da propositura de ação ulterior."[373]

Ou seja, na pendência do processo do divórcio, podem os cônjuges acordar num regime provisório quanto à utilização da casa de morada de família, regime esse que poderá implicar o pagamento de uma quantia a cargo do cônjuge ocupante em favor do outro (cf. Artigo 931º, nº 2, do CPC). Após o trânsito em julgado da sentença de divórcio, tal acordo persiste enquanto um dos cônjuges não recorrer ao processo especial do Artigo 990º do CPC.[374] Inexistindo acordo dos cônjuges quanto à ocupação da casa de morada de família, o estabelecimento de uma compensação pela utilização da casa de morada de família só pode derivar de decisão judicial, a qual assume natureza constitutiva (cf. Acórdão do Supremo Tribunal de Justiça de 13.10.2016, 135/12). Destarte, essa compensação não pode ser discutida *ex novo* na prestação de contas porquanto a inércia anterior do cônjuge, que se arroga direito a uma compensação, deve ser lida como um acordo tácito quanto à utilização da casa de morada de família.

Findando o processo de prestação de contas com uma condenação de um dos cônjuges a pagar ao outro determinada quantia, essa obrigação

[373] Sendo relator *Lopes do Rego*, 135/12.

[374] No Acórdão do Supremo Tribunal de Justiça de 17.1.2013, *Abrantes Geraldes*, 2324/07, entendeu-se que, após o trânsito em julgado da sentença de divórcio, a persistência da situação (emergente de um acordo provisório feito na pendência do divórcio quanto à utilização da cada de morada de família) não confere ao cônjuge não utilizador da casa de morada de família o direito de ser compensado segundo as regras do enriquecimento sem causa, uma vez que a situação encontra justificação na sua própria inércia relativamente ao acionamento do mecanismo processual previsto no Artigo 1413º do CPC (atual Artigo 990º).

não constitui uma dívida do casal, sendo antes uma dívida própria, não integrando o passivo a considerar na partilha.[375]

4.2. Administrador do condomínio

O administrador é o órgão executivo do condomínio a quem incumbe, entre outras funções, a de prestar contas à assembleia de condóminos, convocando-a para o efeito na primeira quinzena de janeiro (Artigos 1430º, nº 1, 1431º, nº 1, e 1436º, al. *j*), do Código Civil).

O administrador, seja uma pessoa singular seja um a pessoa coletiva, deve prestar as contas anuais à assembleia de condóminos[376] Esta obrigação do administrador tem como titular beneficiário o coletivo formado por todos os condóminos, reunido em assembleia, e não cada um dos condóminos individualmente considerado. Seria impraticável e absurdo que o administrador tivesse que prestar contas individualmente a cada condómino.[377] Se a assembleia de condóminos aprovar as contas, fica extinta e cumprida a obrigação de prestá-las.

Diversamente, se o administrador não apresentar as contas pode o condomínio vir exigi-las judicialmente, sendo o processo adequado o de prestação de contas. [378] Se as contas apresentadas pelo administrador não forem aprovadas pela maioria na assembleia de condóminos, pode o administrador vir apresentá-las judicialmente em processo de prestação espontânea de contas (Artigo 946º do CPC).[379]

Havendo controvérsia entre o administrador e a assembleia de condóminos quanto à prestação de contas, só o tribunal a poderá resolver com garantias de imparcialidade e observância do contraditório, apurando o eventual saldo e condenando no respetivo pagamento.

375 Acórdão do Supremo Tribunal de Justiça de 7.6.2018, *Rosa Coelho*, 2159/10.

376 "O administrador do condomínio não fica exonerado de prestar contas à Assembleia de Condóminos se se limita a entregar-lhe as pastas dos documentos contabilísticos da Administração e, questionado pelos condóminos acerca dos respetivos movimentos, o mesmo refere anda poder esclarecer nesse momento " – Acórdão do Tribunal da Relação do Porto de 8.9.2009, *Canelas Brás*, Sumário de Acórdãos, Boletim nº 35, www.trp.pt.

377 Cf. Acórdãos do Tribunal da Relação de Lisboa de 15.10.2009, *Graça Araújo*, 10333/08, de 19.10.2010, *Rosa Ribeiro Coelho*, 8702/09, de 20.1.2022, *Teresa Sandiães*, 14456/19 e Acórdão do Supremo Tribunal de Justiça de 10.10.2006, *Salreta Pereira*, 2529/06, *Sumários*, www.stj.pt.

378 Cf. Acórdão do Supremo Tribunal de Justiça de 13.5.2003, *Moreira Alves*, 992/03, *Sumários*, www.stj.pt.

379 Cf. Acórdão do Tribunal da Relação de Lisboa de 5.11.2019, *Ana Rodrigues da Silva*, 4579/18, www.colectaneadejurisprudencia.com.

Na verdade, a orientação geral que também aqui deve prevalecer é a de que ***a obrigação de dar contas em juízo tanto impende sobre aquele que se recusa a prestá-las particularmente como sobre aquele que, tendo-as oferecido extrajudicialmente, não logrou vê-las aprovadas por quem tem o direito de as receber ou exigir.***[380]

Devendo a obrigação de prestação de contas por parte do administrador ser realizada perante a assembleia de condóminos, na medida em que esta é que protagoniza os interesses comuns dos condóminos, não tem cada condómino isolado o direito de exigir a prestação de contas pelo administrador.[381]

O condómino, que não aprove as contas prestadas pelo administrador perante a assembleia de condóminos (tendo, ou não, estado presente), poderá impugnar a respetiva deliberação por vício de forma ou de substância, interpondo para o efeito a ação prevista no Artigo 1433º do Código Civil, mas não poderá instaurar ação de prestação de contas. Do mesmo modo, só pode ser discutida – com fundamento em falta da devida informação quanto às contas da administração – a validade da deliberação da assembleia de condóminos que aprovou as contas através de ação que vise a anulação de tal deliberação (Artigo 1433º, nº 1, do Código Civil), não legitimando tal situação o pedido de prestação de contas. Em qualquer destas situações, a deliberação absorve e sanciona a prestação de contas pelo que esta perde autonomia para efeitos da respetiva impugnação.

Na eventualidade de cessar o cargo de administrador no decurso de um exercício (antes de completado o período anual), v.g. por exoneração feita pela assembleia, o administrador cessante tem de prestar contas ao condomínio e entregar todos os documentos do condomínio (incluindo os relacionados com a cobrança de receitas e com a realização de despesas) ao novo administrador – Artigos 1435º, nº 3, e 1436º, al. *m)*, do Código Civil. Quem tem de prestar contas anuais ao condomínio é o novo administrador,

380 Cf. Acórdão do Tribunal da Relação de Évora de 25.6.1992, *Raul Mateus*, BMJ nº 418, p. 889, Acórdãos do Tribunal da Relação do Porto de 25.5.1995, *Coutinho de Azevedo*, BMJ nº 447, p. 576, de 2.7.2002, *Marques Castilho*, 0121082, Acórdãos do Supremo Tribunal de Justiça de 17.10.89, *José Domingues*, 078139, de 13.5.2003, *Moreira Alves*, 03A992.

381 Cf.: Acórdãos do Tribunal da Relação de Lisboa de 5.7.2007, *Neto Neves*, 4907/2006, de 15.10.2009, *Graça Araújo*, 10333/08, de 19.10.2010, *Rosa Ribeiro Coelho*, 8702/09, de 18.6.2019, *Rijo Ferreira*, 7092/17; Acórdão do Supremo Tribunal de Justiça de 1.6.88, *Cura Mariano*, 076215; Acórdão do Tribunal da Relação de Évora de 12.4.2018, *Isabel Peixoto Imaginário*, 79/17 ("O direito de exigir as contas ao administrador cabe à assembleia de condóminos").

findo o exercício, razão pela qual a lei impõe as obrigações referidas nos Artigos 1435º, nº 3, e 1436º, al. *m)*, do Código Civil.

Assim, se o administrador cessante não apresentar as suas contas parciais perante a assembleia de condóminos, pode o novo administrador mediante autorização da assembleia de condóminos [382] ou a própria assembleia de condóminos vir a tribunal exigir a prestação judicial de contas parcelares. A apresentação voluntária das contas parciais deve ser feita à assembleia de condóminos mediante prévia entrega das mesmas ao novo administrador para que este fique habilitado a convocar a assembleia de condóminos, que as pode aprovar ou rejeitar.

É cada vez mais frequente a atribuição do cargo de administrador a uma sociedade comercial que o exerce profissionalmente, prevendo – do mesmo passo – o regulamento do condomínio a existência de administradores não executivos, cujas funções são as de assinar cheques para pagamento de despesas do condomínio, verificar o orçamento e contas do exercício antes da sua submissão à assembleia, controlar genericamente a atividade do administrador profissional e auxiliá-lo.

Neste contexto de administração plural, cabe perguntar a quem incumbe o dever de prestar as contas, se apenas ao administrador profissional se também aos demais.

Pronunciando-se expressamente sobre esta matéria, entendeu o Acórdão do Supremo Tribunal de Justiça de 28.4.2009 [383] que:

> «Na 1ª edição do Código Civil anotado, os Profs. P. Lima/A. Varela, em anotação ao art. 1431º, escreviam:
>
> *Quem tem de prestar contas à assembleia, em virtude da função que lhe é cometida na al. d) do Artigo 1436º (cobrar as receitas e efetuar as despesas comuns) é o administrador (...)* ***(sublinhado de nossa autoria)***.
>
> Nessa altura, do art. 1436º ainda não constava a al. *j)*, que só veio a ser introduzida pelo Dec-lei 267/94, de 25 de outubro. Mas a referência daqueles preclaros Mestres constitui importante achega para se determinar o que releva nesta matéria: a obrigação de prestar contas deve recair sobre **quem cobra as receitas e efetua as despesas comuns** – no fundo, aquilo que constitui não só o núcleo da atividade de administração do condomínio, mas também

[382] Neste sentido, Sandra Passinhas, *A Assembleia de Condóminos e o Administrador na Propriedade Horizontal*, Almedina, 2000, p. 327.

[383] Sendo relator *Santos Bernardino*, 09B0018.

o próprio objeto da ação de prestação de contas, tal como o define o art. 941º do CPC. Não é, assim, – no caso de administração plural do condomínio, alegadamente integrada por um administrador profissional executivo e por administradores sem funções executivas – necessariamente sobre todos eles que recai a obrigação de prestação de contas.»

Esta interpretação restritiva merece-nos algumas reservas.

Com efeito, independentemente da natureza jurídica do estatuto do administrador do condomínio, deve considerar-se-lhe aplicável, por analogia, o preceituado no Artigo 987º, nº 1, do Código Civil, que prevê a aplicação das normas do mandato aos direitos e obrigações dos administradores das sociedades civis.[384] E, entre as obrigações do mandatário, encontra-se precisamente a de prestar contas – Artigo 1161º, al. *d)*, do Código Civil.

A assinatura de cheques com vista ao pagamento de despesas do condomínio é imposta para que o administrador dito não executivo fiscalize o cabimento e orçamentação da despesa pelo que, ao assinar o cheque, tal administrador coassume a realização de tal despesa. Se tal administrador, juntamente com o administrador profissional, negoceia um contrato de prestação de serviços com um fornecedor ou, por delegação da assembleia, elege um concreto orçamento de prestação de serviços, não vemos como não deva responder perante a assembleia em sede de prestação de contas.

Naturalmente que, em função da materialidade dos atos praticados, o administrador dito não executivo não deverá responder em igualdade de circunstâncias com o administrador executivo. Contudo, esta realidade é bastante diversa da completa isenção do dever de prestação de contas por parte do administrador dito não executivo, propugnada pelo referido Acórdão do Supremo Tribunal de Justiça.

4.3. Cabeça de casal

A administração da herança até à sua liquidação e partilha incumbe ao cabeça de casal, incumbindo-lhe prestar contas anualmente – Artigos 2079º e 2093º, nº 1, do Código Civil.

A obrigação de prestar contas deriva da administração da herança, como garantia de que essa administração será exercida com diligência, compe-

[384] Neste sentido, cf. o Acórdão do Supremo Tribunal de Justiça de 14.7.2009, *Hélder Roque*, 379/09, louvando-se no ensinamento de Henrique Mesquita, A *Propriedade horizontal no Código Civil Português*, 1978, p. 56, nota (123).

tência e honestidade e de que o administrador não se afastará das regras que a prudência indica e a probidade impõem.[385]

Na ação de prestação de contas movida contra o cabeça de casal não cabe ao autor alegar e demonstrar que o réu foi interpelado para prestar contas e não as prestou, cabendo ao cabeça de casal alegar e provar que prestou as contas, nada mais havendo a prestar, por se traduzir em facto extintivo do direito do autor (Artigo 342º, nº 2, do CC).[386]

O facto de entre a abertura da herança e a instauração do processo de inventário mediar, por vezes, um grande lapso de tempo, levou a doutrina a distinguir entre **cabeça de casal de facto** e **cabeça de casal investido**, o que tem repercussões a nível processual, nomeadamente, quanto ao processo a utilizar, no caso de se pretender a prestação de contas.[387]

A doutrina tem entendido, predominantemente, que o cabeça de casal tem existência jurídica desde a morte do autor da herança, independentemente de haver ou não lugar a inventário, sem necessidade de um ato jurídico da aceitação do cabecelato. [388] Nessa medida, o arco temporal atinente à prestação de contas pelo cabeça de casal situa-se entre a data do óbito do inventariado e a data em que as contas foram prestadas.[389]

Nesse caso, a pessoa a quem legalmente o cargo compete e efetivamente o exerce, independentemente de qualquer nomeação, poderá designar-se

[385] Lopes Cardoso, *Partilhas Judiciais*, III Vol., Almedina, 1991, p. 60.

[386] Acórdão do Tribunal da Relação de Évora de 23.4.2020, *Tomé Ramião*, 242/18, www.colectaneadejurisprudencia.com.

[387] Cf. Acórdãos do Tribunal da Relação de Lisboa de 7.7.2016, *Conceição Saavedra*, 2382/10, e da Relação de Coimbra de 26.2.2019, *Arlindo Oliveira*, 146/13, nos termos dos quais a obrigação de prestar contas só respeita ao período temporal em que, após a nomeação para o cargo, o cabeça de casal administrou os bens da herança.

[388] Cf. Lopes Cardoso, *Partilhas Judiciais*, 5ª edição, 2006, I Vol., p. 328; Oliveira Ascenção, *Direito das Sucessões*, edição da AAFDL, 1979, p. 568; Rabindranath Capelo de Sousa, *Lições de Direito das Sucessões*, Vol. II, 2ª edição, p. 55; e Domingos de Sá, *Do Inventário, Descrever, Avaliar e Partir*, 3ª edição, p. 47. Diz o primeiro dos referidos autores que:" (...) o cabeça de casal tem existência jurídica desde a morte do autor da herança, e isto independentemente de ter havido inventário para a respetiva partilha. Nem de outro jeito podia ser, uma vez que o falecimento e a abertura da herança implicam o cumprimento de obrigação cuja falta a lei pune com severidade, e não se coadunam como "tempo" que medeia entre aquela data e a nomeação eventual." Vejam-se ainda os Acórdãos do Supremo Tribunal de Justiça de 7.1.2010, *Serra Batista*, 642/06, da Relação de Coimbra de 2.2.2016, *Barateiro Martins*, CJ 2016-I, pp. 18-21 e da Relação de Évora de 8.10.2020, *Manuel Bargado*, 435/19.

[389] Acórdão do Tribunal da Relação do Porto de 7.11.2019, *Amaral Ferreira*, 4233/09.

de cabeça de casal de facto. Com efeito, o cargo de cabeça de casal defere-se prioritariamente *ex lege* (Artigo 2080º do Código Civil), independentemente quer da aceitação de tal cargo, quer da aceitação de eventual vocação hereditária.

A circunstância de não existir qualquer decisão formal de nomeação de cabeça de casal não impede que ele detenha essa qualidade e, sobretudo, que exerça as funções correspondentes.

Nessa medida, a prestação de contas por parte do cabeça de casal de facto seguirá os trâmites previstos no Artigo 941º e seguintes, regendo-se a competência do tribunal pela regra geral do Artigo 80º do CPC.[390]

Diversamente, no que tange ao período que começa após a sua nomeação, o cabeça de casal prestará contas por dependência do processo em que a nomeação haja sido feita (Artigo 947º do CPC). Esta circunstância não obsta a que a prestação de contas abarque o período anterior à nomeação do cabeça de casal. Com efeito, inexiste qualquer diferença quanto à tramitação processual quando se estabelece a comparação entre a tramitação que decorre dos Artigos 941º a 946º e a que decorre do Artigo 947º, sendo certo que a possibilidade de cumulação de pretensões é legitimada pelo Artigo 555º, nº 1, do CPC, conjugado com o Artigo 37º, sendo certo que sempre restaria a possibilidade de aplicar o princípio da adequação formal (Artigo 547º do CPC).[391]

Estando pendente inventário notarial, o interessado que pretenda a prestação de contas, anteriores ou contemporâneas do inventário notarial, tem de requerer tal prestação como incidente do processo de inventário.[392] Isto sem prejuízo de, no âmbito do Artigo 45º da Lei nº 23/2013, de 5.3, o cabeça de casal dever apresentar a conta do cabecelato, até ao 15º dia que antecede a conferência preparatória, devidamente documentada. De tal modo que não é possível passar à fase da conferência preparatória,

[390] Cf. Acórdão do Tribunal da Relação de Coimbra de 8.4.2019, *Falcão de Magalhães*, 1971/18.

[391] Cf.: Acórdão do Supremo Tribunal de Justiça de 22.3.2018, *Abrantes Geraldes*, 349/13, www.colectaneadejurisprudencia.com e Acórdão do Tribunal da Relação de Lisboa de 13.9.2022, *Isabel Salgado*, 1889/20.

[392] Cf.: Acórdão do Tribunal da Relação de Lisboa de 30.3.2017, *Eduardo Petersen Silva*, 13079/16; Acórdão do Tribunal da Relação do Porto de 30.5.2018, *Domingos Fernandes*, 22255/17; Acórdão do Tribunal da Relação de Évora de 8.10.2020, *Manuel Bargado*, 435/19; Miguel da Câmara Machado, "Prestação de contas", in Rui Pinto e Ana Alves Leal (Coords.), *Processos Especiais*, Vol. I, AAFDL, 2020, p. 232.

sem que esteja decidido um eventual incidente de prestação de contas do cabecelato, uma vez que o conhecimento das contas é essencial para a discussão da divisão do património e aprovação do passivo.[393]

Tendo findado no cartório notarial um processo de inventário (Lei nº 23/2013, de 5.3), pertence aos tribunais comuns a competência para julgar posteriormente uma ação de prestação de contas relativa ao cabecelato exercido nesse inventário.[394]

Com a entrada em vigor da Lei nº 117/2019, de 13.9, após 1 de Janeiro de 2020, pertence aos tribunais comuns (art. 64º do CPC) a competência para julgar as ações de prestação de contas relativa ao cabecelato, com exceção das situações em que tais ações estejam conexas com processos de inventário que, na data da entrada em vigor daquela Lei, estejam pendentes nos cartórios notariais, aí prossigam a respetiva tramitação e, desde que, aquelas ações se subsumam à previsão do art. 45º do Regime Jurídico do Processo de Inventário (Lei nº 23/2013, de 5.3).[395]

A obrigação de prestação de contas pelo cabeça de casal só se extingue, mesmo que apresentadas sem documentos justificativos, se as contas tiverem sido aprovadas e aceites pelos demais interessados ou se se demonstrar a existência de qualquer outra causa extintiva daquela obrigação.[396] Se tais contas não foram aprovadas extrajudicialmente, não fica o cabeça de casal desonerado de as apresentar judicialmente.[397]

O saldo positivo da prestação de contas pelos interessados na herança deve, tal como nas contas apresentadas pelo cabeça de casal, ser distribuído pelos interessados segundo o direito de cada um e não no momento de preenchimento dos quinhões desses interessados (Artigo 2093º, nº 3, do Código Civil).[398]

No que tange à **legitimidade ativa**, em processo de prestação de contas em inventário, é necessário a intervenção de todos os interessados para que a decisão produza o seu efeito útil normal (Artigo 33º, nº 2, do CPC). Deste

[393] Acórdão do Tribunal da Relação de Lisboa de 4.6.2019, *Luís Espírito Santo*, 28322/17, www.colectaneadejurisprudencia.com.

[394] Acórdão do Tribunal da Relação de Coimbra de 2.6.2020, *Alberto Ruço*, 1487/19.

[395] Acórdão do Tribunal da Relação de Lisboa de 13.10.2020, *Cristina Maximiano*, 2633/19.

[396] Cf. Acórdão do Supremo Tribunal de Justiça de 9.6.2009, *Hélder Roque*, 225-A/2000.

[397] Acórdão do Supremo Tribunal de Justiça de 28.11.1996, *Metello de Nápoles*, 96B714.

[398] Cf.: Acórdãos do Tribunal da Relação de Coimbra de 19.5.2009, *Emídio Santos*, CJ 2009 – III, pp. 8-9, de 14.5.2013, *Henrique Antunes*, 9-B/1991; Acórdão do Tribunal da Relação de Évora de 28.6.2017, *Canelas Brás*, 10109/15.

modo, não pode um herdeiro – desacompanhado dos demais – requerer a prestação de contas do cabeça de casal[399], devendo provocar a intervenção dos demais pelo incidente de intervenção provocada.[400]

Existe divergência jurisprudencial quanto aos efeitos decorrentes do **decesso do cabeça de casal**. Assim, no Acórdão do Supremo Tribunal de Justiça de 29.11.2005 [401], entendeu-se que, não sendo o cargo de cabeça de casal transmissível por morte (Artigo 2095º do Código Civil), perante o decesso do cabeça de casal haverá que recorrer-se à regra do Artigo 2080º para se designar novo cabeça de casal. A ação de prestação de contas, pendente à data do óbito, extingue-se com a morte do cabeça de casal com fundamento em impossibilidade de continuação da lide.

Em sentido oposto, sobre esta matéria discorreu-se no Acórdão do Tribunal da Relação de Lisboa de 14.11.2000 [402] nestes termos:

> «É certo que o cargo de cabeça de casal não é transmissível em vida nem por morte (citado art. 2095º) e que não constituem objeto de sucessão as relações jurídicas que devam extinguir-se por morte do respetivo titular, em razão da sua natureza ou por força da lei (nº 1 do art. 2025º do CC). Mas não está aqui em causa a transmissão do cargo de cabeça de casal, que efetivamente se extinguiu, mas apenas a transmissão da obrigação de prestar contas, que como bem refere a sentença recorrida, tem natureza eminentemente patrimonial. A natureza dessa obrigação impede a sua extinção e a lei também não impõe tal extinção, pelo que a obrigação de prestar contas constitui objeto de sucessão, "incumbindo, pois, aos herdeiros do cabeça de casal que dela se não desobrigou" (Dr. João António Lopes Cardoso, Partilhas Judiciais, Vol. III, 4ª edição, pág. 62, que, nesse sentido, nas notas 3322 e 3323, nessa mesma página, cita vários acórdãos do STJ e desta Relação, bem como Cunha Gonçalves, Comentário ao Código Comercial, 1-276).»[403]

[399] Assim, Acórdão do Tribunal da Relação do Porto de 10.5.1984, BMJ nº 337, pg. 412, Acórdão do Supremo Tribunal de Justiça de 4.7.96, *Cardona Ferreira*, 97A272

[400] Cf. Acórdão do Supremo Tribunal de Justiça de 27.5.1997, *Cardona Ferreira*, 272/97, *Sumários*, www.stj.pt, Acórdãos do Tribunal da Relação de Coimbra de 14.5.2013, *Henrique Antunes*, 9-B/1991, de 24.6.2014, *Sílvia Pires*, 373-A/2001, Acórdãos do Tribunal da Relação de Lisboa de 28.4.2015, *Graça Amaral*, 806/13 de 28.1.2016, *Ezaguy Martins*, 9840/09.

[401] Sendo relator *Custódio Montes*, CJ 2005- III, pp. 149-151.

[402] Sendo relator *Ferreira Pascoal*, CJ 2000-V, p. 97. Cf. ainda o Acórdão do Supremo Tribunal de Justiça de 16.6.2011, *Tavares de Paiva*, 3717/05.

[403] No sentido da transmissibilidade aos herdeiros do cabeça de casal da obrigação de prestar contar, cf. ainda: Acórdão do Supremo Tribunal de Justiça de 16.6.2011, *Tavares de Paiva*,

Note-se que a transmissão da obrigação de prestar contas é para os herdeiros do cabeça de casal e não para o cabeça de casal da herança aberta por morte do administrador que faleceu sem prestar contas.[404]

Cremos que esta última interpretação conduz a um resultado desadequado e disfuncional, qual seja a cisão entre o titular do dever de prestar contas (herdeiro do cabeça de casal) e o titular do cargo de cabeça de casal, a designar nos termos do Artigo 2080º do Código Civil. O legislador pretende reunir na mesma pessoa a obrigação de prestar contas e o cabecelato – cf. Artigo 2093º, nº 1, do Código Civil.

Nesta sede, a posição de Teixeira de Sousa talvez seja clarificadora:

> «Salvo o devido respeito, a posição desses herdeiros não deve ser vista como a de herdeiros da obrigação que constitui objeto do processo, nomeadamente, da obrigação de prestar contas. Seria estranho que, com base numa posição que não se transmite – que é a de cabeça-de-casal –, alguém pudesse adquirir, por sucessão, uma obrigação que é própria de uma posição intransmissível. Como é que se pode justificar que quem não é cabeça-de-casal suceda numa obrigação que é inerente a essa qualidade?
>
> No entanto, apesar da não transmissibilidade da obrigação de prestação de contas pelo cabeça-de-casal, é claro que uma ação de prestação pode ser continuada pelos herdeiros daquela parte. Mas isso sucede, não porque os habilitados sejam herdeiros da obrigação dessa prestação, mas antes porque são herdeiros de quem tinha essa obrigação. Isto é: o título de herdeiro atribui a alguém legitimidade para se substituir à parte falecida (título legitimante), sem que esteja em causa a sucessão na obrigação que é apreciada na ação (título sucessório).
>
> A habilitação destina-se a permitir a substituição de uma parte falecida pelos seus herdeiros, não a transferir, a título sucessório, o objeto do processo para os herdeiros. Há apenas a substituição de uma parte falecida por uma outra parte. Em tudo o mais (nomeadamente, quanto ao objeto), a instância permanece a mesma.
>
> Em conclusão: a razão não está nem com quem entende que, porque a obrigação de prestação de contas é intransmissível, a ação de prestação tem

3717/05; Acórdãos do Tribunal da Relação de Guimarães de 16.5.2013, *Maria Luísa Ramos*, 345/09, de 26.1.2017, *Anabela Tenreiro*, 861/08; Acórdão do Tribunal da Relação de Coimbra de 28.6.2016, *Moreira do Carmo*, 996/05.

404 Cf.: Acórdão do Tribunal da Relação de Coimbra de 2.2.2016, *Barateiro Martins*, CJ 2016-I, pp. 18-21; Acórdão do Tribunal da Relação de Lisboa de 21.6.2021, *Anabela Calafate*, 709/19.

de se extinguir com a morte do cabeça-de-casal, nem com quem defende que, para que a ação de prestação possa continuar contra os herdeiros do cabeça-de-casal, é necessário pressupor que estes são herdeiros da obrigação de prestação.»[405]

Para quem admitia a transmissão da obrigação de prestar contas, ocorrerá uma impossibilidade superveniente da lide quando os demandantes – e herdeiros do cabeça de casal falecido- são também herdeiros da primeira herança (em que as contas não foram apresentadas), na medida em que os herdeiros são devedores e credores da mesma obrigação.[406]

No âmbito da prestação de contas a efetuar pelo cabeça de casal, não pode o mesmo apresentar a título de despesas as verbas que suportou com a contestação de incidente de remoção de cabeça de casal que lhe foi movido, nem os honorários relativos às questões da interpretação do testamento e da própria prestação de contas. Trata-se de despesas efetuadas apenas no interesse do cabeça de casal e por força do conflito com os herdeiros, extravasando o âmbito precípuo da administração da herança.[407] Sendo o cargo de cabeça de casal gratuito, não podem ser considerados os encargos relativos a pagamentos a terceiros por serviços de administração.[408]

As rendas entregues pelo arrendatário a pessoa incumbida pelo cabeça de casal de as receber deverão ser consideradas como receitas da herança, ainda que esses valores não hajam sido posteriormente entregues ao cabeça de casal.[409]

Tendo o cabeça de casal de herança efetuado, durante vários anos, movimentos bancários, quer com referência a contas pessoais, quer com referência a conta que abriu como administrador da herança, tem inteira relevância e pertinência para a causa, a notificação daquele para juntar aos autos os

[405] https://blogippc.blogspot.com/search?q=Jurisprud%C3%AAncia+2021+%28139%29.

[406] Cf.: Acórdão do Tribunal da Relação de Guimarães de 11.5.2017, *Beça Pereira*, 524/11; Acórdão do Tribunal da Relação de Coimbra de 2.2.2016, *Barateiro Martins*, 91/14.

[407] Cf. Acórdão do Supremo Tribunal de Justiça de 24.5.2007, *Bettencourt de Faria*, 1074/07, *Sumários*, www.stj.pt.

[408] Acórdão do Tribunal da Relação de Guimarães de 17.12.2018, *Maria da Conceição Sampaio*, 384/11.

[409] Acórdão do Tribunal da Relação de Guimarães de 17.12.2018, *Maria da Conceição Sampaio*, 384/11.

respetivos extratos bancários, pelo período temporal a que respeita a obrigação de prestação de contas da sua administração.[410]

4.4. Mandatário

Nos termos do Artigo 1161º, al. *d)*, do Código Civil, o mandatário é obrigado a prestar contas, findo o mandato ou quando o mandante as exigir. Tal obrigação tem apenas como pressuposto que os atos jurídicos objeto do mandato tenham reflexos patrimoniais nas relações entre mandante e mandatário.[411]

Esta norma pode ser afastada por convenção das partes, não tendo natureza imperativa. Conforme se refere no Acórdão do Supremo Tribunal de Justiça de 5.7.2007:

> «Com efeito, não descortinamos quaisquer interesses indisponíveis que estejam na base da disposição da referida al. *d)* que a tornem imperativa e como tal insuscetível de ser derrogada por convenção acordada entre as partes.
>
> Estamos aqui perante a esfera meramente contratual onde o princípio da liberdade negocial tem a sua mais vasta aplicação, nos termos do art. 405º do Código Civil, salvo estando em causa princípios conformadores de interesse e ordem pública.
>
> Por outro lado, as circunstâncias que poderão estar por trás de uma cláusula daquele tipo podem ser plenamente merecedoras de proteção jurídica.
>
> (...)
>
> E como reforço desta argumentação, citaremos o acórdão deste Supremo Tribunal de 26-01-2206, proferido no recurso nº 2602/05 que, para uma situação equivalente, consistente na norma do art. 31º do Dec.-Lei nº 231/81 de 28/07 que prevê igual obrigação de prestação de contas para o contrato de consórcio e de associação em participação, considerou que a obrigação de prestar contas podia ser afastada por convenção entre as partes.
>
> E a mesma doutrina fora já afirmada em assento deste Supremo de 2-02-88, publicado no D.R., I série de 15/03/88 que considerou que pela regulamentação do contrato da conta em participação constante dos arts. 224º a 229º do Cód. Comercial, o associante é obrigado a prestar contas aos associados, salvo havendo convenção em contrário.»[412]

[410] Acórdão do Tribunal da Relação de Lisboa de 25.3.2021, *Carlos Castelo Branco*, 3630/18.

[411] Neste sentido, cf. também Acórdão do Tribunal da Relação de Coimbra de 28.6.2021, *Henrique Antunes*, 84/20.

[412] Sendo relator *João Camilo*, 07A1465.

A obrigação de prestar contas tem como objeto não só a apresentação da conta, mas também, e sobretudo, a demonstração e a justificação da atividade desenvolvida pelo mandatário. [413] No fim do mandato, nada tendo sido acordado em contrário e em simultâneo com a prestação de contas, o mandatário tem a obrigação de entregar ao mandante o que recebeu no exercício do mandato, depois de abatidos os seus créditos por despesas.[414]

A circunstância de o mandato ser gratuito não significa que não haja créditos e débitos recíprocos, a justificar a prestação de contas, porquanto o mandatário – ainda que não receba qualquer retribuição – pode ter feito despesas e sofrido prejuízos que devam ser pagos e recuperados pelo mandante.[415]

Ao remeter ao mandante a nota de honorários, o mandatário judicial presta extrajudicialmente contas. A conta de honorários deve ser prestada por escrito de modo que, não sendo junto tal documento, deve o juiz proferir despacho nos termos do Artigo 590º, nº 3, do CPC.[416]

A obrigação de prestar contas do mandatário enquadra-se numa relação jurídica de natureza patrimonial, a qual pode ser objeto de sucessão, transmitindo-se, enquanto obrigação, aos herdeiros do mandatário, e, enquanto direito, aos herdeiros do mandante (Artigo 2024º do Código Civil).[417]

4.5. Depósito bancário

O contrato de depósito bancário pode definir-se como o contrato pelo qual uma pessoa entrega uma quantia pecuniária a um banco, o qual dela poderá livremente dispor, obrigando-se a restituí-la mediante solicitação e de acordo com as condições estabelecidas. [418] O banco tem o direito de utilizar os fundos depositados uma vez que, com o depósito, se torna proprietário dos mesmos. O cliente tem direito de exigir a restituição dos fundos e poderá, em alguns casos, ter direito ao pagamento de juros.

No contrato de depósito bancário, o banco não está a administrar bens alheios.

[413] Acórdão do Supremo Tribunal de Justiça de 5.2.2009, *Serra Baptista*, Rev. 3611/08, 2ª Secção.

[414] Acórdão do Tribunal da Relação de Guimarães de 17.12.2019, *Joaquim Boavida*, 132/17.

[415] Acórdão do Supremo Tribunal de Justiça de 15.6.99, *Fernandes Magalhães*, 99A1064.

[416] Acórdão do Tribunal da Relação de Lisboa de 19.12.2019, *Adeodato Brotas*, 56285/17.

[417] Cf.: Acórdão do Tribunal da Relação de Guimarães de 23.4.2020, *António Sobrinho*, 2629/08; Acórdãos do Tribunal da Relação do Porto de 2.12.2021, *António Paulo Vasconcelos*, 2318/18, de 8.3.2022, *João Proença*, 2736/19.

[418] Cf. Paula Ponces Camanho, *Do Contrato de Depósito Bancário*, 1998, p. 93

Assim, a ação que vise discutir o cumprimento do contrato de depósito bancário será a ação comum e não a ação de prestação de contas regulada no Artigo 941º e seguintes.[419]

Diversamente, se o titular da conta autorizar ou conferir a terceiro o poder de movimentar a conta bancária e o terceiro aceitar tais poderes, obriga-se a praticar, em nome dele, os atos jurídicos de efetuar depósitos e levantamentos, o que consubstanciará contrato de mandato com a consequente constituição da obrigação de prestar contas. [420] Nessa prestação de contas, devem considerar-se como receitas as transferências efetuadas para essa conta bem como os juros referentes ao período em causa, lançados a crédito, sendo despesas os levantamentos e as transferências efetuadas dessa conta.[421]

Ocorrendo um contrato de gestão de carteira com depósito de carteiras de títulos e outros valores, atenta a natureza infungível do objeto, a propriedade sobre os referidos valores mobiliários não se transmite para o depositário, e cabendo a este, em regra, o poder de administração de tais bens, no interesse e por conta do depositante, existe a correlativa obrigação de prestar contas.[422]

A cotitularidade de uma conta bancária (coletiva e solidária) distingue-se da situação anterior, não dando azo à obrigação de prestar contas. Com efeito, o direito do cotitular movimentar os fundos depositados é o contraponto da obrigação que o banco tem de restituir os fundos depositados aos titulares da conta e não o resultado de um contrato de mandato entre os cotitulares da conta.[423]

[419] Neste sentido, Acórdãos do Supremo Tribunal de Justiça de 14.1.75, *Rodrigues Bastos*, BMJ nº 243, pp. 203-205, de 2.7.2002, *Lopes Pinto*, 03A656, de 12.1.2022, *Graça Trigo*, 2919/19, Acórdão do Tribunal da Relação do Porto de 15.4.99, *Marcos Rodrigues*, CJ 1999 – II, pp. 104-106.

[420] Acórdão do Supremo Tribunal de Justiça de 25.6.2002, *Pais de Sousa*, 1722/02, *Sumários*, www.stj.pt.

[421] Acórdão do Tribunal da Relação de Guimarães de 2.5.2019, *Cristina Cerdeira*, 6076/16.

[422] Acórdão do Supremo Tribunal de Justiça de 12.1.2022, *Graça Trigo*, 2919/19.

[423] Acórdão do Tribunal da Relação de Coimbra de 3.5.2016, *Barateiro Martins*, 328/15.

5
Legitimidade

Conforme já foi anteriormente aflorado, a regra em sede de ação de prestação de contas é a do **litisconsórcio necessário natural, ativo e passivo.**

Nos termos do Artigo 33º, nº 2, do CPC, «*É igualmente necessária a intervenção de todos os interessados quando, pela própria natureza da relação jurídica, ela seja necessária para que a decisão a obter produza o seu efeito útil normal.*» E «*A decisão produz o seu efeito útil normal sempre que, não vinculando embora os restantes interessados, possa regular definitivamente a situação concreta das partes relativamente ao pedido formulado*» (nº 3).

Como ensina Rodrigues Bastos[424], «A decisão produz o seu efeito útil normal quando regule definitivamente a situação concreta sujeita à apreciação judicial. Sempre que, por não intervirem certas pessoas, seja abalada essa estabilidade que se procura e se deseja, deixando a porta aberta à possibilidade de outros interessados na mesma relação jurídica instaurarem nova demanda, em que poderão obter decisão diferente, o litisconsórcio impõe-se como obrigatório.» Já anteriormente, Manuel de Andrade num parecer publicado na "Scientia Iuridica", nº 34, p. 187, afirmou que quando o entrelaçamento das posições dos vários interessados vai a tal ponto, pela natureza da relação jurídica, que nada de definitivo se pode decidir se não para todos e, portanto, entre todos, a sentença que se proferisse sem todos estarem presentes no pleito não produziria o seu efeito útil normal. Também Teixeira de Sousa[425] acentua que «(...)

[424] *Notas ao CPC*, I Vol., p. 109.

[425] *As partes, o objeto e a prova na ação declarativa*, 1995, p. 70.

decorre da leitura do Art. 28º, nº 2, segunda parte [*atual Artigo 33º, nº 2*] que, na determinação do litisconsórcio, releva apenas a eventualidade de a sentença não compor definitivamente a situação jurídica das partes, por esta poder ser afetada pela solução data numa outra ação pendente entre as partes.», o que este professor apelida de ***critério da compatibilidade dos efeitos produzidos***. Ainda neste sentido, pronunciou-se o Acórdão do Supremo Tribunal de Justiça de 9.2.93 [426], segundo o qual «Sempre que, por não intervirem certas pessoas, seja abalada a estabilidade que se procura e se deseja, deixando aberta a porta à possibilidade de outros interessados na mesma relação jurídica suscitarem nova demanda, em que poderão obter decisão diferente, impõe-se o litisconsórcio como obrigatório.»

Se apenas um herdeiro requeresse a prestação de contas pelo cabeça de casal, ficaria a porta aberta à possibilidade de outros herdeiros instaurarem nova demanda, em que poderiam obter decisão diferente. O herdeiro demandante deverá suscitar incidente de intervenção principal dos demais herdeiros como forma de assegurar a sua legitimidade ativa (Artigos 311º e 316º, nº 1, do CPC).[427] No caso do cabeça de casal, o litisconsórcio necessário passivo decorre também do disposto no Artigo 2091º, nº 1, *in fine*, do Código Civil. [428]

No sentido da existência de litisconsórcio necessário ativo na ação de prestação de contas, vejam-se: Alberto dos Reis, *Op. Cit.*, p. 314; Rodrigues Bastos, *Notas ao CPC*, IV Vol., 1984, p. 259; Acórdãos da Relação de Lisboa de 28.11.80, CJ 1980 – V, p. 25, de 4.7.96, *Santos Bernardino*, BMJ nº 459, p. 592; Acórdãos da Relação do Porto de 23.2.95, *Oliveira Barros*, CJ 1995-I, pp. 227-229, de 1.3.2007, *José Ferraz*, 0730520; Acórdão do Supremo Tribunal de Justiça de 17.3.2016, *Lopes do Rego*, 806/13, www.colectaneadejurisprudencia.com; Acórdão do Tribunal da Relação de Guimarães de 5.5.2022, *Anizabel Pereira*, 225/20. Refere-se no aresto de 23.2.1995 que a prestação de contas supõe e exige litisconsórcio necessário, já que o entrelaçamento das posições dos vários interessados vai a tal ponto que, pela própria natureza da relação jurídica, nada de definitivo se pode decidir senão para todos e entre todos.

[426] Sendo relator *Cunha Lopes*, CJ 1993 – I, p. 144.

[427] Cf.: Acórdão do Tribunal da Relação de Guimarães de 28.6.2018, *Conceição Bucho*, 155/19; Acórdão do Tribunal da Relação de Lisboa de 28.1.2016, *Ezagüy Martins*, 9840/09.

[428] Acórdão do Tribunal da Relação de Coimbra de 14.7.1992, *Francisco Lourenço*, CJ 1992 –IV, pp. 64-68.

Em sede de administração do condomínio, a ação de prestação de contas deverá ser proposta por todos os condóminos, ou pelo menos com suscitação da respetiva intervenção, devendo ser ressalvada a hipótese de a mesma ser instaurada pelo administrador se tal tiver sido expressamente deliberado pela Assembleia de condóminos, atuando o administrador enquanto representante da assembleia (Artigos 1436º, proémio, e 1437º, nº 1, do Código Civil). [429]

No que tange aos legatários, dada a individualização dos bens ou direitos que lhes cabem por óbito do autor da herança que lhes permite exigir, desde logo, em ação comum, a entrega dos bens ou direitos que constituem o legado (Artigos 2265º e 2270º do Código Civil), falta-lhes legitimidade ativa para exigir ao cabeça de casal a prestação força de contas da administração da herança de que os legados constituem encargos.[430]

[429] Cf. Acórdão do Tribunal da Relação de Lisboa de 15.10.2009, *Graça Araújo*, 10333/08.

[430] Cf. Acórdão do Tribunal da Relação de Lisboa de 31.1.2006, Ana *Grácio*, CJ 2006 – I, pp. 85-87, Acórdão do Supremo Tribunal de Justiça de 28.9.2006, *Oliveira Barros*, 06B2397.

6
Prescrição

A obrigação de prestar contas está sujeita ao prazo ordinário de prescrição de vinte anos (Artigo 309º do Código Civil).

Não lhe é aplicável o prazo prescricional previsto no Artigo 310º, al. *g)*, do Código Civil ("*Quaisquer outras prestações periodicamente renováveis*") porquanto na obrigação de prestação de contas o cumprimento se protela no tempo (v.g., cabeça de casal, administrador do condomínio) através de sucessivas prestações instantâneas em que o objeto se encontra pré-fixado, sendo, periodicamente, renovado.[431]

No que tange ao início de tal prazo, temos por pertinentes as judiciosas considerações do Acórdão do Supremo Tribunal de Justiça de 9.6.2009[432], segundo o qual:

> «No que contende com os direitos que impõem a uma pessoa uma prestação de dar ou fazer, a regra geral aplicável é a de que o prazo da prescrição começa a correr a partir do momento em que a obrigação se tornou exigível e, no caso dos direitos ou créditos meramente eventuais, como acontece com a prestação de contas, a respetiva prescrição começa a correr desde o dia em que os obrigados cessam a gerência, mas, se o resultado for ilíquido, com sucede no caso concreto, a partir do dia em que as contas se tornarem líquidas, quer por consenso, quer por decisão transitada em julgado.
>
> Assim sendo, o prazo da prescrição da obrigação de prestação de contas, em que o saldo não está líquido, porquanto importa descontar as despesas realizadas face às receitas obtidas, só começa a correr desde a altura em que

[431] Cf. Acórdão do Supremo Tribunal de Justiça de 9.6.2009, *Hélder Roque*, 225-A/2000.

[432] Sendo relator *Hélder Roque*, 225-A/2000.

o credor pode promover a liquidação da dívida, ou seja, desde o dia em que os obrigados cessam a gerência, e a prescrição do resultado líquido dessas contas, desde o dia em que se tornarem líquidas, quer por consenso, quer por decisão transitada em julgado.»

Não há abuso de direito em exigir a prestação de contas quando o titular desse direito deixa passar vários anos sem exigir tal prestação e sem contestar a indicação do obrigado quanto aos montantes de rendimentos entretanto produzidos pelos bens administrados.

Tal abuso de direito só ocorrerá se a conduta omissiva for acompanhada por algum outro facto, que torne impossível ou altamente improvável, que tal conduta seja interpretada com significado diferente do de implicar renúncia ao direito de exigir aquela prestação ou de obter o pagamento de quantias a que o autor sinta ter direito. [433] Por outras palavras, mesmo que se tenha provado que o réu confiou em que autor não exigiria a prestação de contas, não incorrerá este em abuso de direito quando se não prove que o réu, com base na confiança e por causa dela, tenha tomado medidas ou desenvolvido uma qualquer atividade que, em consequência do exercício do direito por parte do autor, sejam destruídas ou se vejam prejudicadas. [434]

Em sentido divergente, no Acórdão do Supremo Tribunal de Justiça de 9.3.2021 entendeu-se que – nove anos após a cessação das funções de cabeça de casal do réu e tendo a autora retirado do escritório da família toda a documentação contabilística da herança e respetivos documentos de suporte, os quais conserva na sua posse – não sendo possível separar o conhecimento que passou a deter enquanto cabeça de casal e na qualidade de herdeira, perante os factos dados como provados, não é justificável a exigência que faz ao réu (irmão e anterior cabeça de casal), ao fim destes anos todos, por ser manifestamente inexigível que o mesmo esteja em condições de explicar ou demonstrar o cabal exercício de funções dos quais já não dispõe de elementos, que estão com a autora. Tal exigência feita pela autora afigura-se manifestamente abusiva da sua parte, por força do regime do artº 334º do CC, razão pela qual se deve entender que o réu já não está obrigado a prestar as contas do período em que foi cabeça-de casal.[435]

[433] Acórdão do Supremo Tribunal de Justiça de 16.10.2003, *Silva Salazar*, 04A680.

[434] Acórdãos do Tribunal da Relação do Porto de 16.10.2003, *Saleiro de Abreu*, 03344044, de 31.1.2008, *Ataíde das Neves*, 0735715.

[435] Sendo relatora *Fátima Gomes*, 19722/18.

A circunstância de decorrerem vários anos entre a cessação da atividade que gera a obrigação de prestar contas e a exigência da prestação de contas pelo credor não constitui, só por si, causa de impossibilitação da prova do facto ao onerado com a consequente inversão do ónus da prova (Artigo 344º, nº 2, do Código Civil) na medida em que a simples verosimilhança de um facto ou a natural dificuldade da sua prova são coeficientes que não alteram a repartição do ónus da prova segundo as diretivas gerais. [436]

[436] Acórdão do Tribunal da Relação de Lisboa de 24.10.2006, *Rui Vouga*, 6856/2005.

7
Valor da ação

Na ação de prestação de contas, o valor é o da receita bruta ou o da despesa apresentada, se lhe for superior (Artigo 298º, nº 4, do CPC).

O valor inicialmente aceite deve ser corrigido logo que o processo forneça os elementos necessários (Artigo 299º, nº 4, do CPC). O valor causa só fica definitivamente fixado na sentença final (Artigo 306º, nº 3, do CPC).[437]

[437] Cf. Acórdão do Supremo Tribunal de Justiça de 22.2.2017, *Silva Gonçalves*, 586/14.

8
Tribunal competente

Segundo o Artigo 947º do CPC, as contas a prestar por representantes legais de incapazes, pelo cabeça de casal e por administrador ou depositário nomeados são prestadas por dependência do processo em que a nomeação haja sido feita.

Esta norma tem suscitado duas correntes interpretativas quanto ao âmbito da competência que delimita.

Para uma primeira corrente, o Artigo 947º (ex-Artigo 1019º) não constitui uma norma de atribuição de competência em razão da matéria mas uma regra de fixação de competência funcional dos tribunais, prescrevendo que um processo corre por apenso a outro (regra de conexão ou dependência e não de competência[438]), tendo por pressuposto que o tribunal da causa tenha a competência material para apreciar a nova ação.

Conforme é explicitado no Acórdão do Tribunal da Relação de Coimbra de 10.5.2005[439]

> «(...) o mencionado art. 1019º [*atual Artigo 947º*] não constitui uma norma de atribuição de competência, em razão da matéria, aos tribunais. Antes se trata de uma norma de fixação de competência funcional de tribunais. A previsão do Artigo, supõe, obviamente, que o tribunal da causa tenha competência, em razão da matéria, para apreciação da nova ação e, partindo desse pressuposto, atribui também competência funcional a ele, para este pleito.

438 Cf. Alberto dos Reis, *Comentário ao CPC*, 2ª ed., Vol. 1, p. 202.

439 Sendo relator *Garcia Calejo*, 1128/05. No mesmo sentido, cf.: Acórdão do Supremo Tribunal de Justiça de 19.12.2018, *José Rainho*, 503/14; Acórdãos do Tribunal da Relação de Lisboa de 12.1.2017, *José Capacete*, 503/14, de 28.2.2019, *Maria Teresa Pardal*, 1743/17.

Como se diz no acórdão da Relação de Lisboa de 27-1-2002 (Col. de Jur. 2002, Tomo I, p. 141) em caso semelhante (apensação de ações nos termos do art. 76º nº 1 do C.P.Civil – ações de honorários), sublinhando as palavras do Prof. Alberto Reis *"o Artigo manda propor a ação no tribunal da causa onde foi prestado o serviço; com esta determinação não se quis atribuir competência ao tribunal da causa, seja qual for a sua natureza, para conhecer da ação de honorários, o que se quis foi prescrever-se que, se esse tribunal tiver competência objetiva para julgar a ação de honorários, a essa competência acrescerá a competência territorial para a referida ação."*»

Dentro desta linha de raciocínio, a prestação de contas pelo ex-cônjuge deve ocorrer perante os tribunais cíveis porquanto são estes que têm competência em razão da matéria para apreciação de tal questão (Artigos 122º, nº 1, al. *c)*, e nº 2, e Artigo 130º, nº 1, al. *a)*, da LOSJ).[440]

Para uma segunda corrente, a prestação de contas pelo ex-cônjuge deve ocorrer por apenso ao processo de inventário para partilha de bens, subsequente ao divórcio. [441]

Em abono desta posição, argumenta-se designadamente que:

- A especificidade das questões pessoais e patrimoniais envolvidas justifica que a competência seja deferida ao tribunal de família, por razões de celeridade (a individualização e valor dos bens já constarão no processo de inventário), de harmonia e coerência das decisões judiciais porquanto o juiz que preside à partilha dos bens comuns conhece melhor as questões suscitadas no inventário;
- As leis de organização judiciária não constituem a fonte exclusiva da delimitação da competência material dos tribunais, podendo esta derivar também do CPC (Artigo 60º, nº 1, do CPC);
- Tendo o legislador, no âmbito da LOSJ, atribuído às Secções de Família e Menores a competência para os inventários requeridos na sequência de ações de divórcio (Artigo 122º, nº 2, da LOSJ), não é crível que o mesmo – conhecedor como era da dependência deter-

[440] Cf. Acórdão do Tribunal da Relação de Lisboa de 14.4.2016, *Rui Ponte Gomes*, 522-14.

[441] Cf.: Acórdãos do Tribunal da Relação de Lisboa de 13.2.97, *Cunha Barbosa*, CJ 1997-I, pp. 128-129, de 26.4.2007, *Ana Paula Boularot*, 1944/2007, de 18.1.2011, *Luís Lameiras*, 431/06, de 18.1.2011, *Rosário Gonçalves*, 73-F/2001, de 2.3.2017, *Sacarrão Martins*, 5309/07, de 14.11.2019, *Luís Mendonça*, 4772/04; Acórdão do Tribunal da Relação do Porto de 3.3.2006, *Mário Fernandes*, 0530365; Acórdão da Relação de Évora de 26.1.2006, *Assunção Raimundo*, 2153/05.

minada pelo Artigo 947º – quisesse excluir da competência daqueles Tribunais a de conhecer da ação de prestação de contas a que está obrigado o cabeça de casal, nomeado no âmbito de processo de inventário que tenha corrido termos perante tais Tribunais.

Temos esta ordem de argumentos por mais impressiva e conforme com razões de economia e celeridade processuais pelo que aderimos à mesma.[442]

Nestes casos, a ação de prestação de contas não é objeto de distribuição, sendo apensada ao processo de que depende – Artigo 206º, nº 1, al. *a)*, e nº 2, do CPC.

No que tange à propositura do processo de prestação de contas na pendência de inventário judicial, cf. o que ficou dito a pp. 155-156.

Atualmente, atento o disposto nos Artigos 1082º, al. *d)*, e 1083º, nº 1, al. *b)*, do CPC (redação da Lei nº 117/2019, de 13.9), tendo o inventário subsequente ao divórcio regressado à competência dos juízos de família, cremos que se dissiparam as razões desta discussão, devendo a ação de prestação de contas correr por dependência ao processo de inventário. Em sentido oposto ao que propugnamos, no Acórdão do Supremo Tribunal de Justiça de 8.10.2020 decidiu-se que as ações de prestação de contas entre ex-cônjuges não estão abrangidas pela competência material dos juízos de família e menores (art. 122º da LOSJ), sendo da competência dos juízos cíveis.[443]

Em sede de competência internacional, num caso em que a administração incidiu sobre bens imóveis sitos em Portugal e as partes residiam, há muito, no Brasil, foi entendido que a prestação de contas podia ser realizada no Brasil, não sendo de alargar a competência dos tribunais portugueses (Artigo 62º, al. *c)*, do CPC).[444]

442 Conforme se explicita desenvolvidamente no Acórdão do Tribunal da Relação de Lisboa de 18.1.2011, *Luís Lameiras*, 431/06, mesmo no caso da prestação de contas preceder o inventário será de manter a regra da competência do tribunal da família.

443 Sendo relator *Ferreira Lopes*, 487/19. Confluentemente, cf. o Acórdão do Supremo Tribunal de Justiça de 19.12.2018, *José Rainho*, 503/14.

444 Acórdão do Supremo Tribunal de Justiça de 28.6.2018, *Joaquim Piçarra*, 30508/15.

9
Erro na forma do processo

A forma de processo afere-se em função do tipo de pretensão concretamente formulada pelo autor e não em referência à pretensão que devia ser por ele deduzida (aqui trata-se não de uma impropriedade da forma do processo, mas de uma situação de eventual manifesta improcedência da ação). A questão do erro na forma do processo resolve-se em face do pedido formulado na ação em confronto com o fim a que, segundo a lei, o processo especial de contas de destina. Assim, se a forma de processo empregue não for apropriada ao tipo de pretensão deduzida, ocorre o vício processual de erro na forma de processo. Diversamente, se a forma de processo se adequar à pretensão formulada, mas esta não for conforme aos fundamentos invocados, então estaremos perante uma questão de mérito conducente à improcedência da ação. [445]

O erro na forma do processo só importará em anulação de todo o processo, como exceção dilatória determinativa de absolvição do réu da instância, nos casos em que a petição inicial não possa ser aproveitada para a forma de processo adequada (Artigos 193º, nº 1, 278º, nº 1, al. *b)*, 576º, nº 2, 577º, al. *b)*, do CPC).

A ação de prestação de contas não tem por fim determinar se a pessoa obrigada a prestá-las foi ou não diligente na administração, não visa a responsabilização do administrador por eventual má administração nem a fixação de rendimentos que não foram obtidos por falta de diligência

[445] Cf., por todos, o Acórdão do Tribunal da Relação de Lisboa de 22.2.2007, *Isabel Canadas*, 8592/2006.

do obrigado.[446] Apenas pode discutir-se na ação de prestação de contas o valor ou a inscrição de receitas alegadamente efetivas e não de receitas virtuais. O disposto no Artigo 944º (apresentação das receitas e despesas em conta-corrente) não se compagina com a determinação de receitas ou despesas não realizadas efetivamente, virtuais.[447] Na expressão do Acórdão do Supremo Tribunal de Justiça de 16.2.2016, «O processo especial de prestação de contas não se destina a verificar um eventual incumprimento de contrato por uma das partes, mas, tão somente, a apurar o montante das receitas e despesas que efetivamente foram cobradas ou efetuadas.»[448]

Caso pretenda averiguar da boa ou má administração da pessoa obrigada a prestar contas, deve o autor recorrer ao processo comum e não ao processo especial de prestação de contas.[449]

Do mesmo modo, não deverá ser instaurado processo especial de prestação de contas quando o autor deduzir pretensão que consista em:

- Pedir a condenação da Ré, sua ex-mulher no pagamento de quantia líquida, a título de ressarcimento dos prejuízos decorrentes da utilização exclusiva por parte da Ré do imóvel património comum do casal que constituiu a casa de morada da família[450];
- Partilha de quotas sociais, entre ex-cônjuges, devendo a partilha ser realizada no inventário subsequente à dissolução do casal[451];
- Condenação da ré no pagamento de determinada quantia com fundamento na sua apropriação ilícita, mesmo que exista a obrigação de prestar contas ao autor[452];
- Pedir a prestação de contas pelos gerentes, administradores ou diretores de sociedades comerciais regularmente constituídas porquanto

[446] Confluentemente, cf.: Acórdão do Tribunal da Relação de Guimarães de 17.12.2018, *Maria da Conceição Sampaio*, 384/11; Acórdão do Tribunal da Relação de Lisboa de 6.4.2017, *Maria Manuela Gomes*, 40827/03; Acórdão do Tribunal da Relação de Évora de 19.12.2019, *Ana Margarida Leite*, 1978/17 ("A determinação de rendimentos eventualmente deixados de auferir em resultado da administração efetuada não integra o objeto da ação de prestação de contas").

[447] Cf. Acórdão do Supremo Tribunal de Justiça de 20.6.2002, *Moreira Alves*, 03A073, Acórdão do Tribunal da Relação de Lisboa de 19.3.2013, *Eurico Reis*, 10954/11.

[448] Sendo relator *Sebastião Póvoas*, 17099/98.

[449] Cf. também Acórdão do Tribunal da Relação de Guimarães de 26.5.2022, *Alcides Rodrigues*, 3676/14.

[450] Acórdão do Tribunal da Relação de Lisboa de 22.2.2007, *Isabel Canadas*, 8592/2006.

[451] Acórdão do Supremo Tribunal de Justiça de 27.4.1999, *Francisco Lourenço*, 99A889.

[452] Acórdão do Tribunal da Relação de Coimbra de 19.1.2010, *Manuel Capelo*, 579/08.

há que aplicar a norma especial decorrente do Artigo 67º do Código das Sociedades Comerciais;[453]

- Pedido de condenação dos réus a transferirem para os autores determinados direitos.[454]

[453] Cf. Acórdão do Supremo Tribunal de Justiça de 2.4.97, *Aragão Seia*, 99A489. "O sócio não pode recorrer ao processo especial previsto no Artigo 1014º do CPC para exigir a prestação de contas da gerência. O meio idóneo para a exibir é o inquérito previsto no Artigo 67º do CSC "(Acórdão do Supremo Tribunal de Justiça de 16.5.2000, *Ribeiro Coelho*, CJ 2000 – II, pp. 61-63).

[454] Acórdão do Tribunal da Relação de Évora de 29.9.2022, *Ana Margarida Leite*, 1365/20.

10
Tramitação

10.1. Petição inicial

A prestação de contas constitui um processo especial que se regula pelas disposições que lhe são próprias e pelas disposições gerais e comuns. Em tudo quanto não estiver prevenido numas e noutras, observar-se-á o que se acha estabelecido para o processo comum – nº 1, do Artigo 549º do CPC.

O autor da ação de prestação de contas não deixa de ter interesse em agir pelo facto de não ter interpelado, prévia e extrajudicialmente, o obrigado a prestá-las porquanto a lei não impõe tal interpelação, admitindo-se que a interpelação tanto se faça por via extrajudicial ou judicial.[455]

A obrigação de prestar contas é distinta da necessidade em as prestar, ou seja, o resultado da prestação – ainda que a sua expressão possa vir a ser nula – em nada interfere com a obrigação de as prestar que é decidida em momento anterior à efetiva prestação.[456]

Conforme refere Alberto dos Reis[457], «Na petição deve o autor invocar o ato ou facto que justifica o pedido; esse ato ou facto constitui a causa de pedir. Quer dizer, há de o autor dizer a razão porque pede contas ao Réu ou, por outras palavras, a razão por que se julga no direito de exigir a prestação de contas e por que entende que sobre o réu impende a obrigação de as prestar.» Ou seja, apenas é necessário alegar que o autor tem direito à prestação de contas e que o réu tem obrigação de as prestar,

[455] Acórdão do Supremo Tribunal de Justiça de 29.3.93, *Machado Soares*, 085006.

[456] Cf. Acórdão do Supremo Tribunal de Justiça de 23.4.2002, *Lopes Pinto*, 02A916.

[457] *Op. Cit.*, p. 314.

envolvendo o pedido de prestação de contas necessariamente um pedido de condenação do eventual saldo final.[458]

É face à causa de pedir invocada pelo autor que se afere se existe ou não a obrigação de prestar contas.

Cabe àquele que invoca o direito a prestação de contas o ónus de provar os factos constitutivos (Artigo 342º, nº 1, do Código Civil).[459]

Deve o autor concluir a petição requerendo que o réu seja citado para apresentar as contas em 30 dias ou, no mesmo prazo, contestar a ação, sob cominação de não poder deduzir oposição às contas que o autor apresente. O autor deve pedir a condenação do réu no pagamento do saldo que venha a apurar-se (cf. Artigo 941º, *in fine*).

O momento de oferecimento da prova é o de apresentação dos articulados (Artigo 942º, nº 1, do CPC).[460]

10.2. Citação

Após a citação, o réu pode assumir três posições:

10.2.1. Nada faz;
10.2.2. Apresenta as contas;
10.2.3. Contesta a obrigação de prestar contas.

10.2.1. O Réu nada faz

Pode o autor apresentar as contas no prazo de trinta dias subsequentes à notificação da falta de apresentação ou requerer prorrogação do prazo para as apresentar (Artigo 943º, nº 1).

O Réu não é admitido a contestar as contas apresentadas, as quais são julgadas segundo o prudente arbítrio do julgador, depois de obtidas as informações e feitas as averiguações convenientes, podendo ser incumbida pessoa idónea de dar parecer sobre todas ou parte das verbas inscritas pelo autor (Artigo 943º, nº 2).

[458] Cf. Acórdão do Tribunal da Relação de Coimbra de 5.7.2000, *Serra Baptista*, Apelação nº 1115/2000 e Acórdão do Supremo Tribunal de Justiça de 16.12.99, *Garcia Marques*, 99A902.

[459] Acórdão do Supremo Tribunal de Justiça de 16.4.2009, *Maria Beleza*, 77/07.
No que tange ao ónus da prova cf., desenvolvidamente, o nosso *Direito Probatório Material Comentado*, Almedina, 2020, pp. 13-24.

[460] Acórdão do Supremo Tribunal de Justiça de 25.11.93, *Sampaio da Silva*, 084481 e Acórdão do Tribunal da Relação de Évora de 18.12.2002, *Ribeiro Cardoso*, 1663/02.

Daqui decorre que a lei não associa qualquer efeito cominatório à falta de contestação e de apresentação de contas por parte do Réu (não tem aplicação o Artigo 567º, nº 1, do CPC).

A restrição ao contraditório consistente na inadmissibilidade legal do réu contestar as contas apresentadas pelo autor só surge depois de já ter sido conferida oportunidade ao réu para apresentação das contas, oportunidade que não aproveitou. Pelo que este desvio ao princípio do contraditório não atenta contra as exigências de um processo equitativo já que se apresenta racionalmente justificado, tanto mais que o réu na prestação de contas será, em regra, a parte em melhor posição para prestar contas,[461] não sendo esta interpretação inconstitucional já que se trata de um processo especial em que não se prevê qualquer audiência prévia para o efeito.[462]

Não apresentando as contas, não pode o Réu vir ulteriormente intentar ação de condenação contra o autor pedindo a condenação deste no pagamento de quantia a título de enriquecimento sem causa adveniente de despesas que o Réu teve no exercício da administração. Não é lícito ao réu eximir-se ao efeito preclusivo (inadmissibilidade de contestação das contas apresentadas pelo autor) expressamente previsto nos Artigos 942º, nº 5, e 943º, nº 2 mediante a propositura de ação de enriquecimento sem causa, através da qual e em última análise, se vai tentar retirar a eficácia à sentença da prévia ação de prestação de contas que considerou verificadas definitivamente certas receitas e despesas, condenando o Réu no pagamento do saldo apurado. Ou seja, é oponível ao Réu a exceção dilatória do caso julgado, que abrange a indiscutibilidade da sentença transitada e o efeito preclusivo que lhe subjaz, ficando preterido o conhecimento de todas as questões que o demandado tinha o ónus de suscitar durante o processo de prestação de contas.[463]

As contas, quer sejam apresentadas pelo autor quer sejam apresentadas pelo réu, devem ser apresentadas sob a **forma gráfica de conta-corrente[464]**, a qual se decompõe em receitas, despesas e saldo. "As contas apresentam a expressão ou a forma gráfica de conta corrente, quando em

[461] Acórdão da Relação de Coimbra de 6.3.2012, *Carlos Gil*, 7294.03, www.colectaneadejurisprudencia.com.

[462] Acórdão do Supremo Tribunal de Justiça de 9.11.2017, *Sousa Lameira*, 628/14.

[463] Cf. Acórdão do Supremo Tribunal de Justiça de 21.4.2010, *Lopes do Rego*, 6640/07.

[464] Não deve confundir-se o processo de escrituração em conta-corrente com o contrato de conta corrente previsto no Artigo 344º do Código Comercial. Sobre esta matéria pronunciou-

colunas separadas se inscrevem as verbas de receita, as verbas de despesa, e o saldo resultante do confronto dumas e doutras. / As verbas de receita

se de forma clara o Acórdão da Relação de Évora de 14.1.2002, *Fernando Bento*, CJ 2002 – I, pp. 255-259, de que extratamos os seguintes passos:
"(...) uma coisa é o denominado contrato de conta corrente e outra, diversa, a forma contabilística de exprimir relações comerciais.
A mera circunstância de a Ré elaborar uma conta corrente onde lança todos os movimentos a crédito e a débito que expressam as relações entre ela e cada um dos seus sócios ou fornecedores nada esclarece.
Tal processo contabilístico de escriturar as transações que fazem em rubricas de "deve" e "haver", "débitos" e "créditos" é comum a comerciantes e não comerciantes.
"Confunde-se na prática, frequentemente, este contrato (o de conta corrente) com o processo de escrituração também chamado de conta-corrente, feita em papel com riscado razão ou riscado de contas correntes, ou seja, com colunas próprias para o débito e para o crédito, processo normalmente usado nas relações comerciais e a que costuma chamar-se de conta corrente, mas não tem aqui o significado de contrato, antes o de simples forma contabilística (de conta corrente) a que seria mais correto chamar contas de "Devedores" e "Credores", contas de posição, como opina o Prof. Pires Cardoso (Compêndio de Noções de Direito Comercial, pág. 238, nota, ed. de 1968).
" Não deve, pois, confundir-se o contrato de conta corrente como simples processo de escrituração ou forma contabilística, vulgarmente apelidado também de conta corrente (a que ainda se chama "sistema diagráfico de escrita) (cf. Correia das Neves, Manual dos Juros, 3ª ed., 1989, pág. 219 e segs., cit. por A. Neto, *Código Comercial, Código das Sociedades, Legislação Complementar, Anotados*, 12ª. ed., 1996, p. 159).
"É essencial não confundir o processo de escrituração contas correntes, peculiar às partidas dobradas, com o contrato de conta corrente. Como se sabe, em Contabilidade, todos os livros subsidiários ou auxiliares do Razão são escriturados em papel com riscado razão, também chamado riscado de contas correntes, isto é, com colunas especiais para o débito e para o crédito" (cf. Pires Cardoso, Noções de Direito Comercial, 1984, pág. 161).
O processo de escrituração em forma contabilística espelha as relações comerciais, designadamente as compras e vendas de mercadorias, registadas nos livros em lançamentos de débitos e créditos, mas nunca um contrato de conta corrente, no sentido técnico-jurídico de estipulação, acordo ou convenção entre as partes no sentido de lançarem a débito e a crédito os valores que reciprocamente tivessem de ou viessem a ter de entregar uma à outra e de se exigirem apenas o saldo final que se viesse a apurar.
Uma coisa é, portanto, a conta corrente contabilística, outra, diversa, é o contrato de conta corrente.
Este é definido nestes termos:
"Dá-se contrato de conta corrente todas as vezes que duas pessoas, tendo de entregar valores uma à outra, se obrigam a transformar os seus créditos em Artigos de "deve" e "há de haver", de sorte que só o saldo final resultante da sua liquidação seja exigível".
Através dele duas pessoas obrigam-se a inscrever em partidas de débito e crédito valores correspondentes a remessas de numerário ou de outras mercadorias que reciprocamente se façam.

inserem-se em coluna que tem a rubrica *Haver*; as verbas de despesa em coluna encimada pela palavra *Deve*".[465] Há que indicar separadamente como se obteve a totalidade da receita, quais as quantias que se foram recebendo e donde provieram; assim como é forçoso declarar quais as diferentes despesas que se fizeram e a que fim se aplicaram as respetivas verbas.[466]

As partes não se vinculam a fazer entregas de dinheiro ou de mercadorias mas sim a converter os respetivos valores em Artigos de deve e haver; por isso,
"os objetos do contrato são os lançamentos e não as remessas, pois que a estas as partes se obrigam. Uma vez feitas, o crédito resultante não é isoladamente exigível, porque tem de ser levado à conta, e balanceado com os débitos em contrapartida. Como consequência, nenhum dos contraentes guarda a faculdade de reclamar de outro qualquer crédito isoladamente, porém, o saldo que a conta apresentar, no final, ou no termo convencionado, ou quando ficar encerrada em razão de qualquer causa determinante do vencimento antecipado das obrigações. Este, aliás, é o efeito mais importante do contrato de conta corrente, chamado novatório, em virtude do qual se substitui um crédito exigível por um lançamento..." (cf. C.M.Silva Pereira, Instituições de Direito Civil, vol. III, 10ª ed., págs. 341-342).
O que caracteriza este contrato não é a forma de contabilizar, mas a convenção, o ajuste, a estipulação, prévia entre as partes que devem (ou vão) entregar valores ou mercadorias uma à outra, no sentido de transformar os créditos e débitos em recíprocos Artigos de "deve" e "haver", sendo exigível apenas o saldo final e não a mera expressão escritural, contabilística e gráfica dessas entregas recíprocas, ainda que formalmente como conta-corrente.
O contrato de conta corrente pressupõe futuras transações entre as partes das quais resulta a obrigação de entrega recíproca de valores e por isso elas acordam e se vinculam a transformar os respetivos créditos e débitos em "deve" e "há de haver", com exigibilidade apenas do saldo final da liquidação que é feita através da prestação de contas, constituindo o saldo uma novação das obrigações recíprocas (créditos e débitos) das partes e compensação entre estes e aqueles (art. 346º do C.Com.).
Nada tem a ver – repete-se – com a conta corrente contabilística (que é tão só o processo de registo contabilístico de operações efetuadas a crédito e débito), pela qual se exprime numericamente o movimento ou resultado de qualquer operação ou transação, que por sua vez se traduz num saldo credor ou devedor; por outras palavras, não se confunde com a forma técnica de o comerciante, sem intervenção do seu cliente ou fornecedor, registar numericamente o movimento das suas transações, designadamente fornecimentos ou empréstimos e respetivas amortizações, ou seja, com a técnica de escrituração, através de descrições genéricas de lançamentos em forma de conta corrente, com que ele, unilateralmente, vai exprimindo o seu giro. Na verdade, a "contabilidade" é o conjunto de operações de lançamento em escrita de créditos e débitos entre duas ou mais pessoas, segundo um sistema lógico de dicotomia correspondente entre o "deve" e o "haver", de modo a espelhar em cada momento, pelo encontro destes elementos da conta, o saldo em dinheiro dos valores prestados entre essas pessoas."

[465] Alberto dos Reis, *Op. cit.*, p. 315.

[466] *Op. Cit.*, p. 316.

De acordo com a jurisprudência do Supremo Tribunal de Justiça, não deve admitir-se, numa ação de prestação de contas, a relacionação como receita de um montante, correspondente à retribuição do gozo de um imóvel por parte do obrigado a prestar contas, que não foi por este efetivamente percebido. Se a mera utilização de um bem integrante da herança por parte de um co-herdeiro não acarreta para si, sem mais, automaticamente, o dever de pagamento de uma contraprestação, resta, pois, adotar uma perspetiva casuística que atenda às especificidades do caso concreto e valore adequadamente a atuação das partes ao longo do tempo.[467]

Uma prestação de contas sob a forma de conta-corrente é uma forma simples de escrituração de transações, em rubricas de deve e haver (débitos e créditos), que releva a situação patrimonial de uma conta em cada momento, ou num determinado período de tempo, através do saldo resultante das entradas/receitas/créditos e das saídas/despesas/débitos.

Este tipo de escrituração deve ser efetuado num só documento do tipo:

		MOVIMENTOS		
Data	**Designação**	**Débito**	**Crédito**	**Saldo/Situação**

Apresentar as contas sob a forma de conta-corrente é uma das formas de contabilidade, é uma das artes de escriturar as contas.

A não observância da forma de conta-corrente *pode* determinar a rejeição das contas (Artigo 944º, nº 2) mas não a impõe como consequência inevitável e inexorável.[468]

Com efeito, a apresentação das contas sob a forma de conta-corrente pretende facilitar a análise dos dados que são levados para o processo, sendo que o objetivo final do processo é o de determinar o quantitativo que uma parte deve a outra. Caso as contas sejam apresentadas de outra forma menos perfeita sob o ponto de vista das artes contabilísticas, haverá

[467] Acórdão do Supremo Tribunal de Justiça de 15.12.2022, *Maria João Vaz Tomé*, 929/14. Sobre a utilização de um imóvel da herança pelo cabeça de casal, cf. também o Acórdão do Supremo Tribunal de Justiça de 21.4.2022, *Cura Mariano*, 2691/16.

[468] Cf.: Acórdão do Supremo Tribunal de Justiça de 9.11.2017, *Sousa Lameira*, 628/14; Acórdão do Tribunal da Relação do Porto de 14.12.2017, *Carlos Portela*, 1597 ("O simples facto de as contas não terem sido apresentadas sob a forma de escrituração prevista por lei, ou seja, a conta-corrente, tendo sido apresentadas sob a forma de escrituração contabilística, não é motivo para a rejeição das mesmas").

que aquilatar se a forma utilizada ainda assim permite apurar o deve e o haver, bem como o saldo global, no sentido de determinar o que uma parte deve a outra. Se assim suceder, não há razões que justifiquem a rejeição das contas por mera inobservância da forma de conta-corrente.[469]

O juiz pode ordenar oficiosamente não só a correção de eventuais irregularidades formais das contas apresentadas pelo autor como também ordenar a junção de suporte documental para comprovação destas. Se a lei confere tais poderes ao juiz quando as contas são apresentadas pelo Réu (Artigo 944º, nº 2), não faz qualquer sentido que apenas estas possam ser corrigidas e já não as apresentadas pelo autor[470], o que consubstanciaria uma violação do princípio da igualdade das partes (Artigo 4º).

Apesar de o autor estar obrigado a prestar as contas segundo o estilo de conta corrente e a especificar a proveniência das receitas e a aplicação das despesas, na apreciação do cumprimento de tal dever processual não pode o tribunal alhear-se do diverso circunstancialismo fáctico e jurídico

[469] Cf.: Acórdãos do Tribunal da Relação do Porto de 28.5.2007, *Sousa Lameira*, 0752489, de 31.1.2008, *Ataíde das Neves*, 0735715, de 12.4.2010, *Ana Paula Amorim*, 1057/09; Acórdão do Supremo Tribunal de Justiça de 9.11.2017, *Sousa Lameira*, 628/14 ("Podendo a apresentação das contas de uma determinada entidade (coletiva ou singular) revestir outras formas para além da conta-corrente, não deve o juiz rejeitá-las quando as mesmas sejam apresentadas de modo a que seja possível determinar o saldo final da gestão em causa").
No Acórdão do Tribunal da Relação de Lisboa de 9.5.2019, *Laurinda Gemas*, 5228/11, esta flexibilização foi assim expressa: «Se, ao invés de um único documento, forem apresentados dois documentos, ambos organizados como conta-corrente, por colunas, ainda que não exista total correspondência entre as mesmas, isso não constitui, forçosamente, um obstáculo relevante ao aproveitamento das contas, já que um documento pode ser a continuação do outro, bastando que de ambos conste o que é essencial, ou seja, a especificação das receitas (no caso, as comissões dos prémios cobrados pela ré, mediadora de seguros, e eventuais estornos), das despesas (no caso, os recibos dos prémios cobrados e eventuais estornos) e a indicação do respetivo saldo, o que se reconduz às categorias "crédito", "débito" e "saldo".»
No Acórdão do Tribunal da Relação de Guimarães de 20.5.2021, *Ramos Lopes*, 119/14, a questão foi assim analisada: «A rejeição das contas apresentadas pelo réu (nos termos e com os efeitos previstos nos artigos 944º, nº 2 e 943º, nº s 1 e 2, do CPC) só se justificará quando a omissão das formalidades legalmente previstas para a sua apresentação impedir se alcance a finalidade precípua do processo de prestação de contas: determinar o quantitativo que uma parte deve à outra, após prévio (e necessário) encontro das verbas das receitas e das despesas, com discriminação e individualização das fontes das primeiras e causas das segundas (assim como respetivos montantes).»

[470] Cf. Acórdão do Tribunal da Relação de Lisboa de 12.5.1994, *Rodrigues Codeço*, CJ 1994 – III, pp. 91-92.

subjacente. Na verdade, além de impender sobre o réu a obrigação de prestar contas, o réu tem à sua disposição todos os elementos que lhe permitem fazer a especificação da receita e da despesa, na medida em que foi o mesmo que procedeu à administração geradora da obrigação de prestar contas. Diversamente, o autor não dispõe – em princípio – de tais elementos (ou, pelo menos, da sua totalidade), o que conduz a que o autor tenha de se socorrer de elementos vagos e incompletos, sendo-lhe por isso menos exigível que faça tal discriminação de forma cabal e completa.[471]

É precisamente por esta ordem de razões que são cometidos ao tribunal amplos poderes de indagação (Artigo 943º, nº 2).[472]

Deste modo, a apresentação das contas pelo autor em moldes imprecisos e/ou incompletos quanto à proveniência e montante das receitas bem como aplicação e montante das despesas deve dar azo a despacho de aperfeiçoamento (Artigo 590º, nº 4, *ex vi* Artigo 549º, nº 1). Caso o mesmo despacho não seja acatado, ou não seja cumprido na sua íntegra, deve o juiz verificar se – apesar de tudo – as contas apresentadas pelo autor podem servir de base para que se ordenem diligências com vista ao seu aperfeiçoamento ou retificação. Só no caso de tais diligências serem, de todo, inviáveis ou infrutíferas é que o juiz deverá rejeitar as contas apresentadas pelo autor.

O juiz não tem necessariamente de aprovar as contas apresentadas pelo Autor, o juiz proferirá o veredicto que tiver por justo ("***julgadas segundo o prudente arbítrio***").

Os poderes-deveres instrutórios cominados no Artigo 943º, nº 2, mostram a preocupação legal de que as contas sejam julgadas com base em elementos dotados de um mínimo de consistência.

Refere Alberto dos Reis[473] que a lei dá ao juiz um poder latitudinário, mas não um poder discricionário. No julgamento das contas o juiz move-se com grande liberdade e largueza; mas não pode emitir a decisão que lhe apetecer; há de lavrar a sentença que, em seu prudente arbítrio, corresponder ao estado dos autos.

[471] Neste sentido, cf. Acórdão do Tribunal da Relação de Lisboa de 25.6.2009, *Pereira Rodrigues*, 3944-04, Acórdão do Tribunal da Relação do Porto de 19.1.2010, *Sílvia Pires*, CJ 2010-I, pp. 190-191.

[472] O Artigo 943º, nº 2 constitui expressão soberana do princípio do inquisitório, impondo (mais do que permitindo) que o tribunal investigue e esclareça os factos relevantes para a apreciação da ação.

[473] *Op. Cit.*, p. 323 e ainda em *CPC Anotado*, Vol. V, p. 254.

O prudente arbítrio referido não se confunde com o poder discricionário a que se refere o Artigo 630º, nº 1.[474]

O prudente arbítrio do julgador tem de ser entendido como pressupondo uma apreciação jurisdicional necessariamente "não arbitrária", efetuada segundo critérios de ponderação e razoabilidade, que oriente os critérios de conveniência e de oportunidade que estão na sua base sempre em função da realização dos fins do processo (a justa composição do litígio com respeito pelos direitos e garantias processuais das partes).[475]

O prudente arbítrio não pressupõe "certeza" sob pena de não haver lugar a tal tipo de julgamento. O prudente arbítrio apela a um juízo em que se pondere, com razoabilidade, todos os elementos disponíveis, procurando obter um valor que, com forte probabilidade, envolva a menor margem de erro.[476]

Prudente arbítrio não é sinónimo de juízo equitativo porquanto a lei substantiva distingue claramente entre decisão segundo *juízos de equidade* (v. g., Artigos 4º, al. *a)*, 400º, nº 1, 883º, nº 1, 992º, nº 3, 1158º, nº 2, 1407º, nº 2, todos do Código Civil) e decisão segundo *prudente arbítrio* (Artigos 1594º, nº 3, e 2007º, nº 1, do Código Civil). Julgar segundo a equidade implica, de acordo com a especificidade do caso concreto, suprir a parcial falta de factos com os princípios gerais de justiça e os ditames da consciência do julgador, sem que se chegue a um livre arbítrio.[477]

O conceito de prudente arbítrio «(...) exige que o juiz justifique e fundamente a sua decisão, recolhendo as informações, ordenando averiguações e obtendo pareceres de pessoa idónea e tendo de acolher o resultado dessas diligências, apenas se movendo com grande liberdade e largueza, no seu julgamento.»[478] Na economia do nº 2 do Artigo 943º, o *prudente arbítrio* inscreve-se na apreciação das provas pelo juiz, devendo este utilizar dados da experiência comum, permitindo-lhe valorar a prova trazida

[474] Acórdão do Supremo Tribunal de Justiça de 18.1.2011, *João Camilo*, 954/03, *Sumários*, www.stj.pt.

[475] Cf.: Acórdãos do Tribunal da Relação do Porto de 1.7.2004, *Pinto de Almeida*, 0431197, de 31.1.2008, *Ataíde das Neves*, 0735715; Acórdão do Tribunal da Relação de Lisboa de 6.10.2016, *Maria José Mouro*, 5533-03.

[476] Cf. Acórdão do Tribunal da Relação do Porto de 1.7.2004, *Pinto de Almeida*, 0431197.

[477] Cf. Acórdão do Supremo Tribunal de Justiça de 10.7.97, *Sousa Inês*, BMJ nº 469, p. 524.

[478] Acórdão do Supremo Tribunal de Justiça de 18.1.2011, *João Camilo*, 954/03, *Sumários*, www.stj.pt.

para os autos em termos mais flexíveis do que uma mera análise estrita da prova. Exemplificativamente, insere-se no âmbito do prudente arbítrio a circunstância do julgador, por presunção judicial, ter apurado as despesas de todos os interessados com base nos valores que a autora, ao prestar as contas, declarou ter recebido.[479]

A jurisprudência tem vindo a densificar este prudente arbítrio nos seguintes termos:

- «(...) o prudente arbítrio a que a lei se reporta significa essencialmente que perante matéria que pode ser difícil de apurar, em que é relativamente frequente que não haja documentação de suporte e em que, de acordo com as regras da experiência, é possível admitir com relativa facilidade a ocorrência de receitas ou despesas de determinada índole mesmo que não documentadas por serem comuns no exercício da administração, o juiz deve ser ponderado, razoável, cuidadoso, não especialmente exigente ou condescendente, usar abundantemente as regras da experiência e os ensinamentos da vida e procurando com elas suprir as dificuldades probatórias inseparáveis da matéria em jogo, abstraindo das regras do ónus da prova e procurando aproximar o mais possível a decisão daquilo que é normal que aconteça, sem submeter a posição de qualquer das partes a riscos especiais. Não lhe cabe decidir como quer, livremente e sem critério que não o próprio, cabe-lhe decidir fazendo especial apelo a regras de experiência, à prudência, à razoabilidade.»[480]
- «Na economia da ação especial de prestação de contas o prudente arbítrio inscreve-se na apreciação das provas pelo juiz, devendo este utilizar dados da experiência comum, permitindo-lhe valorar a prova trazida para os autos em termos bastante mais flexíveis do que numa mera análise estrita da prova, segundo os critérios de certeza judicial (...) / Na concretização desse raciocínio há de o juiz atender à verosimilhança do facto em apreciação, sendo verosímil o que corresponde ao funcionamento normal das coisas, às regras da experiência e ao senso comum, numa apreciação sensata e prudente.»[481]

[479] Acórdão do Tribunal da Relação de Lisboa de 24.10.2019, *Carlos Castelo Branco*, 287/14.

[480] Acórdão do Tribunal da Relação do Porto de 9.10.2014, *Aristides Almeida*, 4509.04, www.colectaneadejurisprudencia.com.

[481] Acórdão do Tribunal da Relação de Coimbra de 16.12.2015, *Sílvia Pires*, 423/08. Nos termos propugnados neste aresto, constitui exemplo do exercício do juízo do prudente arbítrio alterar

- «Tal significa que, não sendo exigível o mesmo rigor e certeza da decisão judicial em processo comum (Art. 607º, nº s 4 e 5), o juiz, embora não dispondo de um poder discricionário, move-se, ainda assim, com grande liberdade e largueza balizadas pela necessária ponderação, razoabilidade, conveniência e oportunidade – o que não é o mesmo que equidade – mas de modo a seguramente evitar injustiça.»[482]
- «Não se confundindo a atividade decisória do juiz, balizada no art. 943º nº 2 do CPC, com o poder discricionário a que se refere o art. 679º do CPC, nem com ponderação arbitrária, o conceito de "prudente arbítrio", embora concedendo ao juiz alargados poderes de indagação dos factos, sem visar a "certeza absoluta" no julgamento das contas, não abdica de fundadamente ser encontrado o valor que traduza proximidade com a realidade das contas – a realidade que é possível alcançar, de forma cuidada, crítica e inteligente, com base em elementos que o juiz entendeu confiáveis e dotados de relativa segurança e "certeza relativa".»[483]
- «Entre as condições para um arbítrio prudente está o de que o julgador disponha de um adequado conhecimento das circunstâncias do caso — e, para que o julgador disponha de um adequado conhecimento das circunstâncias do caso, poderá colher as informações que considere convenientes, poderá fazer as averiguações que entenda oportunas e úteis e/ou poderá incumbir pessoa idónea "de dar parecer sobre todas ou parte das verbas inscritas pelo autor".»[484]

De forma ainda mais concreta, como é que o juiz julga as contas em cumprimento do disposto no Artigo 943º, nº 2?

O juiz começa por analisar as diferentes verbas de receita e de despesa, após o que chegará a uma de duas conclusões:

a) Ou algumas dessas verbas, segundo a sua experiência, lhe provocam reparos, suscitam dúvidas quanto à sua existência e quantificação;
b) Ou as verbas lhe parecem todas razoáveis, exatas e verosímeis.

o valor das verbas indocumentadas para aquele a que chegou o relatório pericial, mesmo que este se baseie em probabilidades, por ser o que apresenta mais garantias de fidedignidade dada a especificidade das matérias em causa.

[482] Acórdão do Tribunal da Relação de Guimarães de 24.4.2019, *José Amaral*, 236/07. Cf. também o Acórdão do Tribunal da Relação do Porto de 14.11.2022, *Joaquim Moura*, 1122/19.

[483] Acórdão do Supremo Tribunal de Justiça de 24.5.2022, *Ataíde das Neves*, 2009/08.

[484] Acórdão do Supremo Tribunal de Justiça de 14.9.2021, *Nuno Pinto Oliveira*, 768/15.

Na formulação deste raciocínio, há de o juiz atender à verosimilhança do facto em apreciação, sendo verosímil o que corresponde ao funcionamento normal das coisas, ao *id quod plerumque accidit* (os factos da natureza e o comportamento humano costumam ser reiterativos) ou às máximas da experiência.[485]

Na eventualidade referida em *b)*, o juiz «(...) exerce o seu prudente arbítrio julgando logo boas as contas e dizendo as razões por que assim julga, isto é, as razões por que aprova as contas sem colher informações, nem ordenar averiguações, nem requisitar o parecer de pessoa idónea.»[486]

Na primeira eventualidade (al. *a)*), cabe ao juiz reunir os elementos que precisa para se esclarecer, em cumprimento do princípio do inquisitório estipulado nos Artigos 943º, nº 2, e 411º (este *ex vi* Artigo 549º, nº 1).

Assim, poderá o juiz designadamente:

- Obter informações e/ou documentos juntos de terceiros (Artigos 417º, nº 1, 432º, 436º *ex vi* Artigos 549º, nº 1, e 943º, nº 2);[487]
- Obter informações e/ou documentos junto das partes (Artigos 417º, nº 1, 7º, nº 1 *ex vi* Artigos 549º, nº 1, e 943º, nº 2);
- Nomear perito para lhe dar parecer sobre parte ou todas as verbas inscritas pelo autor (Artigo 467º, nº 1, e Artigo 360º, nº 4, por analogia[488], *ex vi* Artigo 549º, nº 1, e 943º, nº 2)[489];

485 A expressão máximas de experiência é, por natureza, polissémica. Consistem em juízos gerais, provenientes da experiência, que se podem distinguir em definições e regras hipotéticas. Existe uma máxima da experiência sempre que ocorram estas características, quer se trate de uma lei da natureza, de um uso comercial, de um conhecimento científico, de um acontecimento simples e banal. Pode também designar qualquer noção que se encontre no âmbito do sentido comum ou da cultura média de um certo lugar num certo momento. Noutros casos, a máxima de experiência expressa em linguagem comum frequências estatística de um grau elevado, ou seja, a máxima corresponde a generalizações empíricas com um alto grau de probabilidade – cf. MICHELE TARUFFO, *La prueba*, Marcial Pons, 2008, pp. 267-271. Sobre a noção e regime das máximas de experiência no direito civil cf., mais desenvolvidamente, o nosso *Prova por Presunção no Direito Civil*, 3ª ed., 2017, pp. 85-100.

486 RLJ, Ano 78º, p. 312.

487 «O julgador confrontando-se com despesas manifestamente exíguas, e que geram a favor do autor, que as apresentou, um saldo desfasado da realidade, deve, ao abrigo do art. 943º, nº 2, do Código de Processo Civil, obter informações e efetuar averiguações de molde a apurar com mais precisão o montante dessas despesas, sempre com o objetivo de assim apurar o saldo que, com forte probabilidade, envolva a menor margem de erro» (Acórdão do Tribunal da Relação do Porto de 11.5.2021, *Pires Rodrigues*, 1981/19, www.colectaneadejurisprudencia.com).

488 Neste sentido, cf. RODRIGUES BASTOS, *Op. Cit.*, p. 260, que apelava à aplicação do então Artigo 809º, nº 1 do CPC "A liquidação é feita por um ou mais árbitros, além dos casos em que

- Convidar quer o autor quer o réu a indicar testemunhas para serem inquiridas sobre as verbas (Artigos 6º, nº 1, 943º, nº 2, e 411º, este *ex vi* Artigo 549º, nº 1).

Note-se que o Artigo 943º, nº 2 não estabelece qualquer restrição quanto aos meios de prova admissíveis, sendo a prova testemunhal um meio admissível de esclarecer e habilitar o juiz a decidir. Por outro lado, o autor está apenas – em princípio – dispensado de apresentar provas pelo facto de o réu não ter apresentado as contas. O Réu só está inibido de contestar as contas apresentadas pelo autor (943º, nº 2), não está – tal como o autor – eximido dos deveres de cooperação, de boa fé processual e de colaboração com o tribunal para a descoberta da verdade (Artigos 7º, nº 1, 8º e 417º, nº 1 *ex vi* Artigos 549º, nº 1, e 943º, nº 2). A contestação das contas constitui realidade distinta da cooperação solicitada para a averiguação da veracidade dos factos sobre que assentam as verbas de receita e da despesa. Conforme se refere no Acórdão do Tribunal da Relação de Coimbra de 12.2.2019, «Quem gere bens alheios (ou parcialmente alheios), deve ser escrupuloso e rigoroso na sua administração, não podendo deixar de ter elementos e informações para apresentar quando lhe são pedidas contas, pelo que qualquer dúvida, situada no espectro dos elementos e informações que é suposto dever ter, tem que ser decidida/julgada contra si (dito doutro modo, o R./apelante não pode aspirar a tirar "vantagens" da sua falta de colaboração processual, no que diz respeito às receitas efetivamente por si realizadas e recebidas).»[490]

Depois de realizadas tais diligências probatórias e julgando segundo o seu prudente arbítrio, o juiz poderá – afinal – aprovar e julgar como boas as contas apresentadas pelo autor e que inicialmente lhe suscitaram dúvidas. Ou, pelo contrário, julgar excessivas verbas de receita ou insuficientes quaisquer verbas de despesa e, em consonância, reduzir o saldo final aos limites que entender razoáveis.

a lei especialmente o determine ou as partes o convencionem: *a)* Quando a prova produzida pelos litigantes seja insuficiente para fixar a quantia devida e não seja possível completá-la mediante indagação oficiosa (...)".

[489] Dado o teor da parte final do nº 2 do Artigo 943º, bem como atentos os objetivos de celeridade e economia processual que lhe parecem subjazer, será de afastar a possibilidade de realização de segunda perícia.

[490] Sendo relator *Barateiro Martins*, 309/15.

O que está vedado ao juiz é remeter para liquidação porquanto «este tipo de ação não admite que o apuramento das receitas e das despesas seja feito em incidente de liquidação da sentença, pois tal esvaziaria o processo do seu conteúdo específico.»[491]

A não apresentação pelo autor de documentos comprovativos das verbas inscritas como receitas e despesas não equivale à não apresentação de contas para os efeitos do nº 4 do Artigo 943º. [492]

Caso o réu tenha sido citado editalmente, confere-lhe a lei a faculdade de apresentar as contas até à sentença, seguindo-se o disposto no Artigo 944º (Artigo 943º, nº 3). Com este regime, procura tutelar-se a posição do Réu que, sendo citado editalmente, não teve necessariamente conhecimento da pendência da ação e dos efeitos associados à sua não apresentação das contas.

Nos termos do **AUJ nº 5/2021**, «*O acórdão da Relação que, incidindo sobre a decisão de 1ª instância proferida ao abrigo do nº 3 do art. 942º do Código de Processo Civil, aprecia a existência ou inexistência da obrigação de prestar contas, admite recurso de revista, nos termos gerais.*»

10.2.2. O Réu apresenta as contas

Em primeiro lugar, há que referir que o Réu não pode cumular a apresentação das contas com a contestação da obrigação de as apresentar ("*as apresentar* ***ou*** *contestar a ação*" – Artigo 942º, nº 1, do CPC) porquanto esta última defesa constitui questão prévia face à efetiva prestação de contas.

Se o fizer e na parte em que apresenta as contas, incorre na prática de uma nulidade secundária – Artigo 195º, nº 1, do CPC.

As contas que o réu deva prestar são apresentadas em forma de conta-corrente e nelas se especificará a proveniência das receitas e a aplicação das despesas, bem como o respetivo saldo. A inobservância desta disposição, quando não corrigida no prazo que for marcado oficiosamente ou

[491] Miguel da Câmara Machado, "Prestação de contas", in Rui Pinto e Ana Alves Leal (Coords.), *Processos Especiais*, Vol. I, AAFDL, 2020, p. 228. Todavia, no Acórdão do Supremo Tribunal de Justiça de 17.12.2020, *Acácio das Neves*, 9215/15, afirmou-se que nada obsta a que, em ação de prestação de contas, provando-se apenas a realização de determinada despesa, que não o respetivo valor, o apuramento deste seja remetido para incidente de liquidação, nos termos do disposto no nº 2, do artigo 609º do CPC (sem prejuízo do recurso à equidade, nos termos do disposto no nº 3, do artigo 566º do C. Civil).

[492] Acórdão do Tribunal da Relação de Lisboa de 17.1.2008, *Ferreira Lopes*, 8544/2007.

mediante reclamação do autor, pode determinar a rejeição das contas, seguindo-se o disposto nos nº s 1 e 2 do Artigo 943º (Artigo 944º, nº 2).

As contas são apresentadas em duplicado e instruídas com os documentos justificativos (nº 3 do Artigo 944º) sendo que, tratando-se de despesas de impostos, não basta a junção da respetiva liquidação fiscal, exigindo-se que seja demonstrado o pagamento.[493]

Daqui decorre que o ónus da prova da exatidão das verbas das receitas e das despesas incumbe à pessoa que presta as contas, no caso, ao Réu. [494]

A falta de junção de documentos justificativos das despesas não constitui fundamento para a rejeição das contas, podendo apenas eventualmente conduzir a julgar-se não justificadas as despesas apresentadas por não se verificar a hipótese prevista na parte final do Artigo 945º, nº 5, ou seja, serão consideradas injustificadas as despesas salvo se se tratar de despesas em que não seja costume exigir documento comprovativo/de quitação.

No que tange às receitas, não tem o réu de juntar logo os documentos justificativos porquanto a inscrição das verbas das receitas nas contas faz prova contra o réu (nº 4 do Artigo 944º), ou seja, ao inscrever a verba de receita o réu *confessa* que recebeu tal quantia.

Não deve interpretar-se o regime decorrente do Artigo 943º e seguintes, *máxime* o nº 3 do Artigo 944º, como estabelecendo regras sobre a validade substancial dos negócios jurídicos que as receitas e despesas incorporam. Tais preceitos (943º e ss.) limitam-se a estabelecer uma regulamentação processual para a discussão das contas, alheia e distinta das várias formalidades da prova, nada tendo a ver com liberdade de forma ou exigências probatórias especiais. [495]

Se o Réu apresenta as contas, o autor pode contestá-las em trinta dias nos moldes previstos no Artigo 945º, nº 2.

[493] Acórdão do Supremo Tribunal de Justiça de 16.2.2016, *Sebastião Póvoas*, 17099/98.

[494] Alberto dos Reis, *Op. Cit.*, p. 320; Acórdão do Supremo Tribunal de Justiça de 21.1.92, *Cura Mariano*, 081059. "O ónus da prova da realização das despesas arroladas nas contas apresentadas cabe ao respetivo apresentante das contas" – Acórdão do Supremo Tribunal de Justiça de 21.10.2003, *Reis Figueira*, 03A1753. "É sobre o réu que, nesta ação, recai o ónus da prova das despesas" – Acórdão do Supremo Tribunal de Justiça de 14.12.2004, *Nuno Cameira*, 3883/04, *Sumários*, www.stj.pt.

[495] Acórdão do Supremo Tribunal de Justiça de 9.5.89, *Brochado Brandão*, 078587.

Assim, pode o autor:

- Impugnar as verbas de receita, alegando que esta foi ou devia ter sido superior à inscrita;
- Articular que há receita não incluída nas contas ou impugnar as verbas de despesa apresentadas pelo réu;
- Limitar-se a exigir que o réu justifique as verbas de receita ou de despesa que indicar.

Se o autor:

i. Nada diz quanto a uma verba de receita apresentada pelo réu, considera-se exata tal verba sem mais averiguações;
ii. Impugna a verba da receita, argumentando que a receita foi ou devia ser superior à inscrita, cumpre ao autor fazer prova da sua alegação;[496]
iii. Não impugna expressamente a verba da receita, mas exprime dúvidas sobre a sua exatidão e exige que o réu justifique a verba da receita, o ónus da prova incide sobre o réu.[497]

Após a contestação, seguem-se os termos subsequente do processo comum declarativo conforme o valor da ação for superior ou inferior a € 15.000 – cf. Artigos 591º e 597º do CPC.

Caso o autor não conteste as contas apresentadas pelo réu, este é notificado para oferecer as provas que entender e, produzidas estas, o juiz decide – nº 3 do Artigo 945º. Neste caso, o juiz ordenará a realização de todas as diligências indispensáveis, decidindo segundo o seu prudente arbítrio e as regras da experiência, podendo considerar justificadas sem documentos as verbas de receita ou de despesa em que não é costume exigi-los – nº 5 do Artigo 945º. Face a esta norma, no julgamento de receitas ou de despesas não documentadas, o juiz pode e deve decidir, no sentido de se considerarem "provadas", desde que seja objetivamente admissível a formulação de um juízo de probabilidade favorável.[498].Ocorre aqui um desvio na regra da apreciação estrita da prova.[499]

[496] Cf. Acórdão do Supremo Tribunal de Justiça de 21.1.92, *Cura Mariano*, 081059.

[497] Cf. Alberto dos Reis, *Op. Cit.*, pp. 320-321; Acórdão do Tribunal da Relação de Guimarães de 17.1.2019, *Margarida Almeida Fernandes*, 1872/10.

[498] Na expressão do Acórdão do Supremo Tribunal de Justiça de 23.10.1997, *Miranda Gusmão*, 326/97, *Sumários*, www.stj.pt.

Apesar da diversa redação dos Artigos 943º, nº 2, e 945º, nº 5, não se deve entender que o critério a utilizar pelo juiz seja «(...) mesmo diferente e, sobretudo, não cremos que a mera circunstância de o réu não ter apresentado as contas como era sua obrigação fazer e ter ficado por isso impedido de contestar as contas apresentadas pelos autores [*Artigo 943º,nº 2*], justifique que o critério deva ser diferente quando a lei optou claramente por não associar a essa falha do réu qualquer efeito cominatório pleno e por determinar que, no outro caso, mesmo que o autor não conteste as contas apresentadas pelo réu ainda assim estas carecem de prova (Artigo 945º, nº 3 (...)».[500] Dito de outra forma, os critérios plasmados nos Artigos 943º, nº 2, e 945º, nº 5, devem ser aplicados pelo juiz independentemente das contas serem apresentadas por autor ou réu. Com efeito, neste processo especial exige-se uma atuação musculada do princípio do inquisitório (cf. Artigos 411º, 943º, nº 2, 945º, nº 5) sendo ainda que a diferenciação de critérios, consoante as contas fossem apresentadas pelo autor ou pelo réu, consubstanciaria uma violação do princípio da igualdade das partes (Artigo 4º).

Se as contas apresentarem saldo a favor do autor, pode este requerer que o Réu seja notificado para, dentro de dez dias, pagar a importância do saldo, sob pena de, por apenso, se proceder a penhora e se seguirem os termos posteriores da execução por quantia certa, não obstando este requerimento a que o autor deduza conta as contas a oposição que entender (nº 5, do Artigo 944º do CPC).

Este nº 5, tal como acontece com o nº 4, faz aplicação do princípio da confissão, conferindo a esta força executiva. O título executivo é a conta apresentada pelo réu que constitui um título judicial impróprio – cf. Artigo 703º, nº 1, al. *d)*, do CPC.[501]

[499] Consoante se refere no Acórdão do Supremo Tribunal de Justiça de 25.1.2007, *João Bernardo*, 4534/06, *Sumários*, www.stj.pt, o Artigo 1017º, nº 5 [atual 945º, nº 5], ao prescrever que "o juiz ordenará a realização de todas as diligências indispensáveis", confere ao tribunal poderes que não se enquadram totalmente nas regras relativas ao processo comum assentes em outras reportadas ao ónus da prova. Assim, não é verdade que nesta fase processual (apreciação das contas apresentadas) exista – pelo menos na sua plenitude – um ónus da prova.

[500] Acórdão do Tribunal da Relação do Porto de 9.10.2014, *Aristides Almeida*, 4509.04, www.colectaneadejurisprudencia.com.

[501] Alberto dos Reis, *Op. Cit.*, p. 317; Lebre de Freitas, *A Ação Executiva, Depois da reforma da reforma*, Coimbra Editora, 2009, p. 63.

10.2.3. O Réu contesta a obrigação de prestar contas

Em sede de contestação, pode o Réu, nos termos gerais, arguir exceções dilatórias (v.g. ilegitimidade ativa, incompetência do tribunal, etc.) e/ou perentórias (v.g. prescrição do direito de exigir as contas, abuso de direito, etc.).

Pode também o Réu deduzir defesa dizendo que:

a) Não existiu nem existe entre mim e o autor qualquer relação jurídica por virtude da qual eu esteja obrigado a prestar-lhe contas;

b) A relação jurídica invocada pelo autor é exata, mas dela não deriva para mim a obrigação de prestar contas;

c) Já prestei as contas a que estava obrigado pelo que estou – assim – desonerado de tal obrigação.

Deduzindo o Réu uma das defesas enunciadas sob *a)* a *c)*, o mesmo suscita uma *questão prévia e prejudicial.* Conforme refere ALBERTO DOS REIS[502],

> «Enquanto não foi decidida não pode o processo avançar; e se for julgada em sentido favorável ao réu, a ação morre. A ação é de prestação de contas; contestada pelo réu a obrigação de as prestar, tem de resolver-se, antes de mais nada, esse problema.
>
> Se o juiz o resolve a favor do autor, isto é, se decide que o réu estar obrigado a prestar contas, o processo segue para o efeito de as contas serem prestadas; se o resolve a favor do Réu, a ação finda, porque deixa de ter objeto.»

Perante a defesa enunciada sobre *a)* (impugnação de facto e de direito) e *b)* (impugnação de direito), persiste a cargo do autor o ónus da prova dos factos constitutivos da obrigação de prestar contas por parte do Réu.

Na eventualidade referida em *c)*, incumbe ao réu o *ónus de provar que foram prestadas as contas* porque se trata de facto extintivo ou impeditivo do direito cuja tutela se pretende alcançar (Artigo 342º, nº 2, do Código Civil), ou seja, admitindo-se que a obrigação existe (com fonte legal ou contratual), isso importa para o obrigado a demonstração de que cumpriu (facto extintivo).[503]

502 *Op. Cit.*, p. 325.

503 Cf. Acórdão do Tribunal da Relação do Porto de 2.7.2002, *Marques de Castilho*, 0121082, Acórdãos do Tribunal da Relação de Lisboa de 17.11.1994, *Santos Bernardino*, CJ 1994 – V, pp. 99.105, de 24.10.2006, *Rui Vouga*, 6856/2005, Acórdão do Supremo Tribunal de Justiça de

A prestação extrajudicial (prévia) de contas pressupõe que o Réu elaborou recebimentos e pagamentos globais e totais, em forma de conta-corrente, e concluiu por um saldo. E, sendo tal saldo favorável ao titular dos bens/interesses administrados, acresce o efetivo pagamento de tal saldo pelo Réu. O mero acesso à contabilidade e/ou envio regular de documentação contabilística não observa o dever de prestação de contas.[504] As eventuais dificuldades de o obrigado ter acesso a apoio documental não interferem na existência da obrigação de prestação de contas. De outro modo, estaria descoberta forma expedita de o obrigado se exonerar de tal obrigação.[505]

Na prestação extrajudicial de contas, tratando-se de relações jurídicas disponíveis, é de considerar prevalecente e válido o acordo dos interessados obtido por forma não escrita, face à inexistência de forma escrita obrigatória prevista na lei para este tipo de prestação de contas.[506]

Rege aqui o princípio geral já referido anteriormente, segundo o qual persiste a obrigação de prestar contas em juízo se as contas prestadas extrajudicialmente não forem aprovadas por quem tem direito de as exigir.[507]

Provando o Réu que já prestou extrajudicialmente as contas, com os requisitos acabados de referir, deve ser proferida imediatamente sentença de absolvição do réu do pedido.[508]

Se o Réu contestar a obrigação de apresentar contas (deduzindo uma das três defesas aludidas), o autor pode responder (Artigo 942º, nº 3, do CPC). Na sua resposta, pode o autor argumentar designadamente que a prestação extrajudicial de contas foi defeituosa pelo que subsiste a necessidade da sua prestação.

23.4.2002, *Lopes Pinto*, 02A916 ("Há que alegar e provar que houve aprovação de contas, o que, porque facto extintivo da obrigação, cabe ao obrigado à sua prestação").

[504] Cf. Acórdão do Tribunal da Relação de Lisboa de 8.3.1990, *Cardona Ferreira*, CJ 1990-II, pp. 123-124.

[505] Cf. Acórdão do Supremo Tribunal de Justiça de 7.12.2005, *Reis Figueira*, 2712/05, *Sumários*, www.stj.pt.

[506] Acórdão do Supremo Tribunal de Justiça de 30.3.89, *Pinto Ferreira*, 076999.

[507] Cf. Acórdão do Tribunal da Relação de Évora de 25.6.1992, *Raul Mateus*, BMJ nº 418, pg. 889, Acórdãos do Tribunal da Relação do Porto de 25.5.1995, *Coutinho de Azevedo*, BMJ nº 447, pg. 576, de 2.7.2002, *Marques Castilho*, 0121082, Acórdãos do Supremo Tribunal de Justiça de 17.10.89, *José Domingues*, 078139, de 24.2.2000, *Ferreira de Almeida*, 67/00, *Sumários*, www.stj.pt, de 13.5.2003, *Moreira Alves*, 03A992.

[508] Cf. Acórdãos do Tribunal da Relação de Lisboa de 23.3.95, *Eduardo Baptista*, CJ 1995 – II, pp. 95-97, de 24.10.2006, *Rui Vouga*, 6856/2005.

A apreciação da questão assim suscitada deverá assentar em critério objetivo, não na subjetividade da apreciação apresentada pelas partes, devendo o tribunal definir se o alegado defeito na prestação prejudica ou não o fim da obrigação sem que, com isso, se esteja a intrometer no conhecimento que é próprio da segunda fase do processo. A simples insatisfação subjetiva do credor não justifica, só por si, a passagem à segunda fase do processo. [509] Releva também aqui a apreciação do interesse objetivo do credor (Artigo 808º, nº 1, do Código Civil) que constitui a razão de ser da obrigação de prestação de contas.

Após a resposta do autor, segue-se a fase de produção de prova e, produzidas as provas necessárias, o juiz profere imediatamente decisão, aplicando-se o disposto no Artigo 295º.

Assim, aplica-se o limite de cinco testemunhas e os depoimentos prestados são gravados (Artigo 294º, nº 1).

Finda a produção da prova, o juiz tem que declarar quais os factos que julga provados e não provados, analisando criticamente as provas e especificando os fundamentos que foram decisivos para a convicção do julgador – Artigos 295º e 607º.

Todavia, se após a resposta do Autor, o juiz verificar que a questão não pode ser sumariamente decidida, mandará seguir os termos subsequentes do processo comum adequados ao valor da causa – Artigos 942º, nº 3, segunda parte, e 597º.

Justificando as alterações introduzidas pela reforma de 1995/96, no preâmbulo do mencionado Decreto-lei nº 329-A/95, o legislador, depois de realçar, em sede de processo especial de prestação de contas, a consagração expressa dos poderes de indagação oficiosa do tribunal, escreveu: "*No tocante à contestação da obrigação de prestar contas, aduzida pelo réu, abandonou-se a solução consistente na suspensão da instância e consequente remessa para os meios comuns, privilegiando-se a decisão no âmbito do próprio processo de prestação de contas, sem prejuízo do necessário rigor. Assim, prevê-se que, na impossibilidade de a questão ser decidida de forma sumária, o juiz determine que se sigam os termos subsequentes do processo comum, o qual, recorde-se, está concebido de forma particularmente flexível, designadamente no tocante à possibilidade de o juiz adequar a tramitação a finalidades específicas*". Faz-se aqui um apelo à aplicação do princípio da adequação processual (Artigo 547º).

[509] Acórdão do Supremo Tribunal de Justiça de 10.2.2000, *Lopes Pinto*, 00A1851.

Após a resposta do autor à contestação do Réu (em que este nega a existência da obrigação de prestar contas), deve o juiz ponderar se a decisão sobre esta questão prévia deverá seguir o modelo dos incidentes da instância ou se, pelo contrário, deverá seguir o modelo do processo comum adequado ao valor da causa na medida em que a questão colocada não possa ser sumariamente decidida.

O modelo dos incidentes da instância tem uma estrutura simplificada e reduzida que colhe a sua razão de ser no facto do incidente constituir uma questão acessória e secundária, com processado próprio e autónomo, face a uma ação principal.

Se o Réu contestar afirmando apenas que a relação jurídica invocada pelo autor é exata, mas dela não deriva a obrigação de prestar contas, tratando-se apenas de uma questão de direito, cremos que a decisão terá de ser proferida seguindo o modelo incidental.

Se a contestação do Réu for numa das modalidades acima enunciadas sob *a)* e *c)*, a questão de facto assim suscitada só deverá ser decidida segundo o modelo de processo comum se o número de factos em apreciação for elevado, se a factualidade a apurar for complexa, exigindo larga indagação.

Se o juiz mandar seguir o processo segundo o modelo comum, deverá o processo prosseguir nos termos do Artigo 597º se o seu valor não for superior a metade da alçada da Relação (€ 15.000).

O despacho que ordene o prosseguimento do processo como comum é impugnável no recurso que venha a ser interposto da decisão final (Artigos 549º, nº 1, e 644º, nº 3).

Da decisão proferida sobre a (in)existência da obrigação de prestar contas, cabe recurso de apelação, a subir imediatamente nos próprios autos e com efeito suspensivo (Artigos 942º, nº 4), a interpor no prazo de trinta dias (Artigo 638º, nº 1). O efeito suspensivo e não só da decisão como da própria marcha do processo.[510] Ou seja, a decisão da Relação é necessária para que se dê início à segunda fase do processo. Esta norma deve ser interpretada no sentido de que de tal decisão cabe sempre recurso de apelação, independentemente do valor da causa.[511]

[510] Cf. Lebre de Freitas, "Notificação para prestação de contas", in *Novos Estudos Sobre Direito Civil e Processo Civil*, 2021, Gestlegal, p. 86.

[511] Cf. Acórdão do Supremo Tribunal de Justiça de 13.11.2003, *Santos Bernardino*, 2826/03, *Sumários*, www.stj.pt.

Após o trânsito em julgado da decisão[512] que julgue verificada a obrigação do réu prestar contas, será o réu notificado pelo tribunal da primeira instância (esta notificação não tem de ser pessoal, podendo ser ao mandatário[513]) para as apresentar em vinte dias, sob pena de não lhe ser permitido contestar as que o autor apresente – nº 5 do Artigo 942º. «A citação inicial e as notificações anteriores à baixa do processo não contam para o efeito: os prazos concedidos ao réu para apresentar contas foram interrompidos com os atos de contestação e de recurso, constituindo este, tal como aquele, uma alternativa à prestação de contas e só se reiniciando o prazo com a nova notificação a efetuar», após o processo baixar à primeira instância.[514]

Daqui decorre que, enquanto a questão prévia e prejudicial não for decidida, não pode o processo avançar para a segunda fase.[515]

10.3. Admissibilidade de reconvenção

Nos Artigos 941º e seguintes não é feita qualquer referência expressa à dedução de pedido reconvencional, mas, face à aplicação subsidiária do regime previsto para o processo comum (Artigo 549º, nº 1), haverá que aquilatar da admissibilidade da reconvenção neste processo especial.

Cremos que a resposta a esta questão depende da natureza do pedido reconvencional deduzido.

Com efeito, nos termos do Artigo 266º, nº 3, do CPC, não é admissível a reconvenção quando ao pedido do réu corresponda uma forma de processo diferente da que corresponde ao pedido do autor, salvo se o juiz a autorizar, nos termos previstos nos nºs 2 e 3 do Artigo 37º, com as necessárias adaptações. E, nos termos do nº 2 do Artigo 37º, quando aos pedidos correspondam formas de processo que, embora diversas, não sigam uma tramitação manifestamente incompatível, pode o juiz autorizar a cumulação, sempre que nela haja interesse relevante ou quando a apreciação conjunta das pretensões seja indispensável para a justa composição do litígio.

A *ratio* deste regime é a de permitir dirimir num só processo conflitos de interesses que assentem na mesma relação material, em factos interligados ou que suponham a aplicação das mesmas normas.

[512] Cf. Acórdão do Tribunal da Relação de Guimarães de 9.4.2019, *Eva Almeida*, 1581/17.

[513] Acórdão do Tribunal da Relação de Coimbra de 17.9.91, *Virgílio de Oliveira*, CJ 1991- IV, pp. 94.98.

[514] Cf. Lebre de Freitas, "Notificação para prestação de contas", in *Novos Estudos Sobre Direito Civil e Processo Civil*, 2021, Gestlegal, pp. 84 e 89.

[515] Cf. Acórdão do Supremo Tribunal de Justiça de 17.09.91, *Baltazar Coelho*, 082235.

Pronunciando-se expressamente sobre esta norma, Lopes do Rego[516] afirma que não obstará a uma possível coligação a circunstância de a certo pedido caber a forma de processo comum de declaração e a outro a de processo especial de prestação de contas.[517]

Concordamos com esta posição, podendo exemplificar essa admissibilidade de coligação e subsequente admissibilidade de reconvenção (Artigos 266º, nº 3, e 37º, nº s 2 e 3) com a invocação de compensação por parte do Réu, atualmente admissível em termos amplos nos termos do Artigo 266º, nº 2, al. *c)*. Por exemplo, pode o mandatário arrogar-se titular de um crédito superior perante o autor, advindo tal crédito de relação jurídica exógena à relação de mandato.

A apreciação conjunta dos dois pedidos não trará, em princípio, particular perturbação à marcha do processo, mas, ocorrendo tal perturbação, a mesma poderá ser sempre mitigada com a intervenção do juiz, adaptando o processo à cumulação autorizada – nº 3, do Artigo 37º.

Alguma jurisprudência vem negando a admissibilidade da compensação em sede de prestação de contas, argumentando que a compensação não pode operar em processo de prestação de contas já que a averiguação da real qualidade de credor, através do apuramento do respetivo saldo só se consumará a final.[518]

Não concordamos com esta posição, sendo que a mesma decorre de uma interpretação – demasiado restritiva e incorreta – do requisito da compensação atinente à exigibilidade do crédito ativo (Artigo 847º, nº 1, al. *a)*, do Código Civil).

Segundo tal corrente restritiva, só podem ser compensados os créditos em relação aos quais o declarante esteja em condições de obter a realização coativa da prestação – isto é, de os executar, querendo, pois a execu-

[516] *Comentários ao CPC*, I Vol., 2ª Ed., 2004, p. 67.

[517] Veja-se, em sentido divergente, Remédio Marques, Ação *Declarativa à Luz do Código Revisto*, 2ª Ed., Coimbra Editora, 2009, p. 457, onde afirma que "A reconvenção já não será, porém, admissível se ao autor pedir a *prestação de contas* ao réu (...) e este apresentar um pedido reconvencional pelo qual pede que ao autor seja condenado a pagar-lhe uma indemnização por gestão danosa dos bens administrados; é que ao pedido do autor corresponde uma forma de *processo especial* e o pedido (reconvencional) do réu deve ser deduzido em *processo declarativo comum*".

[518] Cf.: Acórdão do Supremo Tribunal de Justiça de 16.2.2016, *Sebastião Póvoas*, 17099/98, Acórdão do Tribunal da Relação do Porto de 16.5.2013, *Aristides Almeida*, 2877/09, Acórdão do Tribunal da Relação de Lisboa de 13.10.2022, *Carla Sousa Oliveira*, 12238/20.

ção é precisamente o meio comum de obter coercivamente a satisfação do direito do credor. Assim, para operar a compensação não basta invocar-se um crédito hipotético e controvertido, antes se impondo, para que aquela possa ser eficaz, que a existência do (s) crédito(s) esteja reconhecida no momento em que a compensação é invocada, pois só assim se pode afirmar ser o crédito do compensante exigível judicialmente.[519]

Todavia, esta interpretação restritiva não é de subscrever.

Antunes Varela considera que é judicialmente exigível a obrigação que, não sendo voluntariamente cumprida, dá direito à ação de cumprimento e à execução do património do devedor, nos termos do Art. 817º do Código Civil.[520] No mesmo sentido se afirmava já no § 2º do Art. 765º do Código Civil de 1867 ao referir-se que a dívida exigível é aquela "cujo pagamento pode ser exigida em juízo". «Não é necessária a existência de decisão judicial transitada em julgado que venha declarar a existência do crédito. De outra forma colocar-se-ia em causa o objetivo da compensação.»[521]Esse requisito da exigibilidade judicial da obrigação afasta, por exemplo, a possibilidade de se utilizar para fins de compensação um crédito nascido do jogo, porque este só pode saldar-se mediante pagamento voluntário – cf. Artigos 402º e 1245º do Código Civil.[522]

Menezes Cordeiro afirma que a exigibilidade judicial fasta a compensação quando o crédito ativo integre uma obrigação natural, implicando ainda que o crédito ativo esteja vencido, havendo que analisar os diversos fatores que ditam o vencimento das obrigações, designadamente os atinentes ao benefício do prazo.[523]

Na síntese clara do Acórdão do Tribunal da Relação do Porto de 9.5.2007:

> «(...) o crédito é exigível judicialmente quando o declarante da compensação se arroga titular de um direito de crédito suscetível de ser reconhecido em ação de cumprimento.

[519] Cf. o Acórdão do Tribunal da Relação de Lisboa de 6.7.2005, *António Valente*, acessível em www.dgsi.pt/jtrl.

[520] *Direito das Obrigações*, Vol. II, p. 194.

[521] José Brandão Proença (coord.), *Comentário ao Código Civil, Direito das Obrigações, Das Obrigações em Geral*, Universidade Católica Editora, 2018, p. 1268.

[522] Este mesmo entendimento é partilhado por Luís Menezes Leitão, Direito *das Obrigações*, II Vol., Almedina, 2002, p. 196, Almeida Costa, *Direito das Obrigações*, 5ª Ed., p. 942.

[523] *Da Compensação no Direito Civil e no Direito Bancário*, Almedina, 2003, p.113.

Claro está que, havendo impugnação do crédito ativo (nos articulados de resposta ou réplica), a compensação desse crédito só opera se o mesmo for reconhecido por sentença.

Do exposto, importa clarificar que a exigibilidade judicial do crédito ativo (imposta pelo art. 847º, nº 1) e o reconhecimento judicial do mesmo, para efeitos do funcionamento do mecanismo da compensação, são realidades distintas: a primeira é requisito da declaração de compensação; a segunda é condição da sua eficácia.

Constituiria verdadeiro paradoxo aceitar-se o exercício, pelo credor passivo, do seu direito de crédito, através da competente ação de cumprimento, e exigir-se ao declarante da compensação na mesma ação (réu) que a invocação em juízo do seu crédito carecesse de reconhecimento judicial prévio.»[524]

Havendo impugnação do crédito ativo, a compensação desse crédito só opera se o mesmo foi reconhecido pela sentença a proferir a final. Em suma, o crédito ativo não tem de se mostrar aceite pela parte contra a qual se pretende fazer valer e também não tem de ser um crédito que previamente haja sido judicialmente reconhecido.[525]

Já não será de admitir que o Réu, seja qual for a defesa que deduza no processo, formule em reconvenção o pedido de prestação de contas por parte do autor.

Esta hipótese foi analisada no Acórdão do Tribunal da Relação de Lisboa de 4.10.2007[526], concluindo-se pela inadmissibilidade de tal reconvenção com a seguinte ordem de argumentos:

«(...) a admissibilidade de reconvenção iria perturbar excessivamente e, mesmo, subverter, a tramitação que a lei pretendeu imprimir à ação de prestação de contas. Com efeito, na primeira hipótese, se o autor, na resposta

[524] Sendo relator *Henrique Araújo*, 0721357.

[525] Nesta mesma linha de raciocínio, cf.: os Acórdãos do Supremo Tribunal de Justiça de 14.2.2008, *Pereira da Silva*, de 1.7.2014, *Paulo Sá*, 11148/12, de 2.7.2015, *Fonseca Ramos*, 91832/12, de 10.4.2018, *Pinto de Almeida*, 23656/15, de 11.7.2019, *Bernardo Domingos*, 1664/16; Acórdãos do Tribunal da Relação do Porto de 10.3.2008, *Fernandes do Vale*, CJ 2008 – II, pp. 173-176, de 11.9.2008, *Teles de Menezes*, CJ 2008 – IV, pp. 171-173; Acórdãos do Tribunal da Relação de Coimbra de 3.12.2009, *Falcão de Magalhães*, 436/07, de 24.2.2015, *Moreira do Carmo*, 91832/12; Acórdãos do Tribunal da Relação de Lisboa de 19.12.2013, *Vítor Amaral*, 546/08, de 4.6.2020, *Luís Mendonça*, 22359/18; *Comentário ao Código Civil, Direito das Obrigações, Das Obrigações em Geral*, UCP, 2018, p. 1268.

[526] Sendo relatora *Graça Araújo*, 3828/2007.

que apresentasse, contestasse, também ele, a obrigação de apresentar contas, das duas uma: ou o réu poderia responder (o que impedia o respeito pelo momento legalmente previsto para o termo dos articulados); ou era vedado ao réu apresentar a sua resposta, o que contrariava o princípio do contraditório ínsito na forma de processo especial em causa. E, se nos alongássemos para o momento subsequente à decisão que julgasse verificada, quer para o réu, quer para o autor, a obrigação de prestar contas, então teríamos de contemplar ainda mais elementos perturbadores da marcha processual. A título exemplificativo, figuremos a hipótese de o réu apresentar contas (que o autor poderia contestar) e de o autor as não apresentar (o que implicava nova intervenção do réu a apresentar as que ao autor competiriam), situações que merecem tratamento diverso (Artigos 1016º e 1017º, por um lado, e 1015º, por outro [*Artigos 944º e 945º, por um lado, e 943º, por outro*]). E, na segunda e terceira hipóteses acima referidas (o réu apresenta as contas ou nada faz), é por demais evidente a subversão da tramitação subsequente se fosse admissível "enxertar" uma reconvenção.

(...)

À conclusão de que o pedido reconvencional formulado pelo réu é processualmente inadmissível chegaríamos, também, se entendêssemos que, por não existir norma própria no processo especial de prestação de contas, deveríamos recorrer às disposições gerais.

Com efeito, verificamos que o pedido deduzido pelo réu não emerge do facto jurídico que serve de fundamento à ação ou à defesa (al. *a)* do nº 2 do Artigo 274º do Cód. Proc. Civ. [*Artigo 266º, nº 2, al. a)*], al. invocada pelo recorrente como aplicável ao caso dos autos). O facto jurídico que serve de fundamento à ação é a administração de certos e determinados bens comuns por parte do réu. Os factos que servem de fundamento à defesa são a ausência de administração e/ou rendimentos e o decurso do tempo. E o pedido pelo réu formulado emerge da administração de outros bens comuns levada a cabo pela autora. As razões de ser que justificam a admissibilidade da reconvenção no caso de o pedido reconvencional emergir do facto jurídico que serve de fundamento à ação ou à defesa (cf. Anselmo de Castro, obra citada, pág. 174) estão longe de se verificar no caso em análise.»

Arrogando-se o Réu também o direito de exigir a prestação de contas do Autor, deverá instaurar adrede outra ação de prestação de contas.

Também não será de admitir pedido reconvencional que incida sobre a alegada violação dos direitos de personalidade dos Réus, em consequência da propositura do processo especial de prestação de contas.[527]

10.4. Sentença

A finalidade do processo de prestação de contas é o apuramento do saldo resultante da receita e da despesa envolventes, com a subsequente condenação no pagamento do saldo apurado.

O pedido de prestação de contas envolve necessariamente um pedido de condenação no eventual saldo final, podendo dizer-se que a ação de prestação de contas é, por natureza, uma ação de condenação que segue a forma de processo especial.[528]

Nessa medida, relegar tal apuramento para liquidação em execução de sentença seria esvaziar o processo de prestação de contas do seu conteúdo específico.

É por esta ordem de razões que a lei manda ao julgador que, como último meio de apurar aquele saldo de contas, recorra ao "*prudente arbítrio*" (Artigo 943º, nº 2) e às "*regras da experiência*" (Artigo 945º, nº 5).

«O recurso ao prudente arbítrio e à experiência não deixam espaço a que não seja possível fixar o quantitativo do débito em termos exatos, pressuposto da aplicabilidade do disposto no Artigo 661º, nº 2 do CPC» – Acórdão do Supremo Tribunal de Justiça de 25.5.1993, *Sousa Inês*, CJ 1995 – II, pp. 106-107.[529]

[527] Acórdão do Tribunal da Relação de Guimarães de 9.5.2019, *Fernanda Proença Fernandes*, 406/16.

[528] Cf. Acórdão do Supremo Tribunal de Justiça de 22.4.99, *Garcia Marques*, 99A902, Acórdãos do Tribunal da Relação de Coimbra de 5.7.2000, *Serra Baptista*, Apelação 1115/2000, BMJ nº 499, p. 387, de 14.5.2013, *Henrique Antunes*, 9-B/199.

[529] Reafirmando esta doutrina, vejam-se o Acórdão do Tribunal da Relação de Lisboa de 23.4.1998, *Salvador da Costa*, CJ 1998 –II, pp. 130-135, Acórdãos do Tribunal da Relação do Porto de 26.6.2000, *Paiva Gonçalves*, BMJ nº 498, p. 273, de 1.7.2004, *Pinto de Almeida*, 0431197.
"Na ação com processo especial de prestação de contas não é possível que o juiz, ao julgar as contas, relegue para execução de sentença a fixação do quantitativo exato, nos termos do art. 661º, nº 2, do CPC " – Acórdão do Supremo Tribunal de Justiça de 26.10.2000, *Sousa Inês*, 2308/00, *Sumários*, www.stj.pt.
"Tendo a ação de prestação de contas por específica finalidade a determinação do saldo que venha a ser apurado através da diferença entre as receitas obtidas e as despesas realizadas, por quem administre bens alheios – art. 1014º do CPC [*atual art. 941º*] – tal fim é incongruente com a decisão de relegar para liquidação em execução de sentença o apuramento do saldo

No que tange à condenação em juros, haverá que distinguir entre os casos em que o administrador de património alheio está incumbido de apresentar contas ciclicamente com prazo pré-definido, legal ou contratualmente (cabeça de casal, anualmente – Artigo 2093º, nº 1, do Código Civil; administrador de condomínio, anualmente até 15 de janeiro – Artigo 1431º, nº 1, do Código Civil) dos demais em que a lei não estabelece prazo específico para a prestação de contas.

A este propósito, refere-se pertinentemente no Acórdão do Tribunal da Relação de Lisboa de 30.4.1998[530] que:

> «O saldo das contas não é gerado pela sentença proferida na ação de prestação de contas, preexistindo-lhe porque resulta da receita cobrada e da despesa realizada.
>
> Estabelece a primeira parte do nº 3 do art. 805º do Código Civil que se o crédito for ilíquido, não há mora enquanto se não tomar líquido, salvo se a falta de liquidez for imputável ao devedor.
>
> Trata-se, pois, do velho princípio *in illiquidis non fitmora nisi culpa debitoris liquidatio differitur.*
>
> O princípio *in iliquidis non fit mora* [Nas dívidas ilíquidas não se constitui mora] só abrange as situações de iliquidez real ou objetiva, ou seja, aquelas que derivam de o devedor não estar em condições de saber o que deve, e não de iliquidez aparente ou subjetiva (PIRES DE LIMA, RLJ, Ano 100º, nº 3348, pp. 227 a 234).
>
> Assim, inexiste iliquidez real, mas tão só iliquidez aparente, no caso de o devedor saber ou dever saber qual o quantitativo do débito, ou seja, quando a liquidação incumbe ao devedor, porque, nesse caso, já não há razão de lei ou

das contas, com recurso ao preceituado no nº 2 do art. 661º do mesmo diploma, sob pena de, a tal se não entender, se estar a lançar mão de dois procedimentos análogos destinados à realização do mesmo desiderato." – Acórdão do Supremo Tribunal de Justiça de 6.7.2006, *Sousa Leite*, 1870/06, *Sumários*, www.stj.pt.
Em sentido não coincidente, cf. O Acórdão do Supremo Tribunal de Justiça de 26.2.2009, *Ferreira de Sousa*, Sumários, Revista nº 211/09 – 7ª Secção, segundo o qual "Sendo a finalidade do processo de prestação de contas a do apuramento do saldo das contas, relegar tal apuramento para o incidente de liquidação seria esvaziar o processo do seu conteúdo específico; contudo, admite-se que, se dentro do quadro normativo do art. 1015º, nº 2 [*atual 943º, nº 2*], do CPC, os elementos obtidos não forem suficientes para a fixação imediata do valor do saldo das contas apresentadas, se deixe o seu apuramento ou quantificação para o referido incidente, posterior à sentença."

[530] Sendo relator *Salvador da Costa*, CJ 1998 – II, pp. 130-135.

de princípio jurídico para isentar de culpa o devedor por não ter pago o que sabia dever (Assento do STJ, de 20.12.66, BMJ, nº 162, pág. 20).

Naturalmente que o administrador de patrimónios alheios sabe ou tem obrigação de saber o que deve, pelo que, nesse caso, a iliquidez é meramente aparente (Antunes Varela, RLJ, Ano 102, nº 3387, págs. 85 a 93).

A não liquidação do crédito do apelante é imputável a culpa da apelada, porque sobre ela recaía um dever legal de prestar contas, e, consequentemente, ela constituiu-se em mora, não na sequência da sentença recorrida, mas no momento em que devia prestar as contas e omitiu essa obrigação (art. 804º, nº 2, e 805º, nº s 1, e 2, al. *a)*, do Código Civil).»

Neste acórdão, foi decidido aplicar, analogicamente, a regra do Artigo 2093º, nº 1 do Código Civil ao caso de administração do património do ex-casal indiviso.

Em suma, nos casos em que o administrador esteja obrigado à apresentação de contas com um prazo pré-definido (legal ou contratualmente), sobre o saldo em dívida incidirão juros desde a data em que deviam ter sido prestadas as contas. Nos demais casos em que não ocorra prazo específico para a prestação de contas, há que atentar que o crédito só se apura a final (cf. Artigos 299º, nº 4, do CPC e 805º, nº 3, do Código Civil), razão pela qual só após a notificação do Réu para proceder ao pagamento do saldo apurado se poderá falar de mora (no caso de não pagamento), sendo os juros devidos após dez dias dessa notificação.[531]

A sentença proferida funciona como título executivo[532], sendo que na hipótese de o saldo ser favorável a quem presta as contas, a condenação será a seu favor.[533]

[531] Cf.: Acórdãos do Supremo Tribunal de Justiça de 11.5.1995, *Figueiredo de Sousa*, 086739, de 9.11.2017, *Sousa Lameira*, 628/14; Miguel da Câmara Machado, "Prestação de contas", in Rui Pinto e Ana Alves Leal (Coords.), *Processos Especiais*, Vol. I, AAFDL, 2020, p. 233. Em sentido confluente, afirmando que os juros de mora só se vencem a partir da altura em que o cabeça de casal é interpelado para pagar a quota-parte do saldo que cabe a cada interessado, cf. Acórdão do Supremo Tribunal de Justiça de 10.7.2012, *Oliveira Vasconcelos*, 85-A/1998.
Em sentido divergente, no Acórdão do Tribunal da Relação do Porto de 25.1.2022, *Rui Moreira*, 26582/17, afirmou-se que numa ação de prestação de contas, o saldo cujo pagamento é imposto ao devedor vence juros desde a data da sua fixação, na sentença em 1ª instância, e não desde o trânsito em julgado. A obrigação assim fixada é líquida, sem prejuízo de poder ser alterada por efeito de recurso.

[532] Cf. Abrantes Geraldes, Paulo Pimenta e Luís Filipe Sousa, *CPC Anotado*, II Vol., 2020, p. 20.

No processo especial de prestação de contas, o valor de referência – para efeitos de cálculo do decaimento das partes – não decorre nem do teor da petição nem sequer do valor da ação. O valor de referência, para efeitos de cálculo do decaimento, decorre do saldo favorável a uma das partes, quer este seja apresentado pelo réu (Artigo 942º, nº 1, do Código de Processo Civil) quer seja apresentado pelo autor (Artigo 943º, nº 1, do Código de Processo Civil). O valor do saldo final fixado pelo tribunal constitui o segundo parâmetro de aferição do decaimento.[534]

No que tange a condenação em custas (Artigo 607º, nº 6, do CPC), na ação de prestação forçada de contas as custas devem ser imputadas ao autor se, após o julgamento, se concluir que as contas que o réu apresentou estavam certas e que era aquele o saldo real. Caso as contas apresentadas pelo réu não se mostrem totalmente certas, haverá decaimento de ambas as partes, devendo autor e réu suportar as custas da ação na proporção em que decaíram.[535]

«A decisão final que aprove as contas proferida no processo especial de prestação de contas constitui título executivo, ainda que não contenha a expressa condenação no pagamento do saldo apurado» (Acórdão do Tribunal da Relação de Évora de 27.1.2022, *Isabel Imaginário*, 706/04).

533 Acórdãos do Supremo Tribunal de Justiça de 2.12.93, *Sousa Macedo*, 084242, de 22.4.99, *Garcia Marques*, 99A902.

534 Acórdão do Tribunal da Relação de Lisboa de 29.9.2020, *Luís Filipe Sousa*, 3520/06.

535 Cf. Acórdão do Tribunal da Relação de Lisboa de 7.2.2019, *Adeodato Brotas*, 365/11.

BIBLIOGRAFIA

ALMEIDA, CARLOS FERREIRA DE
— *Contratos IV, Funções. Circunstâncias. Interpretação.* Almedina, 2014

BASTOS, RODRIGUES
— *Notas ao Código Civil*, V Vol., 1997

CAMANHO, PAULA PONCES
— *Do Contrato de Depósito Bancário*, Almedina, 1998

CANOTILHO, GOMES
— *Direito Constitucional e Teoria da Constituição*, Almedina, 7ª Ed., 2003

CARDOSO, AUGUSTO LOPES
— *Partilhas Litigiosas*, Vol. I, 2018

CARDOSO, LOPES
— *Partilhas Judiciais*, III Vol., Almedina, 1991

CARVALHO, RAQUEL
— "As causas de nulidade dos atos de gestão urbanística: previsão multinível", in FERNANDA PAULA OLIVEIRA (Coord.), *Ordenamento do Território, Urbanismo e Cidades: Que Rumo?*, Almedina, 2017

COELHO, PEREIRA e OLIVEIRA, GUILHERME DE
— *Curso de Direito da Família*, 5ª Ed., 2016

CORDEIRO, ANTÓNIO MENEZES
— *Tratado de Direito Civil Português, I, Parte Geral, Tomo II, Coisas*, Almedina, 2000
— *Da Compensação no Direito Civil e no Direito Bancário*, Almedina, 2003

CORREIA, FERNANDO ALVES
— *Manual de Direito do Urbanismo*, I Vol., Almedina, 2001

COSTA, ANTÓNIO PEREIRA DA
— "Loteamento, Acessão e Usucapião: Encontros e Desencontros" in *Revista do Centro de Estudos de Direito do Ordenamento, Urbanismo e Ambiente*, Ano 6, Nº 11 (2003)

CRAVO, LUÍS FILIPE
— "Fracionamento da propriedade: será a usucapião um instituto em vias de extinção?", in MANUEL CAPELO e JOSÉ CODEÇO (coords.), *Estudos em Comemoração dos 100 anos do Tribunal da Relação de Coimbra*, Almedina, 2018

FERNANDES, CARVALHO
— *Lições de Direito das Sucessões*, Quid Iuris, 1999

FERNANDEZ, ELIZABETH
— *Direito ao Ambiente e Propriedade Privada*, Coimbra Editora, 2001

FERREIRA, AMÂNCIO
— *Curso de Processo de Execução*, 7ª Ed.

FOLQUE, ANDRÉ
— *Curso de Direito da Urbanização e da Edificação*, Coimbra Editora, 2007

FREITAS, LEBRE DE
— *Introdução ao Processo Civil*, Coimbra Editora, 1996

— *A Ação Executiva, Depois da Reforma da Reforma*, Coimbra Editora, 2009
— *CPC Anotado*, Vol. 1º, 3ª ed., 2014
— "Notificação para prestação de contas", in *Novos Estudos Sobre Direito Civil e Processo Civil*, 2021, Gestlegal, pp. 81-92

Garcia, Maria Olinda
— *O Arrendamento Plural, Quadro Normativo e Natureza Jurídica*, Coimbra Editora, 2009

Gomes, Manuel Tomé Soares
— *Ação de Divisão de Coisa Comum, Após a Revisão do CPC de 1995*, CEJ, 1997, Policopiado

Gomes, Osvaldo
— "Loteamentos Urbanos", in *Direito do Urbanismo*, INA, 1989

González, José
— "Usucapião e fracionamento de prédios rústicos", in *Revista do Ministério Público*, Ano 37º, nº 148, 2016, pp. 9-37

Gouveia, Mariana França
— *A Causa de Pedir na Ação Declarativa*, Almedina, 2004

Guedes, Agostinho Cardoso
— *O Exercício do Direito de Preferência*, Publicação Universidade Católica Porto, Porto, 2006

Guerreiro, Mouteira
— *Noções de Direito Registral*, Coimbra Editora, 1993
— *Manual de Direito Registral Imobiliário*, Almedina, 2022

Justo, Santos
— *Direito Reais*, Coimbra Editora, 2008

Lopes, Seabra
— *Direito dos Registos e do Notariado*, 3º Ed., Almedina, 2005

Machado, Miguel da Câmara
— "Prestação de contas", in Rui Pinto e Ana Alves Leal (Coords.), *Processos Especiais*, Vol. I, AAFDL, 2020, pp. 223-234

Marques, Remédio
— *Ação Declarativa à Luz do Código Revisto*, Coimbra Editora, 2ª Ed., 2010

Martinez Urrea, Maria Ángeles
— "La Valoración de Dictámes Periciales Contraditórios", in *Aspectos Problemáticos en la Valoración de la Prueba Civil*, Bosch Procesal, 2008

Martins, António Carvalho
— *Divisão de Coisa Comum*, Coimbra Editora, 2ª Ed., 2000

Mendes, Isabel Pereira
— *Estudos Sobre o Registo Predial*, Almedina, 1997

Mesquita, Henrique
— *Obrigações e Ónus Reais*, Almedina, 1990

Monteiro, Sinde
— *Responsabilidade por Conselhos, Recomendações ou Informações*, Almedina, 1989

Neto, Abílio
— *Propriedade Horizontal*, Ediforum, 3ª Ed., 2006

Oliveira, Fernanda Paula e Lopes, Dulce
— *Implicações Notariais e Registais das Normas Urbanísticas*, Almedina, 2004

Oliveira, Fernanda Paula
— "O Novo Regime Jurídico da Urbanização e Edificação", in *Revista do Centro de Estudos de Direito do Ordenamento, do Urbanismo e do Ambiente*, Nº 8, Ano IV
— *Direito do Urbanismo, Perguntas de Bolso, Respostas de Algibeira*, Almedina, 2013

Passinhas, Sandra
— *A Assembleia de Condóminos e o Administrador na Propriedade Horizontal*, Almedina, 2000

Pissarra, Nuno Andrade
— "Divisão de coisa comum", in Rui Pinto e Ana Alves Leal (Coords.), *Processos Especiais*, Vol. I, AAFDL, 2020, pp. 159-174
— *Das Ações Reais*, Volume I, Imprensa FDUL, 2021

Reis, Alberto dos
— *Processos Especiais*, II Vol., Coimbra Editora, 1982
— *Comentário ao CPC*, III Vol.

Rodrigues, António José
— *Loteamentos Ilegais*, Almedina, 4ª Ed., 2010
Santos, Dinamene
— "A usucapião, a acessão industrial imobiliária e as limitações urbanísticas na aquisição e divisão da propriedade", in *CEDOUA, Revista do Centro de Estudos de Direitos do Ordenamento, Urbanismo e Ambiente*, Coimbra, Ano 20º, nº 40 (2017), pp. 105-123
Serra, Vaz
— "Obrigação de Prestação de Contas e Outras Obrigações de Informação", BMJ nº 79
— "Parecer", in *Scientia Iuridica*, 1969
Soares, Quirino
— "Acessão e Benfeitorias", in CJ (STJ)—1996-I, pp. 11-30
Sousa, Luís Filipe Pires de
— *Prova por Presunção no Direito Civil*, Almedina, 2013, 2ª Edição
— *Prova Testemunhal*, Almedina, 2013
Sousa, Teixeira de
— *Introdução ao Processo Civil*, Lex, 2000
— *As Partes, o Objeto e a Prova na Ação Declarativa*, Lex, 1995
— *Estudos Sobre o Novo Processo Civil*, Lex, 1997
— *A Ação Executiva Singular*, Lex, 1998
— *Introdução ao Direito*, Almedina, 2013
Varela, Antunes e Lima, Pires de
— *Código Civil Anotado*, III Vol., Coimbra Editora
Vieira, José Alberto
— *Direitos Reais*, Coimbra Editora, 2008
Taruffo, Michele
— *La Prueba*, Marcial Pons, Madrid, 2008

ÍNDICE ANALÍTICO

ÍNDICE

PROCESSO DE PRESTAÇÃO DE CONTAS